KB105068

국제어(Internacia lingvo)

에스페란토 문법
Gramatiko de Esperanto

(한에 대역 재개정판)

en la korea kaj Esperanto, 3-a eldono reviziita

문학박사 박기완 지음(verkita de BAK Giwan)

김우선 에스페란토 번역(esperantigita de KIM Uson)

국제어 에스페란토 문법(한에 대역 재개정판)

인 쇄: 2024년 5월 15일 초판 1쇄
발 행: 2024년 5월 15일 초판 1쇄
지은이: 박기완
에스페란토로 옮긴이: 김우선
펴낸이: 오태영
출판사: 진달래
신고 번호: 제25100-2020-000085호
신고 일자: 2020.10.29
주   소: 서울시 구로구 부일로 985, 101호
전   화: 02-2688-1561
팩   스: 0504-200-1561
이메일: 5morning@naver.com
인쇄소: TECH D & P(마포구)

값: 20,000원
ISBN: 979-11-93760-12-3(03790)

ⓒ박기완, 김우선
본 책은 저작자의 지적 재산으로서 무단 전재와 복제를 금합니다.
파본된 책은 바꾸어 드립니다.

국제어(Internacia lingvo)

에스페란토 문법
Gramatiko de Esperanto
(한에 대역 재개정판)

en la korea kaj Esperanto, 3-a eldono reviziita

문학박사 박기완 지음(verkita de BAK Giwan)

김우선 에스페란토 번역(esperantigita de KIM Uson)

진달래출판사
Eldonejo Azaleo

초판 발행 : 1989년 11월 25일
저자 : 박기완
발행 : 한신문화사 (등록일자 : 1973년 6월 25일 N-ro 4-18)
인쇄 : 경성문화인쇄, 서울, 1989
ISBN 2008018001758 (150p)

전자책(개정판) 편집 : 박기완 김우선
전자책 디자인 : 성문기획인쇄
전자책 초판 발행 : 2015년 12월 30일
전자책 저작권 : 한국에스페란토협회
ISBN 978-89-8728-146-9 05700 (193p)

차례

다) 보어구 (klarighelpanta vortopo) / 172
라) 수식어구 (ornamanta vortopo) / 172
마) 상황어구 (situacianta vortopo) / 172

ENHAVO

재개정판을 내면서

처음 이 책이 나온 것은 1989년의 일이다. 당시 한국의 에스페란토 사용자들을 위한 문법서라고는 세계에스페란토협회에서 발행한 PAG(plena analiza gramatiko de esperanto)뿐이었다. 그러나 이 책은 너무 방대하고 또 내용이 복잡하여 한국의 에스페란티스토들에게는 사실 적합한 것이 아니었다.

이에 대해 나는 한국어와 에스페란토의 문법을 전공한 사람으로서 일종의 책임감 같은 것을 느끼고 있었다. 그러던 차에 1985년 당시 한국에스페란토협회 회장이던 단국대학교 장충식 총장께서 나를 단국대학교로 불러, 에스페란토도 가르치면서 편안히 연구에 집중할 수 있도록 해 주었다. 그 덕분으로 나는 이 책 <에스페란토 문법>을 쓸 수 있게 된 것이다.

벌써 수십 년이 흘렀다. 그동안 나의 문법 지식이 더 확장되고 또 나의 생각이 달라지게 됨에 따라, 2015년에 개정판을 내어 한국에스페란토협회의 이름으로 전자책으로 출판하게 되었다. 그 책은 지금 구글북스에 무료로 올라가 있다.

그 개정판이 나온 후로부터도 벌써 10년 가까이 세월이 흘렀다. 전자책 외에 종이책도 필요하다는 사실이 대두되면서 이번에 재개정판을 종이책으로 출판하게 되었다. 이번 재개정판에서는 내용이 크게 고쳐진 것은 없고, 한글맞춤법에 잘못된 것을 좀 고치고, 에스페란토 기본수사 중에 nul(영)을 추가한 것, 그리고 몇 군데 설명을 좀 가다듬은 것 정도이다.

아무쪼록 이 책이 한국의 에스페란토 사용자들에게 문법공부에 조금이라도 도움이 되기를 간절히 바란다.

2024년 5월   지은이 박기완

개정판 머리말

이 책이 처음 나온 지도 어언 26년이라는 세월이 흘렀다. 4반세기가 더 지난 것이다.

그동안 에스페란토 문법을 공부하고 연구하는 데에 이 책을 사용하여 주신 모든 분들께 감사의 말씀을 드린다. 부족한 책이지만 그래도 많은 에스페란티스토들께서 애용해 주신 덕분에 이제 개정판을 펴내게 되었다.

사실 이 책은 벌써 오래 전에 개정판을 내려고 마음먹었으나 여러 이유로 실행에 옮기지 못하다가 이번에 한국에스페란토협회에서 전자책으로 발행되도록 여건을 마련해 주어 실행에 옮길 수 있게 되었다.

이 개정판은 초판에 비해 좀 더 철저히 형태론적 관점으로 문법서술이 다듬어졌다고 할 수 있다. 특히 제3부 통어론에서 월의 종류 중 복문 가운데 '상황어절'을 분류하고 설명하는 방법이 많이 달라졌다. 초판에서는 그 관점이 다분히 의미론적이었다면, 여기서는 완전히 형태론적으로 새롭게 바뀐 것이다.

물론 이렇게 문법서술 방법이 바뀌었다고 해서 에스페란토 자체가 변한 것은 하나도 없다. 문법은 단지 언어 현상을 정리하여 설명하는 것에 지나지 않는다. 그러므로 그 어떤 서술 방법으로든 하나의 언어체계를 쉽게 이해하고 습득할 수 있다면 그것으로 족하다. 그리고 또, 문법이라는 것이 그 언어 현상의 모든 것을 다 설명할 수 있는 것도 아니다. 그러므로 문법에 지나치게 큰 기대를 해서도 안 된다. 다만 참고로 할 뿐이다.

아무튼 많은 에스페란토 학습자들이 이 책을 통하여 에스페란토의 문법적 체계를 좀 더 쉽게 이해할 수 있었으면 좋겠다.

2015년 봄

　　　　중국 연길, 연변과학기술대학 연구실에서　　지은이 적음

머리말

에스페란토의 초급과정을 끝낸 사람들 가운데 문법에 관심을 가지고 에스페란토의 문법을 좀 더 깊이 연구해 보려는 사람들이 많았다. 그러나 그들을 위한 문법서란 세계 에스페란토 협회(Universala Esperanto-Asocio)에서 발행한 'plena analiza gramatiko de esperanto'(에스페란토 문법대계, 1980, UEA)가 유일한 것이었다.

그러나 이 책은 에스페란토로 쓰여 있어 우리가 쉽게 접근할 수 없을 뿐만 아니라, 그 내용이 이해하기 어려울 정도로 너무 복잡하게 되어 있어, 문법을 공부하려는 사람들의 좋은 길잡이가 되지 못하였던 것이 사실이다.

필자는 전공이 국어학이기 때문에 특히 에스페란토의 문법에 깊은 관심을 가져 왔다. 그동안 나름대로 연구한 에스페란토에 대한 지식과 본인의 전공을 통해 배운 언어 일반에 걸친, 문법에 대한 지식을 총동원하여, 이제 오랜 숙원이던 에스페란토 문법서를 만들어 내게 되었다.

이 책은 여러 면에 있어 위에 언급한 에스페란토 문법대계와 다르다. 특히 문법체계가 근본적으로 다르며, 그에 따라 새로운 문법용어가 필요하게 되어 문법용어 또한 모두 본인이 새로 만든 용어를 사용하였다. 그러므로 이제까지 위의 책으로만 공부해 오던 사람들에겐 이 책이 좀 낯설어 보일지도 모른다. 그러나 우리가 깊이 명심하여야 할 점은, 어떤 학자가 어떤 문법체계를 세우든지, 우리의 말살이는 변함없다는 점이다. 다시 말해 에스페란토의 문법을 설명함에 있어, 위의 책과 같은 체계나 방법으로 설명하든, 이 책과 같이 하든, 우리가 쓰고 있는 에스페란토는 변함없이 그대로 존재한다는 것이다. 대체로 문법이란 실제의 언어현상을 정리한 것이라 할 수 있다. 그렇기 때문에 그 정리는 간단명료할수록 좋은 것이다.

앞으로 이 책을 통해 많은 에스페란토 학습자들이 에스페란토의 문법구조를 좀 더 쉽게 이해하고 올바른 에스페란토의 말글살이를 할 수 있게 되길 바란다.

그리고 그동안 한국 에스페란토 협회에서 있은 본인의 문법 강의에 열심히 참석해 준 여러 동지들에게 고마움의 마음을 표하며, 그 강의가 이 책의 밑바탕이 되었음과, 또한 그 강의 도중 서로 나눈 대화와 토론이 이 책을 쓰는 데 아주 큰 도움이 되었음을 밝혀 둔다.

끝으로 본인이 이렇게 에스페란토의 문법연구를 할 수 있도록 여건을 마련해 주신 단국대학교의 장충식 총장님께 깊이 감사드리며, 이 책을 기꺼이 출판해 주신 한신문화사의 박태근 사장님께도 진심으로 감사드린다. 또한 학문적으로 늘 지도해 주신 박지홍 스승님과 서길수 교수님께도 깊이 감사드린다.

1989년 4월
단국대학교 에스페란토연구소에서
지은이 적음

일러두기

1. 이 책에 나오는 에스페란토로 된 문법용어 가운데 대부분은 본인이 새로 만든 용어이다. 한국어로 된 문법용어 뒤에 괄호 안에 에스페란토 문법용어를 표기한다. 에스페란토 용어가 두 가지 있을 경우에는, 앞의 것이 본인이 새로 만든 것이며, 뒤의 것은 'plena analiza gramatiko de esperanto'(1980, UEA)에 쓰인 것임을 밝혀둔다.
[보기 : 명사 (nomvorto, substantivo)]

2. 보기로 든 월들 가운데 위에 언급한 책에 들어있는 것들도 있음을 밝혀둔다.

3. 이 책에서는 문법을 기술함에 있어 형태를 가장 중요시한다. 즉, 기능적 분류나 의미적 분류보다 형태적 분류를 우선시한다. 모든 판단에는 형태적 근거가 있어야 한다는 것이 본인의 문법기술 태도이다.

4. 이 책의 서술 차례는 다음과 같으며, 이것은 본인이 세운 에스페란토 문법체계에 따른 것이다.

Ⅰ. 음운론

Ⅱ. 형태론

	명사
	대명사
품사법	수사
	동사

		형용사	
		부사	
		전치사	
		접속사1)	
		감탄사	
조어법	파생법	접두사법	
		접미사법	
		상	
		태	
		분사법	
	합성법		
굴곡법	변화법	직설법	현재
			과거
			미래
		가정법	
		원망법	
	불변화법	주어법	
		목적어법	
		보어법	
		수식어법	
		상황어법	
		서술어법	
준굴곡법	수		
	격		

III. 통어론

가. 월의 성분

	주어
	서술어
월성분	보어
	목적어

---

1) 접속사는 등위접속사와 종속접속사를 모두 포함한다.

	상황어2)
	수식어3)
	접속어4)
	독립어5)

나. 월의 종류

	단문	
'주-술'관계의 수와 연결에 따라	중문(대등절)	
	복합문(종속절)	주어절
		목적어절
		보어절
		수식어절
		상황어절
주어의 유무에 따라	주어문	
	무주어문	
서법에 따라	직설문	
	원망문	
	가정문	
물음말의 유무에 따라	평서문	
	의문문	
부정어의 유무에 따라	긍정문	
	부정문	

다. 구의 종류

형태에 따른 분류	부사구
	접속사구

---

2) 상황어는 서술어를 수식하는 말이다.
3) 수식어는 서술어를 제외한 다른 모든 문장성분을 수식하는 말이다.
4) 접속어는 단어, 구, 월을 연결하는 문장성분이다.
5) 독립어는 그 어느 다른 문장성분에도 연결되지 않는 문장성분이다.

	불변화사구
	분사구
	전치사구
기능에 따른 분류	주어구
	목적어구
	보어구
	수식어구
	상황어구

I. 음운론 (Voĉeriko, Fonologio)

I-가. 에스페란토의 음소체계

에스페란토의 음소(voĉero, fonemo)는 모두 28개로 그 체계는 다음과 같다.

1. 자음 (21개) (konsonantoj)

방법 \ 자리	입술		잇몸		센입천장		여린입천장	목청
터짐소리	p	b	t	d			k g	
붙갈이소리			c		ĉ ĝ			
갈이소리	f	v	s	z	ŝ ĵ		ĥ	h
콧소리	m		n					
혀옆소리			l					
두들김소리			r					

(왼쪽은 무성음이고, 오른쪽은 유성음이다.)

2. 반모음 (2개) (duonvokaloj)

방법 \ 자리	센입천장	여린입천장
반모음	j	ŭ

3. 모음 (5개) (vokaloj)

혀높이 \ 자리	앞	뒤
위	i	u
가운데	e	o
아래	a	

위에 보인 에스페란토의 글자들을 국제음성부호(Internacia Fonetika Alfabeto)로 그 음가를 나타내 보면 다음과 같다.

글자	a	b	c	ĉ	d	e	f	g	ĝ	h	ĥ	i	j	ĵ
음가	a	b	ʦ	ʧ	d	e	f	g	ʤ	h	x	i	j	ʒ
글자	k	l	m	n	o	p	r	s	ŝ	t	u	ŭ	v	z
음가	k	l	m	n	o	p	r	s	ʃ	t	u	w	v	z

음성기관의 그림을 통해 에스페란토 각 자음과 반모음의 구체적인 조음위치와 발음방법을 알아보면 다음과 같다.

1. 코 안
2. 입술
3. 이
4. 윗잇몸
5. 센입천장
6. 여린입천장
7. 목젖
8. 혀끝
9. 앞 혓바닥
10. 뒤 혓바닥
11. 혀뿌리
12. 울대마개
13. 목청
14. 기관(숨통)
15. 식도(밥줄)
16. 인두벽

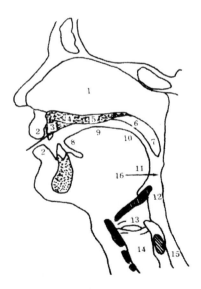

그림 1 <음성기관 단면도>

/p/, /b/	: 2의 위치에서 소리 남. 두 입술을 완전히 붙였다가 터뜨리면서 소리 냄.
/f/, /v/	: 2의 위치에서 소리 남. 아랫입술을 웃니 쪽으로 약간 기울이며 갈아서 소리 냄.
/m/	: 2의 위치에서 소리 남. 공기가 입 안과 코 안으로 동시에 흐름.
/t/, /d/	: 8을 4에 완전히 붙였다가 터뜨리면서 소리 냄. 사람에 따라서는 3에 붙이는 경우도 있음.
/c/	: 8을 4에 붙였다가 뗄 때 순간적으로 갈아서 소리 냄. 사람에 따라서는 3에 붙이는 경우도 있음.
/s/, /z/	: 8을 4에 가까이 접근시켜 갈아서 소리 냄. 사람에 따라서는 3에 접근시키는 경우도 있음.
/n/	: 8을 4에 붙였다가 떼면서 소리 냄. 공기가 입 안과 코 안으로 동시에 흐름. 사람에 따라서는 3에 붙이는 경우도 있음.
/l/	: 8을 4에 붙인 상태에서 공기를 혀의 양 옆으로 불어내며 소리 냄. 사람에 따라서는 3에 붙이는 경우도 있음.
/r/	: 8을 4에 가볍게 붙이되 공기의 흐르는 힘으로 8을 두세 번 두들겨 소리 냄.
/ĉ/, /ĝ/	: 9를 5에 붙였다가 뗄 때 순간적으로 갈아서 소리 냄.
/ŝ/, /ĵ/	: 9를 5에 가까이 접근시켜 갈아서 소리 냄.
/k/, /g/	: 10을 6에 완전히 붙였다가 터뜨리면서 소리 냄.
/ĥ/	: 7과 11을 가까이 접근시켜 갈아서 소리 냄.
/h/	: 13에서 나는 갈이소리. 그러나 사실 이 소리의 정확한 조음위치는 없음. 13을 통과한 공기가 입안을 자연스럽게 흐를 뿐임.
/j/	: 9를 5에 가까이 접근시키되 갈아주지는 않고 공

기를 그냥 흘러 보내며 내는 소리. 갈아주면 자음 /ŝ/나 /ĵ/가 된다.

/ŭ/ : 10을 6에 가까이 접근시키되 갈아주지는 않고 공기를 그냥 흘러 보내며 내는 소리.

(위의 설명에서 두 개의 음소가 있을 경우, 오른쪽의 음소는 각각 왼쪽 음소의 유성음이다. 유성음은 조음위치나 발음방법이 그 짝이 되는 무성음의 조음위치나 발음방법과 모두 같으며, 단지 성대를 울려주는 것만이 무성음과 다르다.)

I-나. 에스페란토 음운론의 특징

에스페란토 음운론에 있어 가장 큰 특징이라 할 수 있는 것은 '한 글자 한 음소, 한 음소 한 글자의 원칙'과 '강세규칙'이라 할 수 있다. 에스페란토에서는 낱말의 강세(악센트)가 늘 끝에서 두 번째 음절에 있다. 이에는 예외가 없다. 그래서 에스페란토의 강세는 문법적인 기능은 없고, 오직 시(poemo) 등에 있어 음율을 맞추는 기능만 있을 뿐이다.

그리고 이 밖에도 몇 가지의 특징을 더 들 수 있으니 다음과 같다.

첫째, 에스페란토에는 한 뿌리 안에 같은 자음이 연이어 나는 일이 없다. 즉, 한 낱말 안에 <-bb-, -cc-, -tt-, -ss-, -kk-> 따위의 연결이 없다는 것이다. 만약 이러한 연결이 발견되면, 이것은 조어법에 의해 만들어진 낱말이라는 것을 알아야 한다. 보기를 들어, huffero, ekkrii란 말들은 각각 huf-fer-o와 ek-kri-i라는 짜임으로 이루어진 합성어와 파생어인 것이다. 그러나 이에는 몇 개의 예외가 있으니, Finno(핀란드 사람)와 Mekko(메카) 같은 말이다. 그러나 이들은 모두 고유명사적인 성격을 띠고 있으니, 크게 문제될 게 없다고 생각한다.

둘째, /p/ /t/ /k/를 [pʰ] [tʰ] [kʰ]처럼 격음으로 발음하여도 좋

고, [p'] [t'] [k']처럼 경음으로 발음하여도 좋다. 인도-유럽말을 쓰는 사람들과 일본사람들은 격음과 경음을 잘 구별하지 못한다. 반면 한국 사람들은 이들을 아주 잘 구별한다. 따라서 우리 한국인들에게는 이들을 격음으로 발음할 것인가 아니면 경음으로 발음할 것인가가 하나의 문젯거리로 등장하나, 유럽 사람들이나 일본사람들에게는 이것이 문제가 되지 않는다. 그러므로 세계적으로 이 셋은 격음이나 경음 가운데 어느 쪽으로든 발음하는 사람이 편한 대로 발음하는 것이 보통이다.

셋째, 에스페란토의 뿌리는 적어도 하나 이상의 음절로 이루어진다. 다시 말해 하나 이상의 모음을 지니고 있어야 한다는 말이다. 보기를 들어 에스페란토의 자음 이름은 모두 'bo, co'처럼 되어 있는데, 이때의 <o>가 어미가 아니라는 말이다. 이것은 이때의 <b, c>가 뿌리가 아니라는 말과도 같다. 자음 하나만으로는 한 음절이 되지 못하므로 결국 하나의 뿌리가 되지 못한다. 따라서 이들은 'bo, co'의 형태 자체로 하나의 명사가 되어 있다고 보아야 한다. 또한 관사 'la'도 이와 마찬가지로 <l->와 <-a>로 이루어진 말이 아니며, 그 자체로 하나의 낱말(형용사)이다.

I-다. 변이음(alivoĉo, alofono)과 음운변화

하나의 음소가 주위환경에 따라 여러 음성으로 소리 날 때 이 여러 음성을 변이음이라 하며, 그 가운데 대표되는 것을 하나 가려 그것을 대표음이라 한다. 보기를 들어 에스페란토의 음소 /n/는 그 대표음이 [n]이지만, 이 /n/는 경우에 따라 [ŋ]으로 발음되기도 하고 (/lingvo/, /sango/를 발음할 때 /n/가 [ŋ]으로 소리 남) 또는 [ɲ]로 발음되기도 하는데 (/panjo/를 발음할 때 /n/가 [ɲ]로 소리 남), 이때 [ŋ], [ɲ]를 음소 /n/의 변이음이라 한다. 이것은 잇몸소리인 /n/가 여린입천장소리인 /g/,

센입천장소리인 /j/ 앞에서 각각 /g/, /j/를 닮아 [ŋ], [ɲ]으로 소리 나는 현상으로, 범언어적인 현상이다. 그러나 한국어에서는 [ŋ]의 소리가 엄연히 하나의 음소로(/ㅇ/) 존재하기 때문에 이것을 변이음이라 하지 않고 음운변동(어느 음소가 어떤 환경 아래 다른 어느 음소로 바뀌는 현상)으로 다룬다. 여기서 우리가 주의할 것은 /n/이 [ŋ]으로 소리 날 뿐이지 /ng/가 [ŋ]으로 발음되는 것은 아니라는 사실이다. 그러므로 한국어를 에스페란토로 표기함에 있어 한국어의 [ŋ](/ㅇ/) 소리를 표기해 주기 위해 /ng/를 사용하는 것은 옳은 일이 아니다. 근본적으로 에스페란토에는 [ŋ] 소리를 나타내 주는 글자가 없다.

이밖에 음운변동으로 볼 수 있는 것으로, 무성음의 유성음화와 유성음의 무성음화가 있다. 이것은 무성음이 유성음 앞에서 유성음으로 소리 나거나 또는 그 반대로 유성음이 무성음 앞에서 무성음으로 소리 나는 현상이다. 보기를 들어 'ekzameno'와 'absolute'가, 각각 [egzameno]와 [apsolute]로 발음되는 현상으로, 이때의 음운변동은 필연적이라기보다는 다분히 임의적이다. 이것은 음운변동 가운데 동화(similiĝo)이다. 한편 첨가(enŝovo)의 음운변동이 있으니, 모음 /i/ 뒤에 다른 모음이 따를 때 /i/ 뒤에 /j/를 첨가하는 현상이 그것이다. 보기를 들어 /mia/, /kia/ 따위가 [mija], [kija]로 발음되는 것이다. 이 또한 임의적 변동이다.

I-라. 주의할 점

에스페란토 학자들 가운데는 'dz'와 'nj'를 각각 하나의 음소로 보려는 이도 있으나, 이것은 에스페란토 발음의 큰 원칙인 '한 글자 한 소리(음소), 한 소리(음소) 한 글자의 원칙'에 어긋난다. 어떠한 경우이든 에스페란토의 발음에 있어서는 이 원칙이 지켜져야 한다. 다만, 주의해야 할 점은 음절의 경계를 의식하는 것이다. 보기를 들어 'edzo'를 발음할 때, 음절의 경계는 ed/zo라는 사실을 인식하고, 또한 /d/ 뒤에 모음을 개입시키지 않도록 주의해야 한다. 한국인들은 한국어의 영향으로 이러한 경우 /d/ 다음에 모음(/으/)을 개입시키는 일이 있는데, 이것은 잘못된 발음이다.

그리고 'panjo'를 발음할 때는 그 음절의 경계가 pan/jo가 아니라 pa/njo가 되어야 한다. 왜냐하면 반모음은 모음과 함께 어울려서 중모음을 만들기 때문에 이 낱말은 '자음-모음-자음-중모음'의 연결이며, 이럴 경우에는 '자음-모음 / 자음-중모음'으로 음절을 나누는 것이 일반적이기 때문이다. 에스페란토에는 이론적으로 다음과 같은 중모음이 있을 수 있다.

ja je ji jo ju ŭa ŭe ŭi ŭo ŭu
aj ej ij oj uj aŭ eŭ iŭ oŭ uŭ

그러나 실제로는 이 가운데 주로 쓰이는 것은 /ja je jo ju aj ej oj uj ŭa aŭ eŭ/ 뿐이다.

(주의 : 이론적으로 말하면 에스페란토에는 중모음이 없다. 왜냐하면 모든 음소는 '한 글자 한 소리(음소), 한 소리(음소) 한 글자의 원칙'을 지켜야 하기 때문이며, 또 에스페란토의 음소 'j'와 'ŭ'는 모음이 아니라 자음으로 취급되기 때문이다 (이들은 '반모음'이라 불리기도 함). 만약 이런 식으로 생각한다면 'panjo'의 음절경계는 'pan/jo'가 되어야 한다.)

I-마. 좋은 에스페란토 발음이란?

에스페란토에는 모국어화자(nacilingva parolanto)가 존재하지 않는다. 따라서 우리가 본받아야 할 발음법이 없다고 말할 수도 있겠다. 그러나 이론적으로는 우리가 본받아야 할 발음법이 있으니, 음성학자 John C. Wells의 충고가 바로 그것이다.

J. C. Wells는 그의 책 <Lingvistikaj Aspektoj de Esperanto> (1978, UEA)에서 좋은 에스페란토 발음이란 다음과 같은 발음이라 하였다.

첫째, 서로 다른 민족에 속한 대화자가 이해하는 데에 어려움이 없는 발음.

둘째, 에스페란토 음운체계를 잘 지키는 발음. 다시 말해 '한 자 한 소리의 규칙'을 잘 지키는 발음.

셋째, 말할이의 국적이나 출신 지역이 드러나지 않는 발음.

넷째, 에스페란토 사용자들 사이에서 일반적으로 받아들여진 발음.

위의 네 가지 발음법에 따라 발음하기만 한다면 훌륭한 에스페란토 발음이라 할 수 있다. 실제 에스페란토의 발음에 있어 많은 에스페란토 사용자들이 느끼는 가장 큰 어려움은 자기 모국어의 영향에서 벗어나지 못하는 일이다. 우리 한국의 에스페란토 사용자들에게 있어 발음상 어려운 점은 대체로 다음과 같다.

첫째, 입술소리 가운데 터짐소리와 갈이소리를 잘 분별하지 못한다. 즉, /p/와 /f/, /b/와 /v/를 잘 분별하지 못한다. 이것은 한국어에 입술소리 가운데 갈이소리가 없기 때문이다.

둘째, /c/의 발음이 어렵다. 이것은, 한국어의 쌍지읒의 영향 때문이다. 한국어의 쌍지읒은 [ʧ]의 음가를 가진 데 반해, 에스페란토의 /c/는 [ts]의 음가를 가지고 있다. 즉, 한국어의 쌍지읒은 혀의 앞부분과 센입천장이 서로 닿았다가 떨어지면서 나는 소리이지만, 에스페란토의 /c/는 혀끝과 윗잇몸이 서로 닿았다가 떨어지면서 나는 소리이다. 쉽게 말해 에스페란토의 /c/는 한국어의 쌍지읒보다 더 앞에서 나는 소리이다.

셋째, 일반적인 경향은 아니지만 /l/와 /r/를 잘 분별하지 못하는 사람도 있다. 이 둘은 앞뒤에 오는 다른 소리와의 연결에 따라 쉽게 발음되는 일도 있고, 그렇지 않은 일도 있다. 조금만 주의하면 쉽게 발음할 수 있을 것으로 생각된다.

넷째, /ĝ/, /ĵ/, /z/를 서로 분별하지 못하는 사람들이 많다. /ĝ/는 한국어 자음 지읒이 유성음으로 소리 날 때(유성음과 유성음 사이에서 소리 날 때)와 같은 음이다. '간장'이라는 발음에서 나타나는 지읒의 발음과 같다. 그리고 /z/는 한국어의 '가지마라'를 보통의 회화에서처럼 빨리 발음할 때 나타나는 지읒의 발음과 비슷하다. 그리고 가장 어려운 발음이 /ĵ/의 발음이다. 혀의 위치는 /ĝ/를 발음할 때와 같으나, 그 발음방법에 있어, /ĝ/는 혀를 센입천장에 완전히 붙였다가 떼면서 순간적으로 갈아 내는 데 반해, /ĵ/는 혀를 센입천장에 붙이지는 않고, 다만 아주 가까이 접근시켜 갈아 낸다.

위의 네 가지 어려움만 극복된다면 한국 사람들의 에스페란토 발음은 아주 훌륭하다고 할만하다.

II. 형태론 (Formiko, Morfologio)

II-가. 형태소 분석

형태소(formero, morfemo)란 '더 쪼갤 수 없는, 뜻을 가진 말의 낱덩이'이다. 보기를 들어, domo, iri, malbona, gesinjoroj 따위에서 그 형태소는 각각 다음과 같이 분석된다: dom-o, ir-i, mal-bon-a, ge-sinjor-o-j. 그리고 형태소는 { }표로 표시된다.

위에서 분석한 것 가운데 {o} {i} {a} {j}는 각각 [명사, 동사원형, 형용사, 복수]의 뜻을 지니고 있으므로, 하나의 형태소로 취급된다. 또한 {dom} {ir} {bon} {sinjor}는 각각 [집, 가(다), 좋(다), 신사]의 뜻을 지니고 있으며, {mal} {ge}는 각각 [반대, 남여 양성]의 뜻을 지니고 있다. 그러므로 이들도 각각 하나의 형태소이다.

에스페란토에서는 뿌리(radiko)와 접사(fiksivo, afikso), 어미(finaĵo)들이 모두 각각 형태소이므로 형태소의 분석은 그리 어렵지 않다. 그러나 문제가 되는 것은 이른바 상관사라는 것을 어떻게 형태소 분석하느냐 하는 것이다. 보기를 들어 'tiu, tie, tin, tie' 따위를 형태소 분석하는 데 있어, 'ti-u, ti-o, ti-a, ti-e'로 할 것이냐, 아니면 't-iu, t-io, t-ia, t-ie'로 할 것이냐, 그렇지 않으면, 't-i-u, t-i-o, t-i-a, t-i-e'로 할 것이냐 하는 문제이다. 이 문제를 해결하려면, 우선 'tiu, tio, tia, tie'가 각각 무슨 뜻(정보)을 나타내는지를 알아보아야 한다. 우리가 아는 바로는 이들은 각각 [지시, 개체, 사람, 사물, 대명사, 형용사], [지시, 개념, 사물, 대명사], [지시, 성질, 형용, 대명사, 형용사], [지시, 장소, 부사]를 나타낸다. 여기 공통적인 것은 [지시]이다. 그러면, 이 [지시]라는 뜻이 <ti>에서 나오는지, 아니면 <t>에서 나오는지를 결정해야 한다. 이론적으로는 어느 쪽이라도 괜찮다.

만일 <ti> 쪽을 택하게 되면, 남은 <u, o, a, e>가 각각 그 나머지 뜻을 나타내는 형태소가 되고, <t> 쪽을 택하게 되면, 남은 <iu, io, ia, ie>가 그 나머지 뜻을 나타내는 형태소가 된다. 그런데 두 가지 방법 모두 문제점을 안고 있다.

첫째 방법의 문제점은 다음과 같다. 즉, <u, o, a, e>라는 형태소는 상관사 이외의 범주에서는 [명령, 명사, 형용사, 부사]라는 다른 뜻을 나타낸다. 그러나 이것은 그리 큰 문제가 아니다. 하나의 형태소가 경우에 따라 다른 뜻을 나타내는 것은 범언어적인 현상이다. 그러나 예외가 없다는 인공어인 에스페란토에서 이러한 예외는 바람직한 것이 아닌 것은 사실이다.

그리고 둘째 방법의 문제점은 다음과 같다. 즉, <iu, io, ia, ie>가 그 나머지 뜻을 나타낸다면, 비한정 상관사인 <iu, io, ia, ie>와는 다른 뜻을 나타내게 되는 것이다.

이 두 가지 방법 가운데 우리는 첫째 방법을 택하기로 한다. 왜냐하면, 첫째 방법에서의 문제점은, 어미(형태소) {-u, -o, -a, -e}가 여러 뜻을 가지게 되는 문제로, 이것은 별로 큰 문제가 되지 않으나, 둘째 방법에서의 문제점은 <iu, io, ia, ie>가 경우에 따라 그 자체 완전한 낱말로 쓰이기도 하고 또는 불구형태소(그 자체로서는 독립되어 쓰일 수 없는 형태소)로 쓰이기도 하는 문제로서, 첫째 방법에서의 문제점보다 더 심각한 문제점이기 때문이다.

II-나. 품사법 (parolelementoj)

II-나-1. 품사분류의 기준

첫째, 형태를 우선으로 하고,
둘째, 월 안에서의 기능과,
셋째, 의미를 그다음으로 한다.

II-나-2. 분류

(9품사)
명사 (nomvorto, substantivo)
대명사 (anstataŭnomvorto, pronomo)
수사 (kalkulvorto, numeralo)
동사 (agvorto, verbo)
형용사 (ornamvorto, adjektivo)
부사 (situacivorto, adverbo)
전치사 (antaŭpozvorto, prepozicio)
접속사 (ligvorto, konjunkcio/subjunkcio)
감탄사 (krivorto, interjekcio)

가) 명사 (nomvortoj, substantivoj)
에스페란토의 명사는 모두 어미 {-o}로 끝난다.
그리고 명사를 다시 하위분류 하는 문제는 관점에 따라 달라질 수 있을 것이다. 하위분류는 주로 의미적 관점에서 이루어진다. 즉, 추상명사, 물질명사, 집합명사 따위로 분류될 수도 있을 것이다. 그러나 이러한 분류는 에스페란토에 있어 문법적으로 별 의미가 없기 때문에 여기서는 더 언급하지 않기로 한다.

나) 대명사 (anstataŭnomvortoj, pronomoj)
대명사는 명사 대용으로 쓰이는 말로서, 이에는 인칭대명사 (persona anstataŭnomvorto)와 관계대명사 (rilata anstataŭnomvorto), 그리고 이른바 상관사 (tabelaj vortoj) 가운데 들어있는 지시대명사 (indika), 의문대명사 (demanda), 전체대명사 (kolekta), 비한정대명사 (nedifina), 부정(否定)대명사 (nea) 등이 있다.

1) 인칭대명사 (personaj anstataŭnomvortoj)

인칭대명사란 사람을 지칭하는 대명사이다. 에스페란토의 인칭대명사는 어미를 취하지 않고, 뿌리의 상태로 되어 있다. 다음이 에스페란토 대명사의 체계이다.

인칭 \ 수		단수	복수
1		mi	ni
2		vi	vi
3	남성칭	li	
	여성칭	ŝi	ili
	비인칭	ĝi	
	재귀	si	si
	일반칭	oni	oni

인칭대명사들은 뿌리 상태로 되어 있으나, 일견 모두 <i>로 끝나 있으니, 이것이 마치 어미처럼 보이기도 한다. 그러나 이 것은 어미가 아니다. 왜냐하면 에스페란토의 모든 뿌리는 적 어도 하나의 음절로 구성되어야 하기 때문이다. 만일 우리가 이 <i>를 어미로 본다면, 그 앞의 <m, n, v, l, ŝ, ĝ, il, s, on> 따위가 뿌리라는 말이 되는데, 이것들은 <il, on>을 제외하고 는 모두 하나의 음절을 이루지 못하므로 뿌리의 자격이 없다. 그러므로 에스페란토의 인칭대명사들은 모두 뿌리의 상태로 존재한다. 그리고 이인칭 단수에 'ci'라는 말이 하나 더 있는 데, 이것은 본래 번역에 있어 특별한 효과를 얻기 위해 만들 어진 대명사이었다. 그러나 오늘날 이 대명사를 쓰는 일은 거 의 없다. 사전과 문법서 그리고 문학작품에서만 발견될 뿐이 다.

일반칭이라는 것은, 어느 사람을 특별히 지칭할 필요가 없 을 때 쓰이는 대명사이다. 보기를 들어 "Oni invitis lin al la kongreso."(사람들은 그를 대회에 초청했다 = 그는 대회에 초 청되었다)라 하면, 그 사람이 그 대회에 초청된 것을 말하고

자 할 뿐 누가 그 사람을 초청하였는지는 문제가 되지 않는다
는 말이다. 그러므로 이것은 근본적으로 수의 개념을 초월한
다. 굳이 단수와 복수로 나눌 필요가 없다. 나눈다 하더라도
그 형태는 같다.

그리고 인칭대명사에 형용사어미 {-a}를 붙이면 소유대명사
가 된다. 이 소유대명사는 흔히 소유형용사로도 쓰이니, 'mia,
via'라 하면, '내 것, 네 것'도 되고, 경우에 따라서는 '내, 네'
의 뜻을 나타내기도 한다.

또한 인칭대명사는 원형 그대로는 주격이 되며 목적격어미
{-n}를 취하면 목적격이 된다. 그리고 일반 명사와는 달리 형
용사어미 {-a}를 취하면 소유격이 된다.

2) 상관사 가운데 포함된 대명사
상관사 가운데 포함된 대명사는 다음과 같다.

	지시 (ti-)	의문 (ki-)	전체 (ĉi-)	비한정 (i-)	부정 (neni-)
개체, 사람, 사물 (-u)	tiu	kiu	ĉiu	iu	neniu
개념, 사물 (-o)	tio	kio	ĉio	io	nenio

이 대명사들은 다음과 같은 나름대로의 특성을 가지고 있
다.

① '-u'계열의 대명사들은 특별한 언급이 없는 한 사람을 나
타낸다. 그리고 이들은 또한 형용사로도 쓰이며, 수와 격에 따
라 어미변화를 한다.

② '-o'계열의 대명사들은 근본적으로 수의 개념을 나타내지
않는다. 그러므로 이들은 복수어미 {-j}를 취할 수 없다. 그러
나 격에 따라서는 목적격어미를 취할 수 있다.

그리고 우리가 한 가지 알아두어야 할 사항은, 자멘호프가

처음 이 상관사를 만들 때 위와 같은 양식으로 만들지 않았으며, 우선 'io'를 하나 만들고, 거기에 <t->를 붙여 '지시'의 뜻을 나타내도록 하고, <k->를 붙여 '의문'의 뜻을 나타내도록 하였으며, 또한 <ĉ->를 붙여 '전체'를 나타내도록 하고, <nen->을 붙여 '부정'의 뜻을 나타내도록 하였다는 사실이다. 그러나 설명과 교육의 목적으로는 위와 같이 하는 것이 편리하다. (II-가. 형태소 분석 편을 참고할 것)

그리고 의문대명사들은 모두 관계대명사로도 쓰인다.

3) 관계대명사 (rilataj anstataŭnomvortoj)

관계대명사 자체에 대한 설명은 생략하기로 하겠다. 에스페란토의 관계대명사로는 kiu, kio가 있으며, 의문형용사 kia가 관계대명사로 쓰일 때도 있다. 가장 보편적인 kiu는 일반적인 명사나 대명사가 선행사로 쓰일 경우에 쓰이는 관계대명사이다. 다음을 보자.

① Li estas la instruisto, kiu instruas Esperanton.
  (그는 에스페란토를 가르치는 선생이다.)
② Ĝi estas la libro, kiun mi aĉetis hieraŭ.
  (그것은 내가 어제 산 책이다.)
③ Ili vidis la studentojn, kiuj lernas Esperanton.
  (그들은 에스페란토를 배우는 학생들을 보았다.)
④ Ŝi estas la studentino, kies patron mi renkontis hieraŭ.
  (그녀는, 내가 어제 그 아버지를 만난, 그 학생이다.)
⑤ Plej bone ridas, kiu laste ridas.
  (마지막으로 웃는 사람이 가장 잘 웃는다.)

위에서 보듯이 관계대명사 kiu는 수와 격에 따라 {-j}, {-n}의 준굴곡어미들을 취하며 (II-마. 준굴곡법 참고), 그것의 소유형용사 형태는 kies이다. 그리고 ⑤에는 선행사가 쓰이지 않았는데, 이때 우리는 선행사 tiu가 생략된 것으로 이해한다.

그리고 관계대명사로 kio가 쓰일 경우는 다음의 경우로 한정되어 있다.

첫째, 그 선행사가 io, tio, ĉio, nenio일 때.

(보기)

Nun restas nenio, kio malhelpas lin.

(이제 그를 방해하는 것은 아무것도 남아 있지 않다.)

Redonu, kion vi prenis.

(네가 취한 것을 돌려주어라.)

Kio plej multe interesis lin, estis lia serioza mieno.

(그를 가장 흥미롭게 한 것은 그의 심각한 표정이었다.)

둘째, 그 선행사가 명사화된 형용사일 때.

(보기)

La plej grava, kion mi nun devas fari, estas renkonti lin.

(지금 내가 해야 할 가장 중요한 일은 그를 만나는 것이다.)

셋째, 그 선행사가 앞의 월 전체일 때.

(보기)

Ŝi estas afabla, kio ebligas ŝin proksimiĝi al li.

(그녀는 친절하며, 그것이 그녀로 하여금 그에게 가까워지게 한다.)

넷째, 그 선행사가 뒤의 월 전체일 때.

(보기)

Mi renkontos lin, kaj kio estas la plej malfacila afero, mi diros la veron al li.

(나는 그를 만나겠다. 그리고 가장 어려운 일이지만 나는 그에게 그 진실을 말하겠다.)

여기서 우리가 주목해야 할 점은, 첫째의 경우, 둘째와 셋째의 보기에서 보듯이 선행사 tio가 그 관계대명사 kio와 격이 같으면 우리는 이 선행사를 생략할 수 있다는 것이다. 그러므로 다음과 같은 월이 가능하다 : Mi ne komprenas, kion li diras. (나는 그가 말하는 것을 이해할 수 없다.) (주의 : 이때 관계대명사 kion을 의문대명사로도 해석할 수 있으니, 그럴 경우 그 의미는 "나는 그가 무엇을 말하는지 이해할 수 없다"가 된다.)

또한, 둘째의 경우, 명사화된 형용사는 주로 최상급이나 서수가 된다. 그러나 일반 형용사도 종종 쓰이니 다음과 같다 : La verda, kion mi vidis, estis la stelo de Esperanto. (내가 본 녹색의 물체는 에스페란토 별이었다.)

그리고 주의해야 할 점은 넷째의 경우로서, 뒤의 월 전체라는 말을 이해하기가 어렵다. 그러나 이것은 자주 쓰이는 표현이 아니고 또한 언제나 월 가운데 삽입되는 것 같으니 쉽게 알아볼 수 있으리라 생각된다.

또 한 가지 관계대명사 kio와 관련하여 우리가 주의하여야 할 점은, 선행사 io, tio, ĉio, nenio가 어떤 형용사에 의해 수식을 받고 있을 경우에는 관계대명사로 kio를 쓰지 않고 kiu를 쓴다는 점이다. (보기 : Mi sentis ion varmegan, kiu penetris mian tutan korpon. 나는 나의 전신을 관통하는 뜨거운 무엇인가를 느꼈다.)

그리고 관계대명사로 kia가 쓰일 경우는 다음과 같다.

첫째, 주절에서 tia로 표현되는 관념 자체(이것은 명사로 취급됨)가 선행사일 때.
(보기)
Kia oni vin vidas, tia oni vin taksas.

(사람들이 너를 어떻게 보느냐에 따라 사람들은 너를 평가
한다.)

Ĝi ne estas tia, kian oni ofte trovas en kamparo.

(그것은 시골에서 자주 볼 수 있는 그러한 것이 아니다.)

Kia naskiĝas, tia grandiĝas.

(태어난 대로 그렇게 자란다.)

둘째, 형용사의 수식을 받는 명사로 표현되는 관념 자체가
선행사일 때.

(보기)

Ŝi havas belegan vizaĝon, kian oni malofte vidas en tiu ĉi
urbo.

(그녀는 이 도시에서는 자주 볼 수 없는 대단히 아름다운
얼굴을 가지고 있다. = 이 도시에서는 본래 대단히 아름다운
얼굴이란 찾아보기 힘들다.)

셋째, 형용사적 성격을 띤 비한정 명사로 표현되는 관념 자
체가 선행사일 때.

(보기)

Li estas idioto, kia estas tre kuraĝa en batalo.

(그는 바보천치다. 바보천치란 싸움에서는 용감한 법이다.)

여기서 우리가 주의하여야 할 점은, 위의 첫째의 경우와 다
음의 경우를 혼동하지 말아야 한다는 점이다.

① Restu ĉiam tia, kia vi estas.

  (항상 지금의 너 같은 상태로 남아 있어라.)

② Kia (estas la) ago, tia (estas la) pago.

  (행한 대로 대가를 얻는다.)

여기 ①, ②에 쓰인 kia는 '비교를 나타내는 종속접속사'이

다. 이에 대한 자세한 설명은 뒤의 형용사 편에서 알아보기로 한다.

그리고 대명사 가운데 특수한 것이 하나 있으니, '둘 다'라는 뜻을 나타내는 'ambaŭ'가 그것이다. 이것은 아래에서 보듯이 대명사로 쓰이면서 (①의 경우), 동시에 형용사적으로 쓰일 때도 있다 (②의 경우).

① Ambaŭ vivas ankoraŭ.
   (둘 다 아직 살아 있다.)
② Li elpuŝis ambaŭ manojn.
   (그는 두 손을 내밀었다.)

이 ambaŭ를 쓸 때 우리가 조심하여야 할 점이 하나 있으니, 그것은 바로 영어의 'both'의 쓰임과 이것을 동일시하면 안 된다는 점이다. 영어에서는 'both A and B'와 같은 쓰임이 가능하나, 에스페란토에서는 'ambaŭ A kaj B'라는 쓰임은 불가능하다. 다음 ①과 ②는 각각 ③과 ④로 바꾸어 써야 한다.

① *Mi diris tion ambaŭ al la mastro kaj al la gasto.
② *Ambaŭ Petro kaj Maria venis al la kunsido.
③ Mi diris tion kaj al la mastro kaj al la gasto.
   (나는 그것을 주인에게도 말했고 손님에게도 말했다.)
④ Petro kaj Maria, ili ambaŭ venis al la kunsido.
   (페트로와 마리아는 둘 다 그 회의에 나왔다.)
(참고: 표시 '*'는 문장이나 단어가 비문법적임을 뜻함.)

다) 수사 (kalkulvortoj, numeraloj)

에스페란토의 수사는 대명사와 마찬가지로 어미를 취하지

않으며 뿌리의 상태로 존재한다. 기본수사로는 다음과 같이 13개가 있다.

nul (0)　unu (1)　du (2)　tri (3)　kvar (4)　kvin (5)　ses (6) sep (7)　ok (8)　naŭ (9)　dek (10)　cent (100)　mil (1,000)

이들은 십진법에 따라 조합된다.

그리고 수를 나타내는 명사가 있으니, 다음과 같다 : nulo (영) miliono(백만) miliardo(십억) biliono(일조).

이들은 명사이기 때문에 그것이 복수가 될 때에는 복수어미 {-j}를 취하게 된다.

1) 수 읽기

에스페란토에서 수를 읽을 때에는 한국어에서와 마찬가지로 보통 '십, 백, 천, 만'(dek, cent, mil, dek mil)이라 하지. '일십, 일백, 일천, 일만'(unu dek, unu cent, unu mil, unu dek mil)이라 고는 하지 않는다. 그리고 수 명사들은 복수가 될 때 복수어 미를 취하게 되나, 그 뒤에 수가 계속되는 경우에는 복수어미 를 붙이지 않는다. 그리고 '소수점'은 punkto라 하고, 소수점 밑으로는 한국어와 같이 읽는다.

(보기)

123	cent dudek tri	
123,456	cent dudek tri mil kvarcent kvindek	ses
12,345,678	dek du miliono tricent kvardek kvin	mil
	sescent sepdek ok	
0.123	nul punkto unu du tri	
10.78	dek punkto sep ok	

2) 수 형용사

수사에 형용사어미 {-a}를 붙이면 수 형용사가 되어 차례를 나타내는 말이 된다.

(보기)

unua	첫째의
dua	둘째의
dek-tria	열셋째의

3) 수 부사

수사에 부사어미 {-e}를 붙이면 수 부사가 되어, 차례를 나타내는 말이 된다.

(보기)

unue	첫째로
due	둘째로
dek-trie	열셋째로

4) 연산용어

더하기 (kaj/plus)	Du kaj (plus) tri estas (faras) kvin. (2+3=5)
빼기 (minus)	Ok minus du estas (faras) ses. (8-2=6)
곱하기 (oble)	Sepoble tri estas (faras) dudek unu. (7×3=21)
나누기 (dividite per)	Dudek dividite per tri estas (faras) ses kaj restas du. (20÷3=6······2)
(one)	Duone ses estas (faras) tri. (6÷2=3)

라) 동사 (agvortoj, verboi)

에스페란토의 동사는 각 경우에 따라 여러 가지의 어미를 취하며, 그 체계는 다음과 같다.

	양태 (Modalo)	서법 (Modo)	시제 (Tenso)	어미 (Finaĵo)
동사 (Verbo)	정법 (Finitivo)	직설법 (Indikativo)	과거	-is
			현재	-as
			미래	-os
		원망법 (Volitivo)		-u
		가정법 (Kondicionalo)		-us
	부정법 (Infinitivo)			-i
	분사법 (Participo)			-ant- -at- ktp (접미사)

(주의 : 분사법에는 어미가 쓰이지 않고 접미사가 쓰인다.)

그리고 동사를 다시 하위분류 하는 문제는 관점에 따라 달라질 수 있을 것이다. 우리는 주로 자동사(iĝa agvorto), 타동사(iga agvorto), 완전동사, 불완전동사, 주동사, 조동사 따위로 동사를 하위분류 하고 있다. 그러나 에스페란토 문법가들 사이에 논란의 대상이 되고 있는 가장 큰 문제 가운데 하나가 바로 이 동사의 하위분류이다. 사실 에스페란토에 있어 자동사와 타동사의 분류는 꽤 어려운 문제로 남아 있다. 이러한 문제로 인해 에스페란토의 문법을 기술하는 데 있어 격의 문제와 월성분 분류의 문제가 완전히 해결되지 못하고 있는 현실이다. 그러므로 여기서는 더 이상 언급하지 않기로 한다.

동사에 대해서는 굴곡법에서 자세히 다룬다.

마) 형용사 (ornamvortoj, adjektivoj)

에스페란토의 형용사는 모두 어미 {-a}를 취한다. 형용사란 명사를 꾸며주거나 한정해주는 낱말로서, 월 안에서 명사의 앞이나 뒤에 놓여 그 명사를 바로 꾸미는 수식어의 역할을 하

기도 하며, 때에 따라서는 주어나 목적어의 보어 역할을 하기
도 한다.

① Ĝi estas bela floro.
   (그것은 아름다운 꽃이다.)
② La floro estas bela.
   (그 꽃은 아름답다.)

위의 ①에 쓰인 bela는 명사 floro를 바로 꾸며주는 수식어이
며, ②에 쓰인 bela는 그 월의 주어인 floro의 보어이다.
형용사 가운데는 형용사어미 {-a}를 취하는 일반적인 형용
사 외에도 이른바 상관사에 포함된 형용사들과 또한 관사가
있다.
상관사 가운데 형용사로 쓰이는 것은 다음과 같다.

	지시 (ti-)	의문 (ki-)	전체 (ĉi-)	비한정 (i-)	부정 (neni-)
개체 (-u)	tiu	kiu	ĉiu	iu	neniu
형용, 성질 (-a)	tia	kia	ĉia	ia	nenia
소유 (-es)	ties	kies	ĉies	ies	nenies

이 가운데 소유를 나타내는 형용사들에는 준굴곡어미 {-j},
{-n}가 붙지 않는다. 그리고 형용, 성질을 나타내는 의문형용
사 kia는 관계대명사로 쓰이기도 하고 비교를 나타내는 종속
접속사로 쓰이기도 한다.
어떤이는 kia를 관계형용사로 보기도 하나, 관계형용사의 설
정 문제에 대해서는 아직 통일된 의견이 없는 것 같다. 여기
서는 관계형용사를 설정하지 않기로 한다.
관계형용사 'kia'를 설정하는 입장에서는 다음의 보기 ③에
서 kia가 관계형용사로 쓰이고 있다고 주장할 수 있다.

① Li estas tre afabla.

　(그는 아주 친절하다.)

② Lia patro ankaŭ estas tre afabla.

　(그의 아버지도 아주 친절하다.)

③ ?Li estas tre afabla, kia estas ankaŭ lia patro.

　(그는 아주 친절하며, 그의 아버지도 그러하다.)

　위의 ①과 ②의 두 단문을 kia를 이용하여 하나의 복문으로 만들어 보면 ③이 될 것이며 (이 월은 좀 이상한 듯하다), 이 때의 kia를 관계형용사라 할 것이다. 그러나 이러한 주장에는 다음과 같은 문제가 있다.

　첫째, 관계대명사의 경우는 다음 ④, ⑤, ⑥에서 보듯이, 복문이 되기 전의 두 단문에서 같은 명사(구)가 서로 다른 격이 되기도 하는 데 반해, 소위 관계형용사의 경우에는 그렇지 못하고 항상 주격보어로만 나타나게 된다.

④ Mi aĉetis la libron.

　(나는 그 책을 샀다.)

⑤ La libro estas tre interesa.

　(그 책은 아주 재미있다.)

⑥ Mi aĉetis la libron, kiu estas tre interesa.

　(나는 아주 재미있는 책을 샀다.)

　서로 다른 역할을 하고 있는 형용사들을 관계형용사로써 이어줄 수 있는지 알아보기로 하자.

⑦ La rakonto estas tre interesa.

　(그 이야기는 아주 재미있다.)

⑧ Li havas tre interesan libron.

(그는 아주 재미있는 책을 가지고 있다.)

⑨ *La rakonto estas tre interesa, kian libron li havas.

(그 이야기는 아주 재미있으며, 그러한 책을 그가 가지고
있다.)

⑩ *Li havas tre interesan, kia estas la rakonto, libron.

(그는, 그 이야기가 그러하듯이, 아주 재미있는 책을 가지
고 있다.)

⑪ *Li havas libron tre interesan, kia estas la rakonto.

(그는 아주 재미있는 책을 가지고 있으며, 그 이야기가 그
러하다.)

위에서 보듯이 관계형용사 kia로 이어진 복문 ⑨, ⑩, ⑪은
모두 바른 말이 되지 못하고 비문(*표로 표시)이 되고 만다.

둘째, 위의 ①과 ②의 두 단문을 하나의 월로 만들어 주기
위해 굳이 ③과 같이 소위 관계형용사를 쓰는 방법을 택하지
않더라도 우리는 다음과 같이 kaj를 써서 하나의 월로 만들
수 있다 : Li kaj lia patro estas tre afablaj. (그와 그의 아버지
는 아주 친절하다.)

그러나 여기서 관계형용사의 설정과 관련하여 우리가 망설
이게 되는 것은 다음과 같은 월들이 이미 쓰이고 있기 때문이
다.

① Kia (estas la) patro, tia (estas la) filo.

(그 아버지에 그 아들.)

② Mi ne plu estas tia, kia mi estis antaŭe.

(나는 이제 더 이상 이전의 내가 아니다.)

이러한 월에 쓰인 kia는 '비교를 나타내는 종속접속사'로 보
는 수밖에 없겠다. (III-다-3 복문: 바)상황어절: 5)비교와 최상

을 나타내는 상황어절 참조)

바) 부사 (situacivortoj, adverboj)

에스페란토의 부사 가운데는 어미 {-e}를 취하는 '어미부
사'(finaĵaj situacivortoj)와 어미를 취하지 않고 뿌리의 상태로
존재하는 '어근부사'(radikaj situacivortoj), 그리고 상관사 가운
데 부사로 쓰이는 것들이 있다. 상관사에 포함된 부사로는 다
음과 같은 것이 있다.

	지시 (ti-)	의문 (ki-)	전체 (ĉi-)	비한정 (i-)	부정 (neni-)
장소 (-e)	tie	kie	ĉie	ie	nenie
시각 (-am)	tiam	kiam	ĉiam	iam	neniam
방법, 상태, 정도 (-el)	tiel	kiel	ĉiel	iel	neniel
이유 (-al)	tial	kial	ĉial	ial	nenial
수량 (-om)	tiom	kiom	ĉiom	iom	neniom

여기서 우리가 주의하여야 할 점은, 정도를 나타내는 말은
'-el' 계열의 말이지 '-om' 계열의 말이 아니라는 점이다. 많은
사람들이 이것을 잘못 알고 있거나 또는 알고 있더라도 자주
실수하고 있다. 따라서 우리는 "Mi kuris tiom rapide." (나는
그만큼 빨리 달렸다), "Kiom bela ŝi estas!" (그녀는 얼마만큼
이나 아름다운가!) 같은 표현을 피하고, 대신 "Mi kuris tiel
rapide." (나는 그렇게 빨리 달렸다), "Kiel bela ŝi estas!" (그녀
는 얼마나 아름다운가!) 같은 표현을 써야 할 것이다.

그리고 의문대명사나 의문형용사에서와 마찬가지로 부사에
서도 상관사 가운데 의문부사로 쓰이는 kie와 kiam은 관계부
사로도 쓰인다.

관계부사에 관한 설명은 생략하기로 한다. 다만 우리가 주
의해야 할 점은, 이 관계부사가 선행사(장소, 시각 등을 나타

내는 상황어; tie, tiam은 제외)를 가질 경우 그 관계절은 선행
사를 꾸미는 수식어절로 취급되지만 (아래 ①의 경우), 그렇지
않고 선행사가 없이 쓰일 때는 그것은 주절의 상황어절로 취
급되게 된다는 점이다 (아래 ②의 경우). (III-다-3. 복문: 바)상
황어절: 3)관계사가 쓰인 상황어절 참조)

① Li venis ĝuste en la momento, kiam mi parolis pri li.
　(그는, 내가 그에 대해 말을 하고 있을 때, 바로 그 순간
에 왔다.)
② Kiam mi parolis pri li, li venis.
　(내가 그에 대해 말하고 있을 때, 그가 왔다.)

에스페란토의 어근부사로는 다음과 같은 것들이 있다.

ajn	[-든지]
	Li forprenas ion ajn.
	(그는 무엇이든지 빼앗는다.)
almenaŭ	[적어도]
	Li povos almenaŭ manĝi.
	(그는 적어도 먹을 수는 있을 것이다.)
ankaŭ	[역시]
	Li ankaŭ ridis.
	(그 역시 웃었다 ; 그는 웃기도 하였다.)
ankoraŭ	[아직]
	Li ankoraŭ balbutas en Esperanto.
	(그는 아직 에스페란토를 떠듬떠듬한다.)
	[계속]
	Li ankoraŭ laboras en la fabriko.
	(그는 그 공장에서 계속 일한다.)

apenaŭ [겨우 (부정적 의미)]

Mi apenaŭ povas kompreni vin.

(나는 너를 잘 이해할 수 없다.)

baldaŭ [머지않아]

Li baldaŭ revenos al ni.

(그는 머지않아 우리에게 돌아올 것이다.)

ĉi [여기, 근접 표시]

Li staris ĉi tie.

(그는 여기에 서 있었다.)

ĉirkaŭ [대략]

Ĝi kostas ĉirkaŭ mil dolarojn.

(그것은 대략 천 달러의 값이 나간다.)

ĉu [의문부사]

Ĉu vi scias la veron?

(너는 그 진실을 아느냐?)

des (pli) [더욱 더]

Ju pli multe, des pli bone.

(많으면 많을수록 더 좋다.)

eĉ [-조차]

Mi ne povas eĉ paroli.

(나는 말할 수조차 없다.)

for [저 멀리]

La domo situas for de la strato.

(그 집은 그 길에서 멀리 떨어져 위치하고 있다.)

hieraŭ [어제]

La letero alvenis hieraŭ.

(그 편지는 어제 도착했다.)

hodiaŭ [오늘]

Mi vidis ĝin hodiaŭ.

(나는 오늘 그것을 보았다.)

ja [정말로]

Ĝi estas ja grandioza.

(그것은 정말로 대단하다.)

jam [벌써]

La belaj tagoj jam pasis.

(그 아름다운 날들은 벌써 지나갔다.)

jen [여기]

Jen estas la libro.

(여기 그 책이 있다.)

[자]

Jen, vidu.

(자, 보아라.)

jes [그래, 예]

Jes, mi lernas Esperanton.

(그래, 나는 에스페란토를 배운다.)

ĵus [조금 전]

La novaĵo ĵus atingis ilian oficejon.

(그 소식이 조금 전 그들의 사무실에 도달했다.)

kvazaŭ [마치 ~ 같다]

Liaj okuloj kvazaŭ parolis.

(그의 눈이 마치 말을 하는 것 같았다.)

mem [스스로]

Mi mem faris tion.

(내 스스로 그것을 했다.)

morgaŭ [내일]

Ŝi revenos morgaŭ.

(그녀는 내일 돌아올 것이다.)

ne [아니, 아니요, 안]

Ne, mi ne lernas Esperanton.

(아니, 나는 에스페란토를 배우지 않는다.)

nun [지금]

Kioma horo estas nun?

(지금 몇 시냐?)

nur [오직]

Mi amas nur vin.

(나는 오직 너만을 사랑한다.)

plej [가장 (최상급)]

Li estas la plej saĝa el ni.

(그는 우리들 가운데서 가장 현명하다.)

pli [더 (수량, 정도)]

Li estas pli diligenta ol mi.

(그는 나보다 더 부지런하다.)

plu [더 (시공적 지속)]

Mi ne povis elteni plu.

(나는 더 이상 참을 수 없었다.)

preskaŭ [거의]

La ĉeestantoj preskaŭ sufokiĝis pro ŝoko.

(그 참석자들은 충격으로 거의 숨이 막힐 지경
이었다.)

tre [아주]

La knabo estas tre bona.

(그 소년은 아주 착하다.)

tro [너무]

La knabo estas tro juna por la laboro.

(그 소년은 그 일에는 너무 어리다.)

tuj [곧]

Mi tuj respondos al vi.
(나는 곧 네게 답을 하겠다.)

사) 전치사 (antaŭpozvortoj, prepozicioj)

에스페란토에서 한국어의 토씨(조사)와 비슷한 문법적 역할을 하는 낱말이 바로 전치사이다. 전치사는 명사(구) 앞에 쓰여 그 명사(구)를 수식어나 상황어가 되게 한다. 이러한 수식어나 상황어를 전치사구라고도 한다.

전치사 다음에는 주격의 명사가 오는 것이 원칙이나, 장소를 나타내는 전치사 다음에 목적격의 명사가 오면 이동의 방향이 나타나게 된다. 보기를 들어 "la rato kuris sub la lito"라는 말은 "그 쥐가 침대 밑에서 달리고 있었다"는 뜻을 나타내고, "la rato kuris sub la liton"이라는 말은 "그 쥐가 침대 밑으로 달려 들어갔다"는 뜻을 나타내게 된다.

에스페란토의 전치사와 그 뜻은 다음과 같다.

1) 장소를 나타내는 전치사

antaŭ   [앞에]
           La arbo staras antaŭ la domo.
           (그 나무는 그 집 앞에 서 있다.)
apud   [옆에]
           Li sidis apud la knabino.
           (그는 그 소녀 옆에 앉아 있었다.)
ĉe   [-에 (붙은 상태)]
           La familio sidis ĉe la tablo.
           (그 가족은 탁자에 앉아 있었다.)
           [~ 부분에 (물건이나 사람의 몸)]
           Metu po unu punkton ĉe unu flanko de la

kesto.

(그 상자 한 면에 점 하나씩을 쳐라.)

Li kaptis min ĉe la brako.

(그는 나의 팔을 잡았다.)

[-에게 (사람)]

Grandaj makuloj estas ĉe li.

(그에게 큰 점들이 있다.)

Ĉiam malgaja humoro regas ĉe ŝi.

(그녀에게는 언제나 우울한 기분이 감돈다.)

Mi laboris dum tri jaroj ĉe profesoro Kim.

(나는 김 교수님에게서 3년간 일했다.)

[-의 집에]

Ili loĝis ĉe mi dum la tuta somero.

(그들은 여름 내내 내 집에 머물렀다.)

ĉirkaŭ	[주위에]

La tero rondiras ĉirkaŭ la suno.

(지구는 태양 주위를 돈다.)

[가까이에]

Li havas multajn saĝajn amikojn ĉirkaŭ si.

(그 가까이에는 많은 현명한 친구들이 있다.)

ekster	[밖에(서)]

La hundo dormis ekster la domo.

(그 개는 그 집 밖에서 잤다.)

el	[가운데서]

Li estas la plej juna el ili. / Neniu venls el ili.

(그는 그들 가운데서 가장 젊다. / 그들 가운데
아무도 안 왔다.)

en	[안에]

La f]oroj estas en la vazo.

(그 꽃들은 꽃병 안에 있다.)

ĝis   [-까지]

Li kuris ĝis la stacidomo.

(그는 역까지 달렸다.)

inter   [사이에]

La banko estas inter la urbodomo kaj la hospitalo.

(그 은행은 시청과 병원 사이에 있다.)

kontraŭ   [맞은편에]

Mia domo situas kontraŭ la banko.

(내 집은 그 은행 맞은편에 위치해 있다.)

malantaŭ   [뒤에]

La kato dormas malantaŭ la pordo.

(그 고양이는 문 뒤에서 잔다.)

sub   [아래에]

Sub la tablo sidas la kato.

(그 고양이는 책상 아래에 앉아 있다.)

super   [위쪽에 (떨어진 상태)]

Super la tablo pendas la lampo.

(그 전등은 책상 위쪽에 매달려 있다.)

sur   [위에 (접촉된 상태)]

Sur la tablo kuŝas teleroj kaj forkoj.

(탁자 위에 접시들과 포크들이 놓여 있다.)

trans   [건너편에]

La junulo loĝas trans la monto.

(그 젊은이는 산 너머에 살고 있다.)

2) 방향을 나타내는 전치사 :

al   [-(으)로]

Mi iras la la lernejo.
(나는 학교로 간다.)

[-에게]

Mi donis ĝin al li.
(나는 그것을 그에게 주었다.)

de   [-(으)로부터]

Li venis de malproksima lando.
(그는 먼 나라로부터 왔다.)

el   [안에서 밖으로]

La hundo kuris el la ĉambro.
(그 개는 방 안에서 밖으로 달려 나갔다.)

kontraŭ   [-를 거슬러]

Li promenis kontraŭ la rivero.
(그는 강을 거슬러 산책하였다.)

laŭ   [-를 따라]

Li promenis laŭ la riverbordo.
(그는 강변을 따라 산책하였다.)

preter   [주위로]

La hundo kuris preter la arbo.
(그 개는 그 나무 주위로 달려갔다.)

3) 때를 나타내는 전치사 :

antaŭ   [전에]

Li foriris antaŭ 3 monatoj.
(그는 석 달 전에 떠났다.)

ĉe   [~ 때에]

Li malaperis ĉe la koka krio.
(그는 닭이 울 때 사라졌다.)

ĉirkaŭ   [쯤에]

Li revenos ĉirkaŭ decembro.

(그는 12월쯤에 돌아올 것이다.)

de [-부터]

Li legas la libron de mateno.

(그는 아침부터 그 책을 읽는다.)

dum [동안]

Ŝi dormis dum 8 horoj.

(그녀는 8시간 동안 잤다.)

en [일(월, 년)에]

En la 3-a de majo (lundo, marto, 1989) mi   iros al vi.

(5월 3일(월요일, 3월, 1989년)에 나는 너에게 가겠다.)

[동안에]

Li legis la libron en tri tagoj.

(그는 그 책을 사흘 동안에 읽었다.)

ĝis [-까지]

Li legos la libron ĝis vespero.

(그는 저녁까지 그 책을 읽을 것이다.)

inter [사이에]

Li vizitos la sinjoron inter la 3-a kaj la 4-a.

(그는 그 신사를 3시(3일)와 4시(4일) 사이에 방문할 것이다.)

je [-에 (시각)]

Mi vizitos vin je la 4-a posttagmeze.

(나는 오후 4시에 너를 방문하겠다.)

por [동안]

Li vagabondis por 3 jaroj.

(그는 3년 동안 방랑하였다.)

post [다음에]

Li faros tion post vi.

(그는 너 다음에 그것을 할 것이다.)

[후에]

Li revenos post 3 monatoj.

(그는 석 달 후에 돌아올 것이다.)

4) 방법, 상태, 원인, 목적 등을 나타내는 전치사 :

anstataŭ [대신]

Li donis al mi teon anstataŭ kafo.

(그는 나에게 커피 대신 차를 주었다.)

ĉe [-하는 상태에]

Li sidas ĉe vespermanĝo.

(그는 저녁을 먹고 있다.)

Ŝi ĉiam sidas ĉe la sama laboro.

(그녀는 언제나 같은 일을 하고 있다.)

de [-에 의해 (수동태의 행위자)]

La libro estas skribita de fama verkisto.

(그 책은 유명한 작가에 의해 쓰였다.)

[~ 때문에]

Li suferas de gripo.

(그는 독감으로 고생한다.)

[-의 (행위자)]

la amo de gepatroj al siaj gefiloj

(자식을 향한 부모의 (에 의한) 사랑)

[-의 (목적)]

la preparo de venonta kongreso

(다음 대회의 준비)

[-의 (단순한 연결)]

la rezulto de la diskuto

(그 토론의 결론)

el   [상태로부터]

Mi savis lin el danĝero.

(내가 그를 위험으로부터 구해냈다.)

[-로 이루어진]

Tio konsistas el diversaj elementoj.

(그것은 여러 가지 원소로 이루어져 있다.)

[-(으)로 인해]

El tio rezultis, ke li foriris tuj.

(그것 때문에 그는 곧 떠나버렸다.)

en   [상태에]

Estas malbone lasi lin en tia libereco.

(그를 그렇게 자유롭게 내버려두는 것은 나쁘
다.)

[상태로]

La glaso rompiĝis en pecetojn.

(그 잔은 산산조각이 났다.)

far   [-에 의해 쓰인]

La libro far s-ro Kim estas tre interesa.

(김 선생에 의해 쓰인 그 책은 아주 재미있다.)

[-에 의한]

La legado de la libro far s-ro Kim estas tre
rapida.

(김 선생에 의한 그 책의 읽음은 아주 빠르다.)

(= 김 선생은 그 책을 아주 빨리 읽는다.)

ĝis   [-의 정도로]

Mi simpligis tion ĝis nekredebleco.

(나는 그것을 믿지 못할 정도로 단순화시켰다.)

kontraŭ	[-에 대항하여]
	Ili batalis kontraŭ la malamiko.
	(그들은 적을 대항하여 싸웠다.)
	[-를 치르고]
	Li aĉetis la libron kontraŭ mil spesoj.
	(그는 천 스페소를 주고 그 책을 샀다.)
krom	[-를 제외하고]
	Neniu venis krom li. / Ĉiuj venis krom li.
	(그를 제외하고 아무도 안 왔다. / 그를 제외하고 모두 왔다.)
kun	[-와 함께]
	La knabo ludas kun la kato.
	(그 소년은 고양이와 함께 논다.)
laŭ	[-에 따라]
	Mi agis laŭ mia konscienco.
	(나는 나의 양심에 따라 행동했다.)
malgraŭ	[-에도 불구하고]
	Li eliris malgraŭ la malpermeso de la patro.
	(그는 아버지의 금지에도 불구하고 나갔다.)
per	[-로써]
	La knabo skribas per krajono.
	(그 소년은 연필로써 글을 쓴다.)
	[-를 타고]
	Mi venis per trajno.
	(나는 기차를 타고 왔다.)
po	[-씩]
	La patrino disdonis al la infanoj po 3 pomoj (pomojn).
	(어머니는 아이들에게 사과 세 개씩을 (사과를

세 개씩) 나누어 주었다.)

(준굴곡법의 목적격을 참조)

por [-을 위하여]

La popolo batalas por la libero.

(민중은 자유를 위하여 싸운다.)

[-의 대가로]

Li pagis mil spesojn por la libro.

(그는 그 책의 대가로 천 스페소를 지불했다.)

pri [-에 관하여]

La instruisto parolas pri la uzo de akuzativo.

(선생님은 목적격의 용법에 관하여 말씀하신다.)

pro [때문에]

Li ne povis ĉeesti pro malsano.

(그는 병 때문에 참석할 수 없었다.)

sen [~ 없이]

Homoj ne povas vivi sen aero.

(인간은 공기 없이 살 수 없다.)

sub [-의 상태 아래]

Li aperis sub la formo de maljunulo.

(그는 늙은이의 모습으로 나타났다.)

Mi akceptis ĝin sub la kondiĉo, ke mi

reformos ĝin.

(나는 내가 그것을 변형한다는 조건으로 그것을

받아들였다.)

super [-를 초월한]

Tio estas super mla povo.

(그것은 내 능력 밖이다.)

[-에 임하여]

Li ankoraŭ ŝvitas super alfabeto.

(그는 아직까지 글자도 못 깨쳤다.)

Li sidis super laboro ĝis malfrua nokto.

(그는 늦은 밤까지 일을 하고 있었다.)

tra   [-를 거쳐, 두루]

Ili vojaĝis tra Eŭropo.

(그들은 유럽을 두루 여행하였다.)

[-를 통하여]

Ĝi okazis nur unu fojon tra tuta historio.

(그것은 전 역사를 통해 단 한 번 일어났다.)

5) 소유를 나타내는 전치사 :

de   [-의]

Ĝi estas la libro de la instruisto.

(그것은 그 선생님의 책이다.)

kun   [-를 가진]

La junulino kun belaj okuloj venis al mi silente.

(아름다운 눈을 가진 그 처녀가 조용히 나에게
로 왔다.)

6) 수량을 나타내는 전치사 :

da   [(한 잔)의]

Mi trinkis glason da biero.

(나는 한 잔의 맥주를 마셨다.)

[(양) (조금)의]

Jen estas iom da akvo.

(여기 조금의 물이 있다.)

[(수) (몇 개)의]

Jen estas kelke da pomoj.

(여기 몇 개의 사과가 있다.)

[(양) (많)은]

Jen estas multe da akvo.

(여기 많은 물이 있다.)

[(수) (많)은]

Jen estas multe da pomoj.

(여기 많은 사과가 있다.)

(뒤에 셀 수 있는 명사가 올 때에는 복수어미를 붙인다.)

je   [높이]

La monto estas alta je 100 metroj.

(그 산은 높이가 100미터이다.)

[길이]

La rivero estas longa je 10 kilometroj.

(그 강은 길이가 10킬로미터이다.)

[너비]

La strato estas larĝa je 20 metroj.

(그 길은 너비가 20미터이다.)

[넓이]

Ĝi estas vasta je 100 kvadrataj metroj.

(그것은 넓이가 100평방미터이다.)

[무게]

La pakaĵo estas peza je 10 kilogramoj.

(그 꾸러미는 무게가 10킬로그램이다.)

[깊이]

La lago estas profunda je 15 metroj.

(그 호수는 깊이가 15미터이다.)

[값]

La libro kostas je tri mil spesoj.

(그 책은 값이 3,000스페소이다.)

7) 감정을 나타내는 전치사 :

je   [감정을 나타냄]

Je mia surprizo li sukcesis en la ekzameno.

(내가 놀랍게도 그는 그 시험에 합격했다.)

이 밖에 본래 전치사가 아닌 것이 전치사처럼 명사 앞에 쓰이는 것이 있으니, 다음과 같다. 이들은 의미에 따라 그다음에 목적격을 취할 수도 있다는 점이 전치사와 다른 점이다. 그리고 이들은 대부분 본래 부사로 쓰이는 것들이다.

almenaŭ   [적어도]

Mi povas fari almenaŭ tion.

(나는 적어도 그것은 할 수 있다.)

ankaŭ   [역시]

Ankaŭ li venis kune kun ili.

(그 역시 그들과 함께 왔다.)

eĉ   [-조차]

Li formanĝis eĉ ŝian porcion.

(그는 그녀의 몫조차 먹어치웠다.)

kiel   [-로(서)]

Li rolis kiel prezidanto.

(그는 회장으로서 역할을 했다.)

Ili elektis lin kiel prezidanton.

(그들은 그를 회장으로 선출했다.)

[-처럼]

Li aspektas kiel virino.

(그는 여자처럼 보인다.)

ne   [아니, 안]

Mi renkontis ne lin, sed lian fraton.

(나는 그를 만나지 않았고, 그의 형을 만났다.)

nur   [-만, 오직]

Mi vidis nur ŝian vizaĝon.

(나는 그녀의 얼굴만을 보았다.)

아) 접속사 (ligvortoj)

접속사란 여러 가지 언어형식(낱말, 구, 절)을 이어주는 낱
말이다. 이에는 등위접속사(kunligvortoj)와 종속접속사
(subligvortoj)의 두 가지가 있다. 등위접속사란 'kaj, sed, aŭ,
nek'등 두 언어형식을 동등한 자격으로 연결시켜 주는 접속사
이며, 종속접속사는 'ke, kvankam, se' 등, 그것이 붙어 있는
절을 주절에 종속시켜 주는 접속사이다.

에스페란토의 접속사에는 다음과 같은 것들이 있다.

aŭ   [혹은]

Donu al mi liberon aŭ morton.

(나에게 자유가 아니면 죽음을 달라.)

[그렇지 않으면]

Nepre venu morgaŭ, aŭ vi ne plu vidos min.

(내일 꼭 오너라. 그렇지 않으면 너는 나를 더
이상 볼 수 없을 것이다.)

ĉar   [때문에]

Ŝi ploras, ĉar ŝia patro mortis.

(그녀는 아버지가 돌아가셨기 때문에 운다.)

do   [그러므로, 그러면; 삼단논법에서 결론을 이끌어
낼 때 쓰임]

Ĉiuj homoj do mortas.

(그러므로 모든 사람은 죽는다.)

ju (pli)　　[-할수록]

Ju pli multe oni havas, des pli multe oni avidas.

(사람은 많이 가지면 가질수록 더 많이 탐을 낸다.)

kaj　　　[그리고]

Li kaj ŝi estas bonaj geamikoj.

(그와 그녀는 좋은 친구다.)

[그러면]

Venu morgaŭ matene, kaj mi donos ĝin al vi.

(내일 아침에 오너라. 그러면 나는 네게 그것을 주겠다.)

ke　　　[-라는 것]

Mi scias, ke li amas ŝin.

(나는 그가 그녀를 사랑한다는 것을 안다.)

[-라는]

La fakto, ke li amas ŝin, estas vaste konata.

(그가 그녀를 사랑한다는 사실은 널리 알려져 있다.)

[-어서/아서]

Mi ĝojas, ke li revenis viva.

(나든 그가 살아 돌아와서 기쁘다.)

[-하도록]

Mi petis lin, ke li sendu al mi la teleron.

(나는 그가 나에게 그 접시를 보내주도록 부탁했다.)

[결과로 -하다]

Li estis tiel laca, ke li ne povis plu paroli.

(그는 아주 피곤하였다. 그래서 그는 더 이상 말

을 할 수 없었다.)

kia [비교를 나타냄]

Restu ĉiam tia, kia vi estas.

(언제나 지금의 너로 남아 있어라.)

kiel [비교를 나타냄]

La uzado de la artikolo estas tia sama, kiel en aliaj lingvoj.

(관사의 용법은 다른 언어에 있어서와 같다.)

Li kantas tiel bele, kiel mi.

(그는 나처럼 그렇게 노래를 잘 한다.)

[-하다시피]

Kiel vi bone scias, la afero ne estas facila.

(네가 잘 알다시피 그 일은 쉽지 않다.)

kiel se [마치 -처럼]

Li agas, kiel se li estus heroo.

(그는 자기가 마치 영웅이나 되는 것처럼 행동한다.)

kvankam [비록 -라 할지라도]

Kvankam mi estas malriĉa, mi estas feliĉa.

(비록 가난하다 할지라도 나는 행복하다.)

minus [빼기]

Dek minus tri estas sep.

(10-3=7)

nek [-도 아니 / 못]

Li ne renkontis lin, nek lian fraton.

(그는 그를 만나지 않았으며 그의 형도 만나지 않았다.)

nu [삼단논법에서 소전제를 이끌어 낼 때 쓰임]

Ĉiuj homoj devas morti, nu, Sokrato estas

	homo, do Sokrato devas morti. (모든 사람은 죽는다. 그리고 소크라테스는 사람 이다. 그러므로 소크라테스는 죽는다.)
ol	[-보다 더 ; 비교급에 쓰임] Li laboras pli diligente ol mi. (그는 나보다 더 부지런히 일한다.)
plus	[더하기] Unu plus du estas tri. (1 더하기 2는 3이다.)
se	[만약 -라면] Se vi estus mia frato, mi ĝin donus al vi. (만약 네가 나의 동생이었다면, 나는 그것을 네 게 주었을 것이다.)
sed	[그러나] Li legas libron, sed lia frato kantas apud li. (그는 책을 읽는다. 그러나 그의 형(동생)은 그 의 옆에서 노래를 부른다.)
tamen	[그렇지만] Li klopodis multe, (kaj) li tamen ne sukcesis. (그는 노력을 많이 하였다. 그렇지만 그는 성공 하지 못했다.)

위의 접속사들 가운데 'do'는, 앞의 문에 대한 결론으로 다음 말을 할 때 사용한다. 그러므로 이것은 복문의 종속절에 쓰이지 않고 새로운 단문에 쓰이거나, 아니면 새로운 복문의 주절에 쓰인다. 그리고 이것은 또한 경우에 따라 의문문이나 원망문(願望文)에서 놀람이나 의지를 강조하는 부사로 쓰이기도 한다. 다음의 보기가 부사로 쓰인 경우이다.

① Kial do vi ne laboras? (도대체 너는 왜 일을 하지 않느냐?)

② Sed iru do! (그러나 정 그렇다면 가거라.)

그리고 'tamen'은, 'kaj'나 'sed'와 함께 어울려 쓰이는 일이 많으며, 비교를 나타내는 'kia'는 그것이 꾸미는 명사의 수와 격에 따라 같이 어미변화를 한다. 그리고 의문사가 의문의 종속절을 이끌 때, 그 의문사는 접속어의 역할을 한다. 또한 본래 접속사가 아닌 전치사나 부사 또는 그것들과 접속사가 어울린 형태가 접속어로 쓰이는 일이 있으니, 다음과 같은 것들이다.

anstataŭ   [대신]
           Mi sendis lin, anstataŭ ŝin.
           (나는 그녀를 보내는 대신 그를 보냈다.)

antaŭ ol   [-하기 전에]
           Mi finos la laboron, antaŭ ol vi revenos.
           (네가 돌아오기 전에 나는 그 일을 끝낼 것이다.)

apenaŭ   [-자마자]
           Apenaŭ li vidis ŝin, li eksploris pro ĝojo.
           (그는 그녀를 보자마자 기쁨으로 울음을 터뜨렸다.)

ĉu   [-인지 아닌지]
           Mi ne scias, ĉu li venos aŭ ne.
           (나는 그가 올지 안 올지 모른다.)

dum   [-하는 동안/반면]
           Li purigis la ĉambron, dum mi dormis en ĝi.
           (내가 그 방 안에서 자는 동안(반면), 그는 그

방을 청소했다.)

(eĉ) se   [비록 -할지라도]

Mi amas lin, (eĉ) se li estas malriĉa.

(비록 그가 가난하다 할지라도 나는 그를 사랑
한다.)

ĝis   [~ 때까지]

Li daŭre laboris, ĝis ŝi revenis.

(그녀가 돌아왔을 때까지 그는 계속 일을 했다.)

kia ajn   [어떤 -라도]

Kia ajn li estas, li ŝajnas bela al la patrino.

(그가 어떻더라도 그의 어머니에게는 아름답게
보인다.)

kiam   [-할 때]

Kiam mi atingis Seulon, estis jam vespero.

(내가 서울에 도착했을 때는 이미 저녁이었다.)

kiam ajn   [언제 -라도]

Kiam ajn vi vizitos min, mi varme akceptos   vin.

(언제 네가 나를 찾아오더라도 나는 너를 반가
이 맞을 것이다.)

kie   [-한 곳에]

Kie pompas floroj, amasiĝas multaj abeloj.

(꽃들이 만발한 곳에 많은 벌들이 모여든다.)

kie ajn   [어디에 -라도]

Kie ajn vi estas, mi iros al vi.

(네가 어디에 있더라도 나는 네게로 가겠다.)

kiel ajn   [어떻게 -라도]

Kiel ajn li klopodos, li nepre malsukcesos.

(그가 어떻게 노력하더라도 그는 반드시 실패할
것이다.)

kies ajn   [누구의 -라도]

Kies ajn libro ĝi estas, mi prenos ĝin.

(그것이 누구의 책일지라도 나는 그것을 가지겠다.)

kio ajn   [무엇이 -라도]

Kio ajn ĝi estas, mi nepre akiros ĝin.

(그것이 무엇이더라도 나는 그것을 꼭 얻을 것이다.)

kiom   [-하는 한]

Kiom mi scias lin, li ne faros tian aferon.

(내가 (그를) 아는 한 그는 그러한 일을 하지 않을 것이다.)

kiom ajn   [얼마나 -라도]

Kiom ajn ili eltrinkos, la puto ne elĉerpiĝos.

(그들이 얼마나 퍼 마실지라도 그 우물은 마르지 않을 것이다.)

kiu ajn   [누가 -라도]

Kiu ajn venos, mi bonvenigos lin.

(누가 오더라도 나는 그를 환영하겠다.)

kvazaŭ   [마치 -처럼]

Li agas, kvazaŭ li estus heroo.

(그는 자기가 마치 영웅이나 되는 것처럼 행동한다.)

malgraŭ, ke [-에도 불구하고]

Li eliris malgraŭ, ke lia patro malpermesis.

(그는, 그의 아버지가 금지하였는데도 불구하고 나갔다.)

por ke   [-하도록]

Mi petis lin, por ke li sendu al mi la teleron.

(나는, 그가 나에게 그 접시를 보내도록 부탁했다.)

post (kiam) [-한 후에]

Ili kune ekiris, post (kiam) li venis al ili.

(그가 그들에게 온 후에 그들은 함께 출발하였다.)

이 가운데 kvazaŭ 뒤에는 늘 가정법을 써야 한다. 왜냐하면 이것은 사실과 반대되는 것을 가정하는 의미를 가지고 있기 때문이다.

자) 감탄사 (krivortoj, interjekcioj)

에스페란토의 감탄사로는 아래와 같은 것들이 있다. 이들은 어미를 가지지 않으며, 월에서 독립어로 쓰인다.

bis	노래를 재청할 때 쓰임.
fi	가소로움, 나쁨을 나타낼 때 쓰임.
ha	남을 부를 때 쓰임 ; 놀람을 나타낼 때 쓰임.
ho	감정을 강하게 나타낼 때 쓰임.
lo	전화에서 상대방을 부를 때 쓰임 ; 'ha'와 함께 'ha-lo!'의 형태로도 쓰임.
nu	하고자 하는 말에 상대방의 주의를 집중시킬 때 쓰임.
ruk (ho ruk)	함께 일을 할 때, 힘을 모을 때 쓰임.
ve	슬픈 감정을 나타낼 때 쓰임.

그리고 이 밖에도 부사가 감탄사로 쓰이는 일이 많다. 보기

를 들면 다음과 같다.

bedaŭrinde	유감스러움을 나타낼 때 쓰임.
bone	기분에 맞고 좋음을 나타낼 쓰임.
certe	확실하고 분명함을 나타낼 때 쓰임.
domaĝe	애석함을 나타낼 때 쓰임.
eble	어느 정도의 가능성이 있음을 추측할 때 쓰임.
kredeble	믿을만함을 나타낼 때 쓰임.
mirinde	대단한 경탄을 나타낼 때 쓰임.
trafe	적중했음을 나타낼 때 쓰임.
verŝajne	십중팔구의 가능성을 나타낼 때 쓰임.

그리고 월 자체를 감탄문으로 만들어 주는 방법이 여러 가지 있다. 다음을 보자.

① Kiel bela ĝi estas! (그것은 얼마나 아름다운가!)
② Kiel bela floro ĝi estas! (그것은 얼마나 아름다운 꽃인가!)
③ Kia idioto (li estas)! ((그는) 정말 바보야!)

감탄문을 만들 때에는 의문부사 kiel이나 kia를 쓴다. 위의 ①과 ②에서처럼 kiel이 쓰일 때는 형용사나 부사를 감탄할 때이고, ③에서처럼 kia가 쓰일 때는 명사를 감탄할 때이다. 이때의 명사는 형용사적 성격을 가진 명사라야 한다. 만일 그렇지 않고 일반적인 명사가 쓰일 경우 우리는 그 감탄의 뜻을 잘 알 수 없다. (보기 : Kia homo! Kia domo! Kia rezulto!)
위의 ②의 경우에 "Kia bela floro ĝi estas!"라고 표현하는 일이 있는데, 이것은 좀 생각해 볼 문제이다.

③에서와 같이 이때도 floro라는 명사를 감탄한다면 kia를 쓰는 것이 일리가 있다. 그러나 아무리 생각해 보아도 이때 우리가 감탄하는 것은 bela라는 형용사이지, 결코 floro라는 명사는 아닌 것 같다. 다음을 보자.

④ Ĝi estas tre bela. (그것은 아주 아름답다.)
⑤ Ĝi estas tre bela floro. (그것은 아주 아름다운 꽃이다.)
⑥ Kiel bela ĝi estas!
⑦ Kiel bela floro ĝi estas (= estas ĝi)!

위의 ④를 감탄문으로 바꾼 것이 ⑥이며, ⑤를 감탄문으로 바꾼 것이 ⑦이다. 이때 둘 다 부사 tre 대신 kiel이 쓰이고 있다. 사정이 이러할진대 굳이 ⑦에서는 kia를 써야 한다는 주장을 이해할 수 없다.

II-나-3. 생각해 볼 점

가) 낱말의 뿌리(어근)에 품사를 지정할 수 있는가?
세계의 여러 말들 가운데는 한국어나 영어와 같이 뿌리(radiko)의 상태에 이미 품사가 정해지는 말도 있고, 그와는 달리 에스페란토나 라틴말처럼 뿌리의 상태에서는 품사가 정해지지 않고, 뿌리에 어미가 붙은 후에야 품사가 정해지는 말들도 있다.
에스페란토의 낱말 가운데는 품사어미가 붙어야만 품사가 정해지는 것들도 있고 (명사, 동사, 형용사, 어미부사), 그렇지 않은 것들도 있다 (대명사, 수사, 어근부사, 전치사, 접속사, 감탄사).
품사란 낱말의 근본적인 갈래이다. 그러므로 우리는 월 가운데서의 일회적인 쓰임에 따른 분류인 월의 성분과 이것을 구별하여야 한다. 즉, 명사는 그 품사는 언제나 명사로서 절대로 바뀌지 않으나, 월 가운데서는 그것이 주어로 쓰일 수도 있고 목적어나 보어로도 쓰일 수 있는 것이다. 그리고 에스페란토에서는 부사나 전치사가 월에서 접속어로 쓰이는 일이 있다. 이때 우리는 그 부사나 전치사가 접속어로 쓰였어도 접속사라고는 하지 않는다.

에스페란토의 뿌리 자체는 품사가 정해져 있지 않으므로, 보기를 들어 'dom-'은 무슨 품사인지 알 수 없다. 그러나 그 뜻은 우리가 파악할 수 있으니, 이의 뜻은 [집]임에 틀림없다. 우리가 상식적으로도 알 수 있는 일이지만, [집]은 하나의 구체물이다. 이러한 구체물이 'dome'처럼 부사로 쓰일 수 있다는 점이 놀랍다.

그뿐 아니라, 에스페란토에서는 이러한 부사가 아주 발달하여, 다른 겨레말로서는 표현이 거의 불가능한 표현까지도 해내고 있다. 몇 개의 보기를 들면 다음과 같다.

- ĉevale kuri   (말처럼 달리다)
- genue sidi   (무릎을 꿇고 앉아 있다)
- grue stari   (학처럼 한 발로 서 있다)
- korpe viziti   (몸소 방문하다)
- mane preni   (손으로 잡다)
- okule paroli   (눈으로 말하다)

나) 상관사(相關詞)를 세울 것인가?

이른바 상관사라 불리는 것은 'tabelaj vortoj'로서, 모두 45개가 있다. 이들은 에스페란토의 기본적인 어미체계를 무시하고 만들어져 있다. 보기를 들어, 어미의 기본체계에서는 '-u'는 동사의 원망법 어미인데, 여기에서는 이것이 '개체 (사람, 사물)'를 가리키는 뜻을 가진, 대명사나 형용사의 어미(사실 이것을 어미라 부르기가 어렵다)로 쓰인다.

이처럼 이 45개의 낱말들은 그 형태로써 어떤 품사의 갈래에 포함시키기가 어렵다. 다시 말해 우리가 이미 정해 놓은 갈래의 형용사에는 모든 낱말이 '-a'의 어미를 가지는데, 난데없이 '-u'의 어미를 가진 낱말이 포함되게 되면, 체계에 혼란이 생기게 되는 것이다.

여기서 우리는 일단 이 45개의 낱말들을 대명사나, 형용사 또는 부사의 갈래에 나누어 포함시키는 방법을 포기하고, 대신 상관사라는 품사를 하나 독립적으로 세우는 방법을 채택하기로 하자. 그렇게 되면, 우리의 에스페란토 품사체계는 10품사가 된다. 여기에는 다음과 같은 문제점이 생긴다.

첫째, 통어적으로 너무나도 다른 기능을 하는 여러 낱말들이 하나의 품사로 묶이게 되어, 기능적인 관점에서 분류가 만족스럽지 않다.

둘째, 현실적으로 우리는 그 낱말들을, 보기를 들면, '지시대명사', '의문대명사' 또는 '장소를 뜻하는 부사' 따위로 부르고 있으니, 이러한 현실과 맞지 않다.

셋째, 문법체계를 세움에 있어 될수록 간단한 것이 좋다는 일반적인 원리에 따라 10품사체계보다는 9품사체계가 더 낫다.

이러한 문제점이 있기 때문에 우리는 아무래도 이 45개의 낱말을 각각 이미 정해 놓은 9개의 품사 가운데 나누어 포함시키는 것이 좋으리라 생각한다. 그리하면 '-o, -u'의 어미를 가진 것들은 대명사에, '-u, -a, -es'의 어미를 가진 것들은 형용사에, 그리고 그 외의 것들은 부사에 포함되게 된다. (Ⅱ-가. 형태소 분석 편을 참고할 것.)

다) 관사 (kronvorto, artikolo)를 세울 것인가?

영어문법에서는 관사가 하나의 독립된 품사로 취급된다. 그러나 에스페란토에서는 이것을 하나의 독립된 품사로 취급하기에는 다음과 같은 문제가 있다.

첫째, 다른 인도-유럽말들과는 달리 에스페란토에는 관사가 오직 <la> 하나뿐이다. 이 <la>는 어떠한 경우에도 형태가 변화하지 않으며, 오직 한 형태뿐이다(특별한 경우 그 축약형 <l'>가 쓰이기도 한다). 그러므로 단 하나뿐인 낱말을 위해 하나의 품사를 설정한다는 것은 경제적인 일이 못 된다.

둘째, <la>는 그 의미와 통사적 기능이 지시형용사와 같으며, 모양 또한 일반 형용사와 같다. (그러나 <la>에 포함된 <a>가 형용사어미는 아니다.)

그러므로 우리는 관사라는 품사를 세우지 않으며, 이 <la>를 지시형용사의 하나로 보고자 한다.

그러나 이런 경우에도 문제가 있으니, 다음과 같다.

첫째, <la>는 일반 형용사와는 달리 형용사어미를 가지지 않는다.

둘째, 일반 형용사에는 복수어미 {-j}와 목적격어미 {-n}가 붙으나, 관사에는 이러한 어미들이 붙지 않는다.

그리고 여기에서 우리는 관사 <la>의 쓰임을 알아보기로 하자. 관사의 쓰임은 다음과 같다.

1) 새로운 정보가 아닌, 이미 알려진 정보를 나타냄.

①이미 화제에 오른 것.

Hieraŭ mi legis iun libron. La libro estis tre interesa.

(어제 나는 어떤 책을 읽었다. 그 책은 아주 재미있었다.)
②대화 현장에 존재하여, 눈으로 확인되는 것.

Bonvolu transdoni al mi la botelon.

(제게 그 병을 좀 건네주십시오.)
③상황으로 보아 혼동의 여지가 없는 것.

Kial la knabo ne venas hodiaŭ?

(그 소년이 오늘은 왜 오지 않을까? [그 소년은 매일 오고 있었다.])

2) 단수일 경우 그 종류를 대표하고, 복수일 경우 그 종류의 총체를 나타냄.

La papero estas tre blanka, sed la neĝo estas pli blanka.

(종이는 아주 희다. 그러나 눈이 더 희다.)

Oni elhakis la arbojn apud la vojo.

(사람들은 길옆의 나무들을 모두 베어 냈다.)

3) 그 종류에서 단 하나뿐인 것을 나타냄.

La suno brilas. La tero estas ronda. La ĉielo estas blua.

(태양이 빛난다. 지구는 둥글다. 하늘은 푸르다.)

La filo de sinjoro Kim estas tre saĝa.

(김 선생의 (외동)아들은 아주 똑똑하다.)

4) 동사의 성격을 띤 명사 뒤에 'de-전치사구'가 놓여 그 명사를 한정할 때 관사가 쓰인다. 그러나 그 뒤에 관계절이 올 때에는 관사가 쓰일 수도 있고 쓰이지 않을 수도 있다.

La hirundo anoncas la alvenon de printempo.

(제비는 봄이 왔음을 알려준다.)

Vi ricevos de li la (= tiun) instruon, kiun vi bezonas.

(너는 그로부터 네가 필요로 하는 그 교훈을 얻을 것이

다.)

5) 보통의 형용사가 앞이나 뒤에 붙은 고유명사 앞에 관사를 쓴다.

la Ruĝa Maro (홍해), la Monto Blanka (몽블랑)

6) 고유명사가 수식어의 수식을 받고 있을 때 관사를 쓴다.

Seĝong la granda (세종대왕), la tuta Koreujo (한국 전체)

7) 고유명사 앞에 그 고유명사를 설명해주는 명사가 붙어 있을 때, 그 명사 앞에 관사를 쓴다.

la rivero Hangang (한강), la reĝo Seĝong (세종임금)

8) 단순히 문법적으로만 쓰임.
①명사화된 형용사 앞에
la Ĉiopova (전능하신 하나님), la granda (큰 것)
②특별히 인용된 낱말을 명사화 할 때.
La 'multe' de lia parolo estas vere la 'malmulte'.
(그의 말 가운데 '많이'라는 말은 사실 '적게'이다.)
③고유명사가 보통명사화 되었을 때.
Li estas la Zamenhof de la vilaĝo.
(그는 그 마을의 자멘호프다.)
④최상급을 나타내는 부사 plej 앞에.
Li estas la plej diligenta el ili.
(그이가 그들 가운데에서 제일 부지런하다.)
⑤비교급의 표현에서 비교 대상이 오직 둘 뿐일 때 부사 pli 앞에.
La pli forta el liaj manoj estas la dekstra.
(그의 손 가운데 더 강한 쪽은 오른손이다.)

⑥대명사의 소유격을 대명사화 할 때.

Ĝi estas la mia.

(그것은 내 것이다.)

이것은 "Ĝi estas mia."와 결국 같은 말이다. 이 두 표현의 차이를 알아보자.

    a. Tio estas via, kaj ĉi tio estas mia.

    (그것은 네 것이고, 이것은 내 것이다.)

    b. Via pano estas granda, sed la mia estas malgranda.

    (네 빵은 크지만, 내 것(나의 빵)은 작다.)

위의 두 표현 가운데 (a)에 쓰인 via와 mia는 그 자체 소유대명사로 쓰인 것이며, (b)에 쓰인 la mia는 mia pano 대신 쓰인 것이다.

    라) 수사를 하나의 독립된 품사로 세우는 문제

영어문법에서는 수사가 형용사의 일종으로 분류 되어 있다. 그러나 에스페란토에서는 수사를 하나의 독립된 품사로 세움이 마땅하다. 그 이유는 다음과 같다.

첫째, 수사는 형태적으로 형용사와는 다르다. 형용사어미를 가지지 않는다.

둘째, 형용사에는 목적격어미 {-n}와 복수어미 {-j}가 붙을 수 있으나, 수사에는 이들이 결코 붙지 않는다.

II-다. 조어법 (vortofarado)

이미 존재하는 형태소들을 이용하여 새로운 낱말을 더 만들어 내는 것을 조어법이라 하며, 에스페란토에도 다른 말에서와 같이, 파생법(branĉado, derivado)과 합성법(kunmetado)이 있다.

II-다-1. 파생법 (branĉado, derivado)

파생법이란 뿌리에 파생접사가 붙어 낱말이 만들어지는 것
을 이른다. 에스페란토에는 접사로서 접두사(antaŭbranĉivo,
prefikso)와 접미사(postbranĉivo, sufikso)가 있다.

가) 접두사법 (antaŭbranĉado)

접두사는 뿌리의 의미에 어떤 다른 의미를 더 부여하며, 다
음과 같은 것들이 있다.

1) {bo-}   결혼 후에 생기는 인간관계
bopatro   장인, 시아버지
bopatrino   장모, 시어머니
bogepatroj   장인과 장모, 시부모
bofilo   사위
bofilino   며느리
bofrato   처남, 시아주버니, 시동생, 자형, 매제,
                  (bobofrato 남자 동서)
bofratino   처형, 처제, 형수, 제수, 올케, 시누이,
                  (bobofratino 여자 동서)
boparenciĝi   사돈 관계를 맺다

2) {dis-}   분산
disdoni   나누어 주다
disvastigi   널리 퍼뜨리다
disigi   나누다, 쪼개다

3) {ek-}   시작

ekiri	출발하다
ekscii	알아차리다
ekridi	웃음을 터뜨리다
eksidi	앉다

4) {eks-}	신분의 전 상태, 전직
eksprezidanto	전 회장
eksedz(in)iĝi	(남자(여자)가) 이혼하다
eksigi	해고하다, 제거하다

5) {ge-}	남녀 양성
gefratoj	형제자매, 오누이
gepatroj	부모
geedziĝi	결혼하다
geknaboj	소년소녀
gesinjoroj	신사숙녀, 부부

6) {mal-}	반대, 부정
malbona	나쁜
malkompreni	오해하다
malami	싫어하다, 증오하다
maldekstra	왼쪽의
male	반대로

7) {mis-}	잘못
miskoni	잘못 알다
misi/miso	실수하다/실수
miskompreni	오해하다

8) {pra-}   예전, 일 대(代) 앞뒤의 친족 관계
prapatro   조상
pratempo   원시시대
praarbaro   원시림
prahomo   원시인
praavo   증조부
pranepo   증손자

9) {re-}   회귀, 반복
rebati   반격하다, 다시 때리다
reiri   돌아가다, 다시 가다
reveni   돌아오다/돌아가다, 다시 오다
revidi   다시 보다
reviziti   다시 방문하다

위의 9가지는 공식 접두사이며, 이밖에 다음과 같은 유사 접두사와 비공식 접두사도 여럿 있다.

{vic-}   부(副), 차(次) (vicprezidanto: 부회장)
{for-}   먼 거리 (fordoni: 포기하다, forĵeti: 내던져 버리다)
{tele-}   먼 거리 (기술 용어) (telepatio: 텔레파시, teleskopo: 망원경)
{retro-}   회귀 (기술 용어) (retroiri: 뒷걸음쳐 돌아가다)

나) 접미사법 (postbranĉado)

접미사는 뿌리의 의미에 어떤 다른 의미를 더 부여하는 일 외에도 경우에 따라서는 그 품사를 바꾸는 일도 하며(이것을

'품사전성(品詞轉成)'이라 부른다), 다음과 같은 것들이 있다.

-aĉ-	나쁜 것 (hundaĉo: 개새끼)
-ad-	동작의 계속, 동명사 (parolado: 연설)
-aĵ-	구체화 된 물건, 동물의 고기 (manĝaĵo: 음식, vendaĵo: 상품, porkaĵo: 돼지고기)
-an-	구성원 (familiano: 가족, urbano: 도시민)
-ant-	진행상, 능동태 (leganta: 읽(고 있)는)
-ar-	집합체 (vortaro: 사전, arbaro: 숲)
-at-	진행상, 수동태 (legata: 읽히(고 있)는)
-ĉj-	남성 애칭 (Tomĉjo: 토마스의 애칭, paĉjo: 아빠)
-ebl-	수동의 가능성 (videbla: (사람이) 볼 수 있는)
-ec-	추상화 (juneco: 젊음, amikeco: 우정)
-eg-	큼, 강함 (belega: 아주 예쁜, pordego: 대문)
-ej-	장소 (lernejo: 학교, manĝejo: 식당)
-em-	경향 (hontema: 부끄러움을 잘 타는)
-end-	수동의 당위성 (videnda: (사람이) 보아야 하는)
-er-	구성체 (akvero: 물방울, monero: 동전)
-estr-	우두머리 (ŝipestro: 선장, lernejestro: 학교장)
-et-	작음, 약함, 귀여움 (iomete: 아주 조금)
-id-	새끼, 자손 (bovido: 송아지, idaro: 자손)
-ig-	타동사화, 사동태화 (beligi: 아름답게 꾸미다, sidigi: 앉히다, turnigi: 돌리다)
-iĝ-	자동사화, 자동태화 (beliĝi: 아름다워지다, sidiĝi: 앉다, turniĝi: 돌다)
-il-	도구 (skribilo: 필기구, kombilo: 빗)
-in-	여성 (patrino: 어머니, virino: 여자)

-ind-	수동의 가치 (leginda: (사람이) 읽을 만한)
-ing-	부분을 감쌈 (삽입물, 피삽입물) (kandelingo: 촛대, cigaringo: 담뱃대, glavingo: 칼집)
-int-	완료상. 능동태 (leginta: 읽고 난, 다 읽은)
-ism-	주의, 종교, 각 언어의 특이현상 (demokratismo: 민주주의, kristanismo: 기독교, anglismo: 영어적 표현, esperantismo: 에스페란토주의)
-ist-	직업가, 주의자, 종교인 (laboristo:근로자, esperantisto:에스페란토 사용자, budaisto:불교신자)
-it-	완료상, 수동태 (legita: 읽힌)
-nj-	여성 애칭 (Elinjo: 엘리자베스의 애칭, panjo: 엄마)
-obl-	배수 (trioble: 세 배로)
-on-	분수 (triono: 삼분의 일)
-ont-	예정상, 능동태 (legonta: 읽으려는)
-op-	수의 집합 (triope: 셋이서)
-ot-	예정상, 수동태 (legota: 읽히려는)
-uj-	전체를 감쌈 (나라, 나무, 그릇) (Koreujo: 한국, pomujo: 사과나무, sukerujo: 설탕통)
-ul-	어떤 성질을 가진 사람 (junulo: 젊은이)
-um-	특별한 뜻 없음 (kolumo: 깃, akvumi: 물을 뿌리다, butonumi: 단추를 끼우다 / 단추를 누르다)

위의 37가지는 공식 접미사이며, 이 밖에 다음과 같은 비공식 접미사도 여럿 있다.

-i-	나라 (Koreio: 한국, Francio: 프랑스)
-iv-	능동의 가능성 (produktiva: 생산적인)
-iz-	-화(化) (ŝtalizi: 강철화하다, pasteŭrizi: 멸균하다, organizi: 조직화하다)
-oz-	병 (horzonozo: 시차병)

접미사가 뿌리에 연결될 때 일반적으로 뿌리와 접미사 사이에 다른 요소는 삽입되지 않는다. 그러나 특별한 경우 다른 말과의 혼동을 막기 위해서나 그 의미를 분명히 해 주기 위해 여러 가지 어미가 삽입되는 경우가 있으니 다음과 같다 : post-e-ulo (후배 ; postulo<요구>와의 혼동을 막기 위해), unu-a-eco (최우선성 ; unueco<통일성>와의 구별을 위해), varm-o-igi (열이 되게 하다 ; varmigi<데우다>와의 구별을 위해).

접미사가 품사를 바꾸기도 한다는 말은 좀 생각해 볼 문제이다. 에스페란토에서는 낱말에 품사를 나타내 주는 표지가 붙어야만 그 낱말의 품사가 결정된다. 보기를 들어 'manĝad-'는 품사가 결정되지 않은 상태인 것이다. 뒤에 {-o}가 붙느냐 {-i}가 붙느냐에 따라 명사가 되거나 동사가 된다. 그런 점에서 보면, 접미사는 품사와는 전혀 관계가 없다. 그러나 실제에 있어 우리는 접미사를 명사화 접미사 (-aĵ-, -an-, -ar-, -ec-, -id-, -in- 따위), 동사화 접미사 (-ig-, -iĝ- 따위), 형용사화 접미사 (-ebl-, -em-, -end-, -ind- 따위) 따위로 나눌 수 있으니, 이것은 그 접미사가 붙으면 어떤 품사가 되는지를 우리가 이미 알고 있다는 것을 보여주는 일이라 하겠다. 그러나 개중에는 애매한 것도 있으니 (-aĉ-, -ad-, -eg-, -et-, -obl-, -on-, -op-, -um- 따위), 이들은 그 용례를 많이 찾아서 통계를 내볼 수밖에 없겠다.

그리고 파생법에서 우리가 주의하여야 한 점은, 파생법으로 만들어진 낱말은 완전히 새로운 하나의 독립된 낱말이라는 것을 깨닫는 일이다. 즉, 보기를 들어, arboj(나무들)와 arbaro(숲), parol-(말하-)과 parolad-(연설하-)는 각각 완전히 다른 개념을 나타낸다는 것이다. 그러므로 우리는 접미사를 쓸 때에 이러한 점까지 고려하여 조심스럽게 써야 할 것이다.

여러 민족어에서는 파생법으로 만들어진 낱말들은 사전에 표제어로 독립되어 오르지만, 에스페란토에서는 그렇지 않다. 이것은 단순히 사전편찬의 기술적 문제가 아니라, 그보다 더 근본적인 문제를 시사하는 것으로, 에스페란토의 파생어는 꼭 하나의 독립된 새로운 낱말로 보지 않을 수도 있다는 것을 뜻한다. 위에서 우리는 파생어는 하나의 새로운 낱말을 만든다 하였으나 사실 그렇게 볼 수 없는 경우도 많이 있다. 보기를 들어, bela와 beleta를 각각 독립된 낱말로 따로따로 인식할 필요가 있을지 의문이다. 민족에 따라서는 parol-과 parolad-까지도 따로따로 인식하지 않을 수도 있는 것이다. 그러므로 에스페란토에서는 이 점을 고려하여, 접미사를 씀에 있어 주의를 기울여야 한다.

그리고 'ir-i'와 'ir-o'는 각각 '가다'와 '감/가기'라는 뜻을 가진 말로서 그 품사는 동사와 명사이다 (한국어의 '감/가기'는 동사의 '명사형'일 뿐이지 명사는 아니다). 이때 'ir-o'의 {-o}를 품사어미가 아니라 하나의 접미사로 취급하는 견해도 있으니, 바로 plena analiza gramatiko de esperanto(1980, UEA)의 견해가 그러하다. 한국어에 있어서는 이 경우 '감'의 {-ㅁ}과 '가기'의 {-기}는 접미사가 아닌 '명사형 전성어미'로 취급된다. 그리고 영어에서는 'going, studying' 등에 쓰인 {-ing}가 명사화 접미사로 취급된다. 그러나 에스페란토에 있어서는 문제가 좀 다르다. 이때 이것을 접미사로 보는 견해는, 아마도 접미사의 품사전성 기능에 주목하는 견해인 듯한데, 이에는 다음의 문제점이 있다.

첫째, 'ir-o'의 {-o}를 접미사로 보기 위해서는 우선 'ir-'가 동사라는 것이 전제되어야 하는데, 이것은 에스페란토의 원칙에 어긋난다. 우리가 이미 알고 있듯이 에스페란토의 명사, 동사, 형용사 그리고 부사는 뿌리의 상태에서 품사가 결정되는 것이 아니고, 품사를 결정해 주는 품사어미가 붙은 다음에라야 품사가 결정된다 (Ⅱ-라. 굴곡법 참조). 그러므로 'ir-'가 동사라 할 수 없다.

둘째, {-o}를 접미사로 본다면, {-i} 또한 접미사로 보지 않을 이유가 없다. 이렇게 되면 에스페란토의 모든 품사어미 (parolelementa finaĵo)와 시제어미(tempa finaĵo) 그리고 서법을 나타내는 어미들은 접미사가 되고 동시에 굴곡어미(iŝanĝa finaĵo; konjugacia finaĵo)는 존재하지 않게 된다. 이것은 문법의 일반적인 현상과는 너무 어긋난다.

셋째, 만약 뿌리 상태에서 본래적인 품사를 결정하고, 그 품사와는 다른 어미를 붙일 경우에만 이 어미를 접미사로 본다면 일견 일리가 있어 보이나, 이 또한 문제가 있다. 즉, 우리가 뿌리의 상태에서 그 본래적인 품사를 결정할 어떤 원칙이 없다는 것이다. 보기를 들어 'ĝoj-'를 동사로 볼 것인가 형용사로 볼 것인가에 대해 어떤 원칙이 없다는 말이다. 그러므로 'ĝoj-a'의 {-a}를 파생접사로 보아야 할지 품사어미로 보아야 할지 결정하기가 곤란하다.

그러므로 우리는 이러한 경우의 {-o}를 접미사로 보지 않고 품사어미로 본다.
그러나 경우에 따라서는 접미사로 보지 않을 수 없는 경우도 있으니, 보기를 들어, 'per-i' (중개하다), 'anstataŭ-i' (대신하다), 'kial-o' (이유) 따위의 말에 쓰인 {-i}, {-o}가 그러하다.

'per, anstataŭ, kial' 따위는 이미 뿌리 상태에서 품사가 정해진 낱말들이기 때문에 (각각, 전치사, 전치사, 부사) 이때 쓰인 {-i}, {-o}는 확실히 품사전성의 기능을 하고 있다.

그리고 우리가 파생법에서 마지막으로 생각해 볼 것은 <접사+품사어미>의 짜임과 <접사+접사+품사어미>의 짜임이다. 이것은 사실 파생법에도 속하지 않으며 합성법에도 속하지 않는 짜임이다. 보기를 들어, 'ebl-e' (아마도), 'mal-a' (반대의), 'eks-ig-i' (해고시키다), 'ebl-ig-i' (가능하게 하다) 따위의 말이다. 이 말들에는 뿌리가 하나도 포함되어 있지 않다. 보통의 자연어에서는 뿌리가 하나도 포함되어 있지 않은 낱말이란 거의 없다. 한국어에서는 '맏-이'라는 말이 ('막내'에 반대되는 말) 바로 뿌리가 없는 말이다.

그러나 에스페란토의 모든 언어형식은 그 자체 뿌리가 될 수 있어, 모든 어미나 접사는 그 자체로서 뿌리 역할을 할 수도 있다. 그러므로 에스페란토에서는 원칙적으로 위와 같은 짜임이 자유롭게 나타날 수 있으며, 이에 대한 설명이 있어야 하겠다. 이를 설명하는 방법은 두 가지가 있을 수 있다. 첫째는 이들을 하나의 문법범주로 보아 적당한 이름을 (보기를 들어, '접사합성법') 붙이는 방법이고, 둘째는 이 경우의 앞의 접사를 뿌리로 취급하는 방법이다. 여기서 우리는 둘째 방법을 택하고자 한다. 왜냐하면 이 경우 우리의 의식 속에서 앞의 접사가 하나의 뿌리 역할을 하고 있음은 너무나도 분명하기 때문이다.

우리가 둘째 방법을 택하게 되면, <접사+품사어미>는 품사법에서 다루게 되고, <접사+접사+품사어미>는 파생법에서 다루게 된다.

다) 상 (aspekto)

상이란 서술어로 표현된 행위(또는 상태)가 이루어지는 모습이다. 엄격히 말하면 말할이가 그 행위를 어떻게 인식하는가 하는 문제이다.

plena analiza gramatiko de esperanto (§105-§109, 1980, UEA)에 따르면, 에스페란토에는 다음과 같은 다섯 가지의 상이 있다.

komenca (inkoativo)	(시작) : ek-, -iĝ-	
momenta (momentaneo)	(순간) : ek-	
daŭra (durativo)	(지속) : -ad-	
ripeta (iterativo)	(반복) : re-	
fina (perfektivo)	(완료) : -int-, -it- (el-, tra-,	
		sat-, fin-, tut-)

여기서 우리가 의문을 가지는 것은, 이 체계에 어떤 형태적 근거가 있느냐 하는 것이다.

어떤 근거에 의해 이렇게 다섯 가지의 상으로 나뉘는가? 그리고 이밖에 또 다른 상은 존재할 수 없는가?

우선 형태적 근거에 대해 생각해 보자. 위에서 보듯이 이 다섯 가지의 상은 특별한 경우를 제외하고는 대체로 파생접사에 의해 표현되니, 이것은 하나의 형태적 근거로 볼 만하다. 그러나 그 수에 있어서는, 다섯 가지란 것은 우연한 일이다. 이밖에도 '진행 중에 있는 상태'나 '예정의 상태' 또는 '습관적으로 일어나는 행위' 등등 논리적으로는 무수히 더 있을 수 있다. 그런데 왜 하필이면 이렇게 다섯 가지로 나눈단 말인가? 결과적으로 우리는 이 체계를 다시 생각해 보지 않을 수 없다.

앞으로 우리가 살펴볼 시제법과 태의 체계를 함께 고려해 볼 때, 에스페란토의 상은 '진행, 완료, 예정'의 셋으로 보고,

그것은 형태적으로 언제나 태와 함께 나타난다고 보아야 하겠다. 이렇게 되면 우리는 상의 체계에 있어 하나의 분명한 형태적 근거를 제공할 수도 있고, 또한 그 수도 분명히 한정시킬 수 있다. 에스페란토에서 태를 나타내는 파생접사들은 <-ant-, -at-, -int-, -it-, -ont-, -ot->이므로, 우리의 상 체계는 다음과 같다.

antaspekto   (진행) : -ant-, -at-
intaspekto   (완료) : -int-, -it-
ontaspeltto (예정) : -ont-, -ot-

위의 각 상의 내용은 그 이름으로부터 미루어 짐작할 수 있으니, 특별한 설명은 생략하기로 한다.

라) 태 (voĉo)

태(態)란 서술어로 표현된 행위와 그 월의 주어와의 관계인데, 상을 나타내는 파생접사가 이것을 나타낸다.
PAG에 따르면 에스페란토에는 다음과 같은 네 가지의 태가 있다.

aktivo   (능동태) : -ant, -int-, -ont-
pasivo   (수동태) : -at-, -it-, -ot-
faktitivo (사동태) : -ig-
medialo   (자동태) : -iĝ-

여기서 문제는 medialo를 한국어로 무엇이라 옮기느냐이다. 영어로는 이것을 middle voice라 하며, 영어사전에서는 이것을 '중간태'라 옮기고 있다. 그러나 이 '중간태'라는 말은 아무래도 적당하지 않은 것 같다. 에스페란토에서는 어느 낱말에 {-iĝ-}가 붙으면 '주어가 저절로 어떻게 된다'는 뜻을 가지게 되는데 이를 나타내는 용어로는 '자동태'가 '중간태'보다는 더 적당하리라 생각한다. 그런 이유로 여기서는 이것을 '자동태'라 부른다. 아울러 위의 네 가지 태를 나타내는 에스페란토 용어도 여기서는 다음과 같이 부르기로 한다.

antvoĉo   (능동태)
atvoĉo   (수동태)
igvoĉo   (사동태)
iĝvoĉo   (자동태)

  1) 능동태 (antvoĉo, aktivo)
능동태는 서술어로 표현된 행위가 주어에 의해 이루어지는 것이다. 다음의 보기를 보자.

① Mi legas la libron.
  (나는 그 책을 읽는다.)
② Mi estas leganta la libron.
  (나는 그 책을 읽고 있다.)
③ Li sidas en la ĉambro.
  (그는 방 안에 앉아 있다.)
④ Li estas sidanta en la ĉambro.
  (그는 방 안에 앉아 있(는 중이)다.)
⑤ La knabo, leganta la libron, estas mia amiko.
  (책을 읽고 있는 그 소년은 나의 친구다.)

위의 ①과 ③에 쓰인 동사 legas와 sidas에는 태가 특별히 표시되어 있지 않지만, 그 동사의 뜻으로 보아, 그리고 이러한 경우는 일반적으로, 능동태임이 분명하다. 그리고 이 경우 태를 특별히 나타내기 위하여 ②와 ④처럼 <esti+능동의 분사형>으로 쓸 수도 있으나, 굳이 그렇게 할 필요는 없다. 그리고 만일 ②와 ④처럼 쓰게 되면, 이때 이 표현은 상까지도 함께 나타내게 된다. 그리고 ⑤의 경우 분사형 leganta는 그것이 나타내는 행위가 주어(여기서는 생략되었음)에 의해 이루어지고 있음을 뜻한다.

2) 수동태 (atvoĉo, pasivo)
수동태는 서술어로 표현된 행위가 주어에 영향을 끼치는 것이며(즉, 그 동사의 영향을 주어가 받는다), 동시에 그 행위는 주어가 아닌 다른 행위자에 의해 이루어지는 것이다. 다음 보기를 보자.

① Li estis invitita de ŝi.
   (그는 그녀에 의해 초대되었다.)
② La libro estis eldonita en la jaro 1988.
   (그 책은 1988년에 발행되었다.)
③ La sinjoro, invitita de ŝi, estas mia amiko.
   (그녀에 의해 초대된 그 신사는 나의 친구다.)

위에서 보듯이 수동태는 <esti+수동의 분사형>으로 이루어진다. 그리고 그 행위자를 나타내 주기 위해서는 전치사 'de'를 사용한다. 그러나 그 행위자를 굳이 나타내 줄 필요가 없는 경우(②)도 있다.

3) 사동태 (igvoĉo, faktitivo)
주어가 목적어로 하여금 그 월의 서술어로 표현된 일을 하도록 시키는 것이 사동태이다. 다음을 보자.

① Ĝi beligis ŝin.

(그것이 그녀를 아름답게 했다.)

② Li sidigis la infanon sur la seĝon.

(그는 그 아이를 의자 위에 앉혔다.)

③ Li sciigis tion al li. (= Li sciigis lin pri tio.)

(그는 그것을 그에게 알렸다.)

④ Li manĝigis ĝin al ŝi. (= Li manĝigis ŝin per ĝi.)

(그는 그것을 그녀에게 먹였다.)

위의 ①은 형용사에 {-ig-}가 붙은 경우로서, 이때의 월의 해석은 다음과 같다 : "Ĝi igis ŝin bela." 이러한 형식의 사동태는 형용사에뿐만 아니라 명사나 (akvigi: 물이 되게 하다) 부사 (troigi: 과장하다) 또는 전치사 (eligi: 내보내다), 동사 (②, ③, ④의 경우) 등 모든 품사에 {-ig-}를 붙여 만들 수 있다. ②는 자동사로써 사동사를 만든 보기로서 이때는 목적어가 하나 나타난다. ③이나 ④에 비해 이것이 다른 점은, 이때의 사동사는 본래 자동사로부터 만들어졌기 때문에 의미적으로 목적어를 하나밖에 가질 수 없다는 점이다. 그러나 ③이나 ④의 사동사는 본래 타동사로부터 만들어졌기 때문에 의미적으로 두개의 목적어를 가질 수 있다. 그러므로 위에서 보듯이 이들은 괄호 안의 표현과 같이 목적어를 달리한 다른 표현으로도 쓰일 수 있는 것이다.

4) 자동태 (iĝvoĉo, medialo)

자통태란, 그 월의 서술어로 표현된 일을 주어 자신이 당하되, 그 행위자 역시 주어 자신이 되는 경우이다. 이것은 주어가 서술어로 표현된 일을 당한다는 점에 있어서는 수동태와 다를 바 없으나, 행위자가 따로 없고 주어 자신이 바로 행위자라는 점이 수동태와 다르다. 다음을 보자.

① Ŝi beliĝis.

(그녀는 아름다워졌다.)

② Li sidiĝis.

(그는 앉아졌다. = 그는 앉았다.)

③ La pordo fermiĝis.

(문은 닫혔다.)

위의 ①은 형용사에 {-iĝ-}가 붙어 자동태가 된 경우로서, 이러한 형식의 자동태는 앞에서 살펴본 사동태와 마찬가지로 형용사에 뿐만 아니라, 명사나 (glaciiĝi: 얼음이 되다) 부사 (foriĝi: 멀어지다) 또는 전치사 (aliĝi: 참가하다), 동사 (②, ③의 경우) 등 모든 품사에 {-iĝ-}가 붙어 만들어질 수 있다. 이 때의 해석은 "Ŝi iĝis bela."이다.

그리고 ②는 상태자동사로써 자동태를 만든 경우로, 이때는 자동태가 동작동사의 뜻을 나타내게 된다.

또한 ③은 타동사로써 자동태를 만든 경우이며, 이때의 자동태는 어느 정도 수동태의 뜻도 나타내는 듯하다. 왜냐하면 문이 닫히기 위해서는 어떤 힘이든 외부로부터의 힘이 작용하지 않을 수 없기 때문이다. 그러나 수동태인 "La pordo estis fermita."와 다른 점은, 수동태에서는 외부의 힘이 분명히 인식되지만 (즉, 어느 사람이 문을 닫았음을 알 수 있으며, 'de'로써 그 행위자를 나타내 줄 수도 있음), 이 자동태에서는 그 외부의 힘이 거의 인식되지 않는다는 점이다. 따라서 우리는 외부의 힘이 분명히 인식될 경우에는 자동태를 쓰지 말고 수동태를 쓰도록 하여야 한다. 다음의 자동태들은 수동태로 나타내는 것이 더 좋을 것이다.

① La letero skribiĝis per krajono.

(그 편지는 연필로 쓰였다.)

→ La letero estis skribita per krajono.

② Li invitiĝis al la konferenco.

(그는 그 회의에 초대되었다.)

→ Li estis invitita al la konferenco.

마) 분사법 (transmodalo, participo)

접미사 가운데 상과 태를 나타내는 '-ant-, -at-, -int-, -it-, -ont-, -ot-'를 특별히 '분사'(transmodalo, participo)라 부르기도 한다. 이 분사는 뒤에 동사어미를 제외한 각종 품사어미가 붙을 수 있으며 (특별한 경우 동사어미도 붙을 수 있음 : manĝintus), 월 안에서 여러 가지 역할을 한다.

1) 명사법

분사 뒤에 명사어미 {-o}가 붙을 경우, 이것은 원칙적으로 '사람'을 가리킨다. 즉, 'dorm-ant-o, ĉeest-ant-o, parol-ant-o, am-at-o, arest-it-o'는 각각 '잠자는 이, 참석자, 연사, 애인, 체포된 이'를 뜻한다. 이때 우리가 주의하여야 할 점은 동사의 특성(순간동사, 지속동사)에 따라 이러한 접미사들이 붙을 수 있는 경우도 있고 없는 경우도 있다는 점이다. 예를 들어, bati(때리다)와 같은 순간동사는 batinto가 가능하나, sidi(앉아 있다)와 같은 지속동사는 sidinto가 어색한 것이다. 같은 이유로 partopreninto도 어색하다. 만약 과거의 일을 현재 보고하는 장면에서, 'ĉiuj partoprenintoj aklamis laŭte'(모든 참석자들은 소리 높여 환호하였다)라 한다면, 아무래도 이상한 표현이 된다. aklamis는 과거 동사이므로 이 월이 과거임을 말해 준다. 따라서 이러한 과거 월에 쓰인 <-into>는 과거완료가 될 수밖에 없다. 그러면 partopreninto는 그 당시 이미 그 자리를 떠나고 없다는 말이 되어, aklami의 행위를 할 수 없게 된다. 그러나

'ĉiuj batintoj aklamis laŭte'(모든 타격자들은 소리 높여 환호했다)라는 월은 bati가 순간동사이므로 아무런 이상이 없다. aklami한 사람들은 이미 bati를 끝내고 난 다음이라도 아무 이상이 없는 것이다. bati하고 난 다음 그 자리에 그대로 머물러 있으면서 다시 aklami할 수도 있는 것이다.

2) 형용사법

분사 뒤에 형용사어미 {-a}가 붙어 형용사로 쓰일 경우가 있다. 이때는 다른 형용사와 마찬가지로 명사의 앞이나 뒤에서 명사를 직접 수식할 수도 있으며, 보어로서 간접 수식할 수도 있다. 다음의 보기를 보자.

① Ĝi estas dormanta leono.
   (그것은 잠자는 사자다.)
② Ĝi estas mia amata kanto.
   (그것은 나의 사랑받는 노래다. = 그것은 내가 사랑하는 노래다.)
③ Li estis dormanta en la ĉambro.
   (그는 그 방 안에서 자고 있었다.)
④ Li estis amata de ŝi.
   (그는 그녀에 의해 사랑받고 있었다.)

위에서 ①, ②의 경우는 직접수식의 경우이다. 직접수식의 경우는 굴곡법의 불변화법과 마찬가지로 서술어의 자격과 형용사적 수식어의 자격을 동시에 가지므로 두자격법으로 볼 수 있다. 즉, ①의 dormanta는 leono를 꾸미는 수식어의 역할을 함과 동시에 그 속뜻인 'la leono dormas'에서 서술어의 역할을 하고 있다. 그리고 ②의 amata 역시 kanto를 꾸미는 수식어의 역할을 함과 동시에 그 속뜻인 'mi amas la kanton'에서 서술어의 역할을 하고 있다.

그리고 ③, ④의 경우는 간접수식의 경우이다. 분사가 형용사보어로서 주어를 간접 수식할 경우, 이것은 상과 태를 나타낼 뿐이지 두자격법으로 쓰인 것은 아니다.

3) 부사법

분사 뒤에 부사어미 {-e}가 붙어 부사로 쓰이는 경우가 있다. 다음을 보자.

① Li plorante sekvis sian patron.

(그는 울면서 자기 아버지를 따랐다.)

② Li sekvis ŝin, tirite de ŝia ĉarmo.

(그는 그녀의 매력에 끌려 그녀를 따랐다.)

③ Parolante kun ŝi, li trovis, ke ŝi estas tre ĝentila.

(그녀와 함께 이야기하면서 그는 그녀가 아주 예의 바르다는 것을 알았다.)

이것 역시 위의 형용사법의 직접수식과 마찬가지로 두자격법으로 쓰이고 있다. 위의 보기들에 쓰인 분사부사들은 각각 그 월에서 상황어로 쓰이고 있으면서, 동시에 그 속뜻인 'li ploris', 'li estis tirita de ŝia ĉarmo', 'li parolis kun ŝi'에서 서술어로도 쓰이고 있다.

그리고 여기서 우리가 주의하여야 할 점은, 분사부사의 의미상의 주어는 반드시 그 문의 주어와 일치하여야 한다는 점이다. 즉, 위에 쓰인 각 분사부사의 의미상 주어는 ①, ②, ③의 경우 모두 그 월의 주어인 'li'이다. 만일 분사부사의 의미상의 주어가 월의 주어와 다를 경우에는 이렇게 분사부사를 쓸 수 없으며, 다른 방법으로 표현하여야 한다.

II-다-2. 합성법 (kunmetado)

뿌리와 뿌리를 합하여 새로운 낱말을 만드는 방법을 합성법이라 한다. 이론적으로는 합쳐지는 뿌리의 수에 한계가 없다. 그러나 대체로 두세 개의 뿌리가 합쳐지는 경우가 대부분이다. 이 합성법에는 다음과 같은 큰 원칙이 있다.

첫째, 의미적으로 중심이 되는 뿌리가 뒤에 놓인다.
둘째, 뿌리와 뿌리 사이에는 어떠한 요소도 놓이지 않는다.

위의 원칙 가운데 첫째 원칙은 한국어의 합성법의 원칙과 같으므로 이해하기가 쉽다. 즉, 한국어 합성어의 뿌리 연결 순서와 같다는 말이다. 한국어의 '손-등, 침-실'을 에스페란토로도 'man-dors-o, dorm-ĉambr-o'라 한다. 그리고 둘째 원칙에는 예외가 있다. 다시 말해 뿌리와 뿌리 사이에 어떤 요소가 삽입되는 경우도 있다는 말이다. 뿌리와 뿌리 사이에는 대체로 어미 <-o, -a, -i, -e, -en> 따위가 삽입되는 일이 있으며, 그 이유는 다음과 같다.

① 뿌리와 뿌리의 연결이 발음이 어려울 때
② 합성법으로 된 낱말임을 확신하기 어려울 때
③ 어미가 없으면 다른 말이 되어버릴 때
④ 의미를 분명히 할 필요가 있을 때
⑤ 관용적으로 어미를 써 오는 경우

위의 ①, ②, ③의 경우에 어미 {-o}를 쓰는 것이 보통이나, 경우에 따라서는 위에 열거한 여러 가지의 어미를 골라 쓰기도 한다. 그리고 ④의 경우에는 그 의미에 따라 알맞은 어미를 골라 쓰며, ⑤의 경우는 관용적인 표현이므로 그 어미가 정해져 있다. 이제 위의 각각의 경우에 대한 보기를 들어보도록 하자.

① gast-o-ĉambro, rab-o-birdo, kurb-a-krura, minut-e-bakita
② di-o-simila, lu-o-domo
③ fe-o-kanto, konk-o-ludo
④ unu-a-foje, unu-a-vide, supr-en-iri, flank-en-iri
⑤ mult-e-nombro, kelk-a-foje, viv-i-pova, pag-i-deva

이러한 합성어를 분석하고 해석하는 데는 쉬운 방법도 있고 복잡한 방법도 있다. 쉬운 방법이란 위에 제시한 원칙에 따르는 방법이며, 복잡한 방법이란 plena analiza gramatiko de esperanto(1980, UEA: LA VORTOFARADO)에 제시된 방법이다. 좀 더 자세한 분석방법과 해석방법은 위의 책을 참고하기 바라며, 여기서는 다만 주의사항 몇 가지만을 알아보도록 한다.

가) 형용사+명사
형용사가 명사 앞에서 그 명사를 꾸미는 것은 지극히 당연한 형용사의 통어적 기능이다. 그러므로 이러한 짜임새는 자연스러운 통어적 짜임새로서, 이것을 굳이 다른 짜임새로 만들 필요가 없다. 그런데 이것을 굳이 형태적 짜임새(파생법, 굴곡법 따위)인 합성법으로 나타내려고 하는 사람들이 있는데 이것은 잘못된 일이다.

즉, 'bela koloro'(아름다운 색깔)라는 자연스러운 짜임새를 'belkoloro'로 하면 안 된다는 말이다. 만일 우리가 이러한 합성법을 허용한다면, 모든 형용사는 뒤의 명사와 합쳐져 하나의 합성어를 만들게 될 테니 굳이 형용사를 독립적으로 둘 필요가 없게 된다. 이것은 일반적인 언어현상으로부터 너무 벗어나는 일이 된다. 그리고 모든 형용사가 이런 식으로 합성어를 만든다면, 'bela reĝino'(아름다운 여왕)와 'belreĝino'(= reĝino de belo: 미의 여왕)를 구별할 수 없게 된다. 그러므로 우리는 <형용사+명사>의 짜임을 합성어로 만들어서는 안 된다.

그러나 <형용사+명사>가 하나의 합성어로 쓰일 경우도 있으니, 이때는 그 합성어 전체가 하나의 명사로 쓰이지 않고 다른 품사로 쓰일 때다. 보기를 들어 'bela rakonto'(아름다운 이야기)라는 통어적 짜임을 굳이 'belrakonto'라는 형태적 짜임으로 만드는 것은 허용되지 않으나, 'belrakonta'라는 짜임은 허용된다. 왜냐하면 이것은 '(bela rakonto)-a'의 짜임이기 때문이다. 즉, 하나의 통어적 짜임새 전체가 다시 하나의 뿌리 역할을 하며 거기에 어미가 붙기 때문이다. 이것으로부터 우리는 'dek tria'는 잘못된 것이며, 이것을 'dek-tria'(열셋째의)라 해야 한다는 것을 미루어 알 수 있다. 왜냐하면 'dek tria'의 <-a>는 'dek tri' 전체를 하나의 단위로 묶은 후에 붙이는 형용사어미이기 때문이다.

나) 타동사+목적어

타동사가 목적어를 취한다는 것 역시 지극히 당연한 타동사의 기능이며 또한 자연스러운 통어적 짜임이다. 이것을 굳이 합성어로 만들어서는 안 된다. 즉, 'skribi leteron'(편지를 쓰다) 이라는 말을 'leterskribi'라 해서는 안 된다는 말이다. 위에서 살펴본 <형용사+명사>의 경우와 마찬가지로, 이 경우도 만일 모든 타동사가 이런 식으로 합성어를 만든다면, 이것은 일반적인 언어현상과는 너무 동떨어진 현상이 된다.

그러나 특별한 경우 이러한 합성어가 쓰일 수도 있으며, 이때에는 그 뜻이 통어적 짜임새와는 다르게 된다.

"Mi skribis leteron al li."(나는 그에게 편지를 썼다)라는 표

현과 "Mi leterskribis dum la tuta posttagmezo."(나는 오후에 계속 편지 쓰는 일을 했다 = 나는 오후를 전부 편지 쓰는 일로 보냈다)라는 표현에 있어 'skribi leteron'과 'leterskribi'는 그 뜻이 다르다. 첫째 표현은 '구체적으로 누구에게 편지를 쓴다'는 뜻이며, 둘째 표현은 '편지 쓰는 일을 한다'는 뜻이다. 이러한 미묘한 의미의 차이를 구별하기 위해서도 우리는 함부로 <타동사+목적어>의 통어적 짜임을 하나의 합성어로 만들어서는 안 될 것이다.

II-라. 굴곡법 (iŝanĝado, konjugacio)

굴곡법이란 동사가 그 어미를 변화함으로써 나타내는 문법범주(gramatika kategorio)를 통틀어 이르는 말이다. 이에는 동사가 그 어미를 변화시켜 나타내는 변화법과 그렇지 않고 동사가 어미변화 없이 그 원형으로써 나타내는 불변화법이 있다.

II-라-1. 변화법 (ŝanĝmodalo, finitivo)

변화법이란 동사의 어미가 변화해서 나타나는 문법범주로, 이에는 서법(parolmaniero, modo)이 있다. 서법이란 말할이가 내용이나 그 들을이에 대해 가지는 마음가짐이나 태도를 나타내며, 이에는 직설법과 가정법 그리고 원망법(願望法)이 있다.

가) 직설법 (indika parolmaniero, indikativo)
직설법이란 말할이가 사실을 단순히 사실로 기술하는 것이다. 말할이는 들을이에 대해 무엇을 요구하거나 바라지도 않으며, 그 말의 내용을 가정하지도 않는다. 이 직설법에는 시제가 나타나게 되는데, 에스페란토의 시제는 기본시제 세 가지

(현재, 과거, 미래)와 또한 이 기본시제와 상(진행, 완료, 예정)이 어울려 이루는 복합시제 아홉 가지를 합쳐 모두 열두 가지가 있다. 다음은 각 시제와 그 어미 또는 표현 양식을 나타낸 것이다.

기본시제	현재 (astempo)	-as
	과거 (istempo)	-is
	미래 (ostempo)	-os
복합시제	현재 진행 (astempa daǔranteco)	estas -anta/-ata
	과거 진행 (istempa daǔranteco)	estis -anta/-ata
	미래 진행 (ostempa daǔranteco)	estos -anta/-ata
	현재 완료 (astempa fininteco)	estas -inta/-ita
	과거 완료 (istempa fininteco)	estis -inta/-ita
	미래 완료 (ostempa fininteco)	estos -inta/-ita
	현재 예정 (astempa faronteco)	estas -onta/-ota
	과거 예정 (istempa faronteco)	estis -onta/-ota
	미래 예정 (ostempa faronteco)	estos -onta/-ota

나) 가정법 (supoza parolmaniero, kondicionalo)

에스페란토의 가정법은 다음과 같은 뜻을 가지고 있다.

① 사실과 반대되는 일의 가정
(보기)
Se mi estus birdo, mi flugus al vi.
(만일 내가 새였다면, 나는 네게 날아갔을 텐데.)
② 가능성이 희박한 미래의 추측
(보기)
Se morgaǔ venus la fino de la mondo, mi donus al vi ĉion mian.
(만일 내일 세상의 종말이 온다면, 나는 네게 나의 모든

것을 주겠다.)

③ 간절한 바람

(보기)

Se li venus nun!

(그가 지금 온다면, 얼마나 좋을까!)

④ 정중한 부탁

(보기)

Ĉu mi povus ricevi iom da pano?

(빵을 좀 얻을 수 있을까요?)

가정법과 관련하여 우리가 주의하여야 할 점은, 가정법이란, 그리고 그것이 쓰인 가정문이란, 가정법의 동사어미 {-us}가 쓰인 경우를 말하는 것이지, 결코 종속접속사 'se'가 쓰인 경우를 말하는 것은 아니라는 사실이다. 즉, 'se'가 쓰였더라도 가정법어미 {-us}가 쓰이지 않았다면, 이것은 가정법이 아니고 직설법인 것이다. 그리고 그때의 'se'는 다만 '-한 경우에'라는 뜻만을 나타낼 뿐이다.

여러 다른 문법서에는 가정법의 뜻 가운데 위의 ②가 제외되어 있다. 그러나 이것은 가정법의 시제와 관련하여 생각해 보아야 할 문제이다. 에스페란토의 가정법은 시제를 나타내지 못한다. 가정법어미가 붙고 난 다음 시제어미가 또 붙을 수 없다. 그러므로 우리가 가정법에서 시제를 꼭 나타내려고 한다면, 우리는 다음과 같이 시간과 관련된 여러 가지의 말을 함께 쓸 수밖에 없다.

① Se vi venus hieraŭ, mi povus prezenti vin al li.

(만일 네가 어제 왔더라면, 너를 그에게 소개할 수 있었을 텐데.)

② Se vi venus morgaŭ, mi povus prezenti vin al li.

(만일 네가 내일 온다면, 너를 그에게 소개할 수 있을 것이다.)

이렇게 시제를 나타내게 되면 위의 ①은 분명히 과거일 것이며, ②는 미래일 것이다. 가정법이 과거(또는 현재)일 때는, 위의 가정법의 뜻 가운데 ①의 뜻이 확실하다. 그러나 가정법이 미래일 경우 그것이 위의 ①의 뜻을 나타낸다고 볼 수는 없다. 왜냐하면 '사실과 반대되는 일의 가정'이라는 것은 이미 어떤 일이 사실로서 존재한다는 것을, 즉, 과거를 뜻하기 때문이다. 그렇다면 가정법이 미래일 경우는 위의 ②의 뜻을 나타낸다고 볼 수밖에 없다.

여기서 우리가 주의하여야 할 점은, 이것과 <Se+미래시제어미 {-os}>의 뜻을 구별하여야 한다는 점이다. 다음을 보자.

③ Se vi venos morgaŭ, mi donos ĝin al vi.
④ Se vi venus morgaŭ, mi donus ĝin al vi.

위의 ③은 "네가 내일 온다면, 나는 그것을 네게 주겠다."는 뜻으로, 내일 네가 올지 안 올지는 전혀 추측할 수 없는 일이다. 다만 "네가 내일 온다면 그 경우에"라는 뜻을 나타낼 뿐이다. 반면 ④는 "네가 내일 올 리가 없지만, 만에 하나 온다면"이라는 뜻이다. 즉, 말할이가 '네가 내일 오지 않을 것'을 잘 알고 있음을 뜻한다. 이러한 미세한 어감의 차이를 과연 꼭 나타낼 필요가 있을까 하고 ②의 존재 의의를 의심하는 사람도 있을 수 있겠으나 다음과 같은 보기를 보면, 이러한 가정법 미래는 필요하다는 것을 인정하지 않을 수 없다.

⑤ Se li revivus mi pli afable kondutus al li.
(만일 그가 다시 살아난다면, 나는 그에게 좀 더 친절히

대할 텐데.)

⑥ Se mi fariĝus reĝo, mi donus al vi grandan bienon.
  (만일 내가 왕이 된다면, 나는 네게 큰 땅을 주겠는데.)

위의 월들을 과거로 해석할 수는 없으며 미래로 해석할 수
밖에 없다. 그리고 말할이 자신 그 실현 가능성이 거의 없다
는 것을 잘 알고 있는 표현인 것이다.

다) 원망법 (vola parolmaniero, volitivo)

우리는 이제까지 에스페란토의 'volitivo'를 명령법이라 불러
왔다. 그렇기 때문에 설명하기 곤란하였던 문제들이 있었다.
다음을 보자.

① Mi iru. (나는 가겠다.)
② Li iru. (그는 가라. ; 그를 보내라.)
③ Ni iru. (우리는 가자.)
④ Dio helpu min. (신이여, 저를 도우소서.)
⑤ Ĉio finiĝu ĝis li venos. (그가 올 때까지 모든 것은 끝나
라. = 그가 올 때까지 모든 것을 끝내라.)

위의 보기들은 전형적인 명령법인 2인칭 명령이 아닌 것들
이다. 우리는 이들을 여러 가지로 설명해 왔다. 1인칭 단수일
때는 '자신의 결심'이며, 1인칭 복수일 땐 '청유' 그리고 3인
칭일 땐 '사역명령'이라 하였다. 지금 생각해 보면, 이러한 설
명방법이 어디서 연유하였는지 무척 궁금하다. 하나의 문법범
주를 설명하는 데 이렇게 여러 가지로 설명을 한다는 것은 그
렇게 좋은 방법이라 할 수 없다. 그리고 ④, ⑤의 경우는 '사
역명령'으로도 설명하기가 곤란하다. '신에게 나를 도우도록

네가 가서 시켜라'의 뜻으로 해석하기는 곤란하다. 그리고 '사물인 ĉio에게 빨리 끝나도록 네가 시켜라'는 해석도 곤란하다. 이것은 차라리 "Finu ĉion ĝis li venos."라는 2인칭 명령으로 해야 할 것이다.

이러한 문제들을 일시에 깨끗이 해결해 줄 수 있는 방법이 그 이름을 '명령법'이라 하지 말고, 에스페란토의 volitivo를 문자 그대로 옮겨 '원망법'(願望法)이라 하는 것이다. 즉, 이름으로 인해 그 내용을 오해하는 일이 없도록 하자는 것이다. 우리가 이들을 '원망법'이라 부른다면, 위의 보기들 모두 '말할이의 바람을 나타낸다'고 설명할 수 있는 것이다. 1인칭 단수일 경우는 말할이가 바로 그 월의 주어가 되며, 자신의 결심이라기보다는 자기 스스로의 바람이라 할 수 있다. 그리고 1인칭 복수일 경우는 말할이가 주어인 1인칭 복수에게 바라는 것이고, 2인칭일 경우도 말할이가 2인칭에게 바라는 바를 나타내는 것이며, 3인칭인 경우도 말할이가 그 3인칭이 어떻게 해 주기를 바라는 것이다.

그리고 우리는 가끔 명령문을 의문문으로 표현하기도 하는데, 다음과 같다.

⑥ Ĉu mi vizitu vin? (내가 너를 방문해도 좋겠니?)
⑦ Ĉu li vizitu vin? (그가 너를 방문해도 좋겠니?)
⑧ Ĉu ni vizitu lin? (우리가 그를 방문할까?)

우리는 지금까지 이들을 설명하는 데 여러 가지 말을 해 왔다. ⑥은 '자신의 회의'라든지 '상대방의 의사 타진'이라고, 그리고 ⑦은 '상대방의 허가 요청'이며, ⑧은 '완곡한 청유'라고 해 왔다. 그러나 이것 역시 원망법이란 용어에 의해 '상대방의 바람을 물어본다'는 뜻으로 해석하면 해결이 된다. 본래 의문이란 상대방에게 무엇인가를 물어보는 것이기 때문에, 이 경우 바람을 물어본다는 것은 자연스러운 일이다. 다만 ⑧의 경우 상대방이란 바로 1인칭 복수로 나타내지는 '우리들' 가운데 어느 누구에게 (이것은 대부분의 경우 너와 나 가운데 '너'에 해당한다) 바람을 물어보는 것이 된다. 이렇게 되면, 이제까지 여러 가지로 설명해 왔던 명령법을 아주 간결하게 설명할 수 있게 된다. 따라서 우리는 'volitivo'를 명령법이라 부르지 않고 '원망법'이라 부르고자 한다.

II-라-2. 불변화법 (neŝanĝmodalo, infinitivo)

불변화법이란 동사의 굴곡어미가 변화하지 않고 그 원형 형태 {-i}로서 여러 가지 문법범주를 나타내는 것이다. 이에는 주어와 같은 문법범주를 나타내는 주어법, 목적어와 같은 문법범주를 나타내는 목적어법, 그리고 보어와 같은 문법범주를 나타내는 보어법, 또한 수식어나, 상황어와 같은 문법범주를 나타내는 수식어법과 상황어법이 있다. 특별한 경우 불변화사가 서술어의 역할을 하는 일이 있는데, 이것은 서술어법이라 부른다.

불변화법을 변화법과 비교해 보면, 변화법은 동사가 오로지 동사의 기본적 자격인 서술어로서의 자격 하나만을 가지는 데 비해, 이것은 그와 동시에 또 다른 자격을 가지게 됨을 알 수 있다. 그러므로 우리는 변화법을 '한자격법'이라 부르고, 불변화법은 '두자격법'이라 부르기도 한다. 그러나 불변화법 가운데 서술어법은 두 자격을 가지지 않고, 서술어로서의 자격 하나만을 가진다. (두자격법에 대해서는 II-다-1. 파생법에서 다룬 분사법도 참고할 것.)

가) 주어법
불변화사가 동사의 특성과 그 서술어로서의 자격을 보유한 채 주어처럼 쓰이는 경우이다. 다음을 보자.

① Ami iun estas ne nur feliĉo, sed ankaŭ doloro.
  (누군가를 사랑한다는 것은 행복일 뿐만 아니라 고통이기
도 하다.)
② Mensogi estas malbone.
  (거짓말하는 것은 나쁘다.)

위에 쓰인 불변화사들은 모두 동사의 특성을 지니며 또한
그 속뜻으로는 서술어의 자격을 가지면서 동시에 주어의 역할
을 한다. 즉, ①에서 ami는 뒤에 목적어 'iun'을 취하는 것을
보아 동사임에 틀림없고, 또한 그 속뜻인 'oni amas iun'에서
서술어 역할을 하는 것이다. 그리고 ②에 주어로 쓰인
mensogi는 그 속뜻인 'oni mensogas'에서 서술어 역할을 하고
있다.
그리고 에스페란토의 특이한 문법사항 가운데 하나는, 이
경우 그 보어가 형용사로 나타나지 않고 ②에서처럼 부사로
나타난다는 점이다. 에스페란토에서 보어가 형용사가 아닌 부
사로 쓰이는 경우는 이 밖에도 더 있으니, 뒤에 자세히 다루
기로 한다. (III-나-2.와 III-다-4. 무주어문 참고)

  나) 목적어법
불변화사가 목적어로 쓰이는 경우는 아래와 같다.

① Mi deziras vidi vin.
  (나는 너를 보기를 바란다.)
② Li intencas kaŝi ĝin.
  (그는 그것을 숨기려고 한다.)
③ Mi volas(devas, povas) diri tion al li.

(나는 그에게 그것을 말해 주고 싶다(해야 한다, 할 수 있다).)

위에 쓰인 불변화사는 모두 그 월의 목적어로 쓰이고 있으나, 그 뒤에 목적어를 취하는 것으로 보아, 동사로서의 특성을 그대로 지니고 있음이 틀림없다. 그리고 또한 그 속뜻인 'mi vidas vin'과 'li kaŝas ĝin' 그리고 'mi diras tion al li'의 서술어로 쓰이고 있다.

여기서 특별히 언급하여야 할 것은, 위의 ③의 경우이다. 어떤 에스페란토학자들은 이 경우 <volas(devas, povas)+불변화사>의 연결을 하나의 동사구(서술어구)로 보기도 하나 여기서는 그렇게 보지 않는다. 그 이유는 다음과 같다.

첫째, 'voli, devi, povi'가 모두 타동사로서, 뒤에 일반 명사 목적어를 취할 수도 있고, 경우에 따라 불변화사도 취할 수 있는 점으로 보아 다른 타동사와 다를 바가 없다.

둘째, 동사구란 두 개 이상의 낱말이 모여 하나의 서술어로 쓰이는 것을 이르는 것인데, 이때 과연 'volas diri'가 하나의 서술개념만을 나타낼까? 영어문법에서는 이른바 조동사라는 것이 있으며, 이것은 하나의 완전한 타동사로는 쓰이지 않는다. 즉, 완전한 서술의 개념을 나타내지 않는다는 말이다. 이와 같은 영어에서는 동사구라는 것을 설정할 수도 있겠으나, 에스페란토에서는 이미 말했듯이 이들이 완전한 타동사로서 하나의 독립된 서술개념을 나타내고 있으므로 굳이 동사구를 설정할 필요가 없다.

셋째, 만약 이러한 짜임을 동사구라 한다면, 다른 동사가 이와 같은 짜임을 이루고 있을 경우도, 우리는 모두 동사구라 하여야 할 것이다. 즉, 보기를 들어 'deziri, intenci, ordoni, proponi' 따위 많은 동사와 불변화사가 연결된 것을 모두 동사

구라 하여야 할 것이니, 이렇게 되면 불변화법 가운데 목적어
법이 모두 동사구로 취급되며, 또한 그 동사구는 두 개 이상
의 서술개념들을 복합적으로 나타내게 되어 문법 설명을 어렵
게 만든다. (III-라. 구의 종류 참고)

다) 보어법
불변화사가 보어로 쓰이는 경우는 아래와 같다.

① Mia hobio estas kolekti monerojn.
   (나의 취미는 동전을 모으는 것이다.)
② La problemo ŝajnas rilati al li.
   (그 문제는 그에게 관련되는 것 같다.)
③ Mi vidis lin fali sub la podion.
   (나는 그가 단상 아래로 떨어지는 것을 보았다.)
④ Ŝi invitis lin kanti en la kunveno.
   (그녀는, 그가 그 모임에서 노래를 부르도록, 그를 초청했
다.)

위에 쓰인 불변화사들은 모두 그 월에서 주격보어(①, ②)와
목적격보어(③, ④)로 쓰이고 있다. 그러나 그것들은 각각 뒤
에 목적어를 취하든지 아니면 상황어를 취하는 것으로 보아
동사의 특성을 그대로 지니고 있음이 틀림없다. 또한 각각의
속뜻인 'mi kolektas monerojn', 'la problemo rilatas al li', 'li
falas sub la podion', 'li kantas en la kunveno'의 서술어로 쓰이
고 있다.
여기서 우리가 주의하여야 할 점은 ④의 불변화사를 해석하
는 문제이다. plena analiza gramatiko de esperanto(1980, UEA)에
보면 ③의 불변화사는 목적격보어라 하고 ④의 불변화사는
adjekta predikativo(상황보어라 변역해 본다)라 하고 있으나, 여

기서는 이 둘을 모두 목적격보어로 본다. 문법적으로나 의미적으로 이 둘을 나눌 적당한 이유가 없다. ③의 fali나 ④의 kanti 모두 그 월의 목적어인 lin의 행위(또는 상태)를 보충적으로 서술해 주고 있다.

그리고 그 책에서는 "Ŝi dancas nuda."(그녀는 벌거벗고 춤춘다)의 nuda 역시 adjekta predikativo로 보고 있다. 이것을 "Ŝi estas nuda."라는 월에서 주격보어로 쓰인 nuda와 비교해 볼 때, 그 차이는 동사밖에 없다. 그러면 동사가 esti 같은 동사일 땐 주격보어이고 그렇지 않고 danci 같은 동사일 땐 상황보어라는 결론이 나오는데, 여기서 문제는 에스페란토의 동사들을 과연 이렇게 두 가지로 뚜렷이 나눌 수 있는가 하는 점이다. 에스페란토학자들 사이에 가장 큰 논쟁거리가 되고 있는 것이 바로 동사의 하위분류이다. 즉, 타동사와 자동사의 분류나, 완전동사와 불완전동사의 분류가 바로 그것이다. 우리의 현실이 이러할진대 동사에 따라 상황보어를 더 설정하는 것은 아직은 시기상조인 것으로 생각된다.

라) 수식어법
불변화사가 그 동사로서의 특성이나 서술어로서의 자격을 보유한 채 수식어처럼 쓰이는 경우이다. 다음을 보자.

① Deziro vivi sen kulpoj estas nobla.
   (죄 없이 살고자 하는 바람은 고귀하다.)
② Mi ricevis la anoncon tuj veni al la policejo.
   (나는 경찰서로 곧 오라는 통보를 받았다.).
③ Nun estas tempo iri al lito.
   (지금은 잠자리로 들 시각이다.)

위에 쓰인 불변화사들은 모두 그 앞의 명사를 꾸미는 수식어의 역할을 하고 있다. 그러나 동시에 뒤에 상황어를 취하는 것을 볼 때, 그 동사로서의 특성은 그대로 지니고 있음이 틀림없다. 또한 각각 그 속뜻인 'oni vivas sen kulpoj', 'mi venas al la policejo', 'oni iras al lito'의 서술어로 쓰이고 있다. 여기서 우리가 주의하여야 할 점은, 모든 동사가 다 이렇게 쓰일 수 있는 것은 아니라는 사실이다. 동사와 명사의 의미적 특성에 따라 되는 경우가 있고 안 되는 경우가 있다. (더 자세한 것은 PAG §141을 참고할 것)

마) 상황어법

불변화사가 상황어로 쓰이는 경우에는 두 가지가 있다. 첫째는 그 자체가 상황어로 쓰이는 경우(다음 ①, ②의 경우)이고, 둘째는 전치사 다음에 쓰여 그 전치사와 더불어 상황어로 쓰이는 경우(다음 ③, ④의 경우)이다.

① Mi ĝojas vidi vin.
(나는 너를 보아서 기쁘다.)
② Li iras renkonti ŝin.
(그는 그녀를 만나러 간다.)
③ Mi multe parolis por konvinki lin.
(나는 그를 설득하기 위해 많은 말을 했다.)
④ Li nur ridis al mi anstataŭ respondi.
(그는 대답하는 대신 나를 향해 웃기만 했다.)

위의 보기들 가운데 ①, ②에 쓰인 불변화사들은 각각 그 월의 서술어들로 나타내진 행위의 원인과 목적을 나타내는 상황어로 쓰이고 있다. 또한 이들은 그 뒤에 목적어를 취하는 것으로 보아 동사임에 틀림없으며, 그 속뜻인 'mi vidas vin', 'li renkontas ŝin'의 서술어로도 쓰이고 있다. 여기서도 위의 수식어법에서와 마찬가지로 우리는 모든 동사가 다 이렇게 쓰일 수 있는 것이 아니라, 그 월의 서술어(여기서는 ĝojas와 iras)에 따라 되는 경우가 한정되어 있다는 점을 주의해야 한다. ①과 같은 경우는 ĝoj-, malĝoj-, mir-, trankviliĝ-, scivol-, pacienc- 등 감정을 나타내는 말이 서술어로 쓰일 때로 한정되어 있는 것 같고, ②와 같은 경우는 그 서술어가 소위 착발(着發)동사(iri, veni, kuri)인 경우로 한정되어 있는 것 같다.

③, ④에서는 불변화사가 전치사 por와 anstataŭ 뒤에 쓰여 그것과 함께 상황어로 쓰인다. 이와 같이 쓰이는 전치사로는 이 밖에도 sen이나 krom 그리고 inter 따위가 더 있다. (III-라. 구의 종류 : 상황어구 참조)

그리고 전치사뿐만 아니라 'antaŭ ol'(-하기 전에)과 같이 <전치사+접속사>로 된 접속어 다음에 불변화사가 쓰여 상황어가 되기도 한다. ('antaŭ ol' 다음에는 하나의 월이 올 수도 있고, 이처럼 불변화사가 올 수도 있다. 보기 : Antaŭ ol ekiri, ŝi denove demandis min pri li. 출발하기 전에 그녀는 나에게 또 다시 그에 대해 물었다.)

바) 서술어법

불변화사가 그 자체로서 월의 서술어 역할을 하는 것을 이른다. 이것은 그리 흔한 일이 아니며, 주로 원망법 대신 쓰이거나 아니면 감탄, 의문, 주저함의 표현에서 직설법의 현재나 미래 또는 가정법 대신 쓰인다. 다음을 보자.

① Ne ĉesi!
(중단하지 말기!)
② Malesperi kaj tamen ne morti!
(절망적이지만 죽을 정도는 아니다!)
③ Ĉu piki lin per mia halebardo?

(내 창으로 그를 찔러야 한단 말인가?)

④ Se kompari lin kun ŝi, li estas multe pli saĝa ol ŝi.

(그를 그 여자와 비교해 보자면, 그가 훨씬 더 현명하다.)

⑤ Mi scios, kion diri.

(내가 무엇을 말해야 할지 알 수 있을 것이다.)

이러한 것들을 설명해 주는 데에는 두 가지 방법이 있을 수 있다. 여기에서처럼 이것을 불변화사의 서술어법으로 설명해도 좋겠고 또는 이것을 일종의 생략법으로 설명해도 좋겠다. 위에서 보듯이 이것들은 모두 주어가 없이 쓰이고 있다. 즉 주어와 서술어(povi, devi, voli 따위)가 생략된 것으로 보아도 좋을 것이다. 그렇게 본다면 위의 보기들은 다음과 같은 월에서 일부분이 생략된 것으로 볼 수 있다.

① Vi devas ne ĉesi!

② Mi povas(?) malesperi, kaj tamen mi devas ne morti!

③ Ĉu mi devas piki lin per mia halebardo?

④ Se mi povas kompari lin kun ŝi, li estas multe pli saĝa ol ŝi.

⑤ Mi scios, kion mi devos diri.

이러한 두 가지 설명법이 모두 가능하며 또한 둘 다 좋은 설명법이라 생각된다. 어느 설명법이 더 좋은지에 대해서는 앞으로 더 연구해 보아야 하겠다.

II-마. 준굴곡법 (oaŝanĝado, deklinacio)

준굴곡법이란 명사와 형용사가 동사의 굴곡법처럼 변화하는 것으로서, 이에는 수와 격의 문법범주가 있다. 동사의 굴곡법에서는 굴곡어미들이 뿌리에 바로 붙었으나, 여기서 살펴볼 수와 격의 어미들은 명사나 형용사를 표시해 주는 품사어미 {-o}, {-a} 뒤에 붙는다. 그리고 이 둘이 함께 붙을 때에는 수의 어미가 격의 어미에 앞선다.

II-마-1. 수 (nombro)

에스페란토의 수에는 단수(ununombro, singularo)와 복수 (multenombro, pluralo)의 두 종류가 있다. 복수에는 어미 {-j}가 붙고, 단수에는 그 어미가 붙지 않는다. (즉, 어미가 ø(영)이다.)

이 복수어미는 명사와 형용사에 모두 붙는다. 즉, 복수 명사를 꾸미는 (수식어로 쓰이든, 보어로 쓰이든) 형용사는 복수어미를 가진다. 다음을 보자.

① Jen estas bela floro. (여기 아름다운 꽃이 있다.)
② Jen estas belaj floroj. (여기 아름다운 꽃들이 있다.)
③ La floro estas bela. (그 꽃은 아름답다.)
④ La floroj estas belaj. (그 꽃들은 아름답다.)
⑤ Mi trovis la florojn belaj. (나는 그 꽃들이 아름답다는 것을 알았다.)

위의 ①, ②는 형용사가 수식어로서 명사를 수식하는 경우이며, ③, ④는 주격보어로 쓰이는 경우이고, ⑤는 목적격보어로 쓰이는 경우이다. 어느 경우이든 형용사는 그것이 꾸미는 명사의 수에 따라 같이 수를 표시해 준다.

II-마-2. 격 (kazo)

가) 격의 종류

격이란, 명사가 월 안에서 가지는 자격에 따라 그 어미를 변화할 때, 그 자격에 따라 이르는 이름이다. PAG에 따르면, 에스페란토에는 세 가지 격이 있다.

- nominativo (주격)
- akuzativo (목적격)
- prepozitivo (전치격)

여기서 문제가 되는 것은, 과연 prepozitivo가 필요한가 하는 것이다. 문법에서 격을 나누는 것은 우선적으로 그 격을 나타내는 어떤 형태(주로 굴곡어미로 나타나는 형태)가 존재하기 때문이다. 에스페란토에서는 목적격과 주격은 그 어미가 {-n}와 {ø}(없다는 뜻)로 뚜렷이 구분되어 존재하기 때문에 그 존재가 확실한 것이다. 그러나 주격이나 목적격에서와는 달리 이른바 전치격에서는 명사 그 자체가 어떤 형태변화를 하는 것이 아니라 다만 전치사라는 별개의 낱말을 앞에 더불어 나타날 뿐이므로, 전치격을 인정할 만한 형태적 근거가 없다. 그리고 우리가 어느 말을 주격이라고 하는 것은 그 말이 주어 노릇을 하기 때문이며, 목적격이라 하는 것은 그 말이 목적어 노릇을 하기 때문이다. 격이라는 말을 쓰는 이유가 이러할진대 전치격이란 말을 쓴다면 이는 '전치어'라는 말(월성분)을 인정하는 셈이다. 그런데 전치어라는 말이 과연 존재의의가 있는가? 전치사를 동반하는 말은 무수히 많으며, 그것이 월에 쓰일 경우 다양한 뜻을 가진 여러 월성분의 역할을 한다. 그런데 이 모든 경우를 통틀어 하나의 월성분으로 보는 것은 무리한 일이 아닐 수 없다. 그러므로 여기서는 전치격을 인정하지 않는다.

그리고 명사와는 달리, 대명사에 있어서는 소유격(posedkazo, genitivo)을 인정하여 다음과 같이 세 가지 격의 체계를 세운다.

대명사 \ 격	주격	목적격	소유격
인칭대명사	mi	min	mia
지시대명사	tiu	tiun	ties
관계대명사	kiu	kiun	kies
의문대명사	kiu	kiun	kies
비한정대명사	iu	iun	ies
전체대명사	ĉiu	ĉiun	ĉies
부정대명사	neniu	neniun	nenies

그리고 명사가 목적격을 취할 경우 그 명사를 꾸미는 형용사 역시 목적격을 취한다. 다음을 보자.

① Mi havas belan floron. (나는 아름다운 꽃을 가지고 있다.)
② Mi havas belajn florojn. (나는 아름다운 꽃들을 가지고 있다.)

위에 쓰인 형용사는 그것이 꾸미는 명사의 수와 격에 따라 같이 어미변화를 하고 있다. 이것은 에스페란토의 큰 특징 가운데 하나이다.

나) 주격 (mastrokazo, nominativo)

에스페란토의 주격은 그 격어미가 {ø}이다. 즉 명사나 형용사 그리고 대명사가 품사어미 뒤에 아무 어미도 가지지 않은 상태이다. 주격은 어느 낱말을 주어로 만들어 주는 것이 그 기본적 기능이다. 그러나 보격이 존재하지 않는 에스페란토에서는 보어 역시 주격의 형태로 나타나게 된다. 다음을 보자.

① La libro estas interesa.
(그 책은 재미있다.)
② La interesa libro kuŝas sur la tablo.
(그 재미있는 책은 책상 위에 놓여 있다.)
③ Mi invitis la knabon.
(나는 그 소년을 초청하였다.)
④ Ĝi estas libro.
(그것은 책이다.)
⑤ Li estas diligenta.
(그는 부지런하다.)
⑥ Mi trovis ĝin utila.
(나는 그것이 유용하다는 것을 알았다.)

위의 ①에 쓰인 명사는 그 품사어미 뒤에 다른 어미가 없으므로 이것은 주격을 나타내고 따라서 주어 역할을 하고 있다. ②에 쓰인 형용사는 그 품사어미 뒤에 다른 어미를 가지지 않으므로 이것은 주격이며 따라서 주어 명사를 꾸미는 형용사임을 알 수 있다. 그리고 ③에 쓰인 대명사 역시 그 뒤에 아무 어미도 쓰이지 않았으므로 이것은 주격을 나타내고 동시에 주어로 쓰이고 있다.

위의 ④, ⑤, ⑥에 쓰인 보어(libro, diligenta, utila)들은 주격의 형태로 나타나 있다. 즉, 그 품사어미 뒤에 다른 어미가 붙어 있지 않다. 여기서 특히 주목할 것은 목적격보어로 쓰인 ⑥의 utila도 주격으로 쓰이고 있다는 점이다. 보어는 주격보어이든 목적격보어이든 늘 주격으로 쓰인다.

다) 목적격 (celkazo, akuzativo)

에스페란토의 목적격은 그 어미가 {-n}이다. 명사나 대명사 또는 형용사에 이 어미 {-n}가 붙으면 그것은 목적격이 되고 동시에 목적어로 쓰인다.

에스페란토의 akuzativo를 한국어로 목적격이라 옮기고 있으나, 사실 이 akuzativo의 쓰임을 보면 목적어를 나타내는 기본적 기능 외에도 많은 다른 기능을 하고 있다. 그렇기 때문에 목적격이라는 용어가 그렇게 잘 어울린다고는 할 수 없다. 그러나 그 기능을 통틀어 나타내 줄 수 있는 한국어 용어를 찾기가 어려우니, 그 기본적인 기능에 따라 목적격이라 부르기로 한다. 그리고 이 목적격은 다음과 같이 그 쓰임이 다양하다.

① 목적어를 나타낸다.
   Mi legis interesan libron.
   (나는 재미있는 책을 읽었다.)
② 이동의 방향을 나타낸다.
● 장소를 뜻하는 고유명사에 바로 목적격어미가 붙을 때
   Li iris Seulon.
   (그는 서울을 갔다.)
● 장소를 뜻하는 전치사 뒤의 명사에 목적격어미가 붙을 때
   Mi iris en la ĉambron.
   (나는 그 방 안으로 갔다.)
● 장소를 나타내는 어미부사에 바로 목적격어미가 붙을 때
   Kien vi iras? ― Mi iras hejmen.
   (너는 어디로 가니? ― 나는 집으로 간다.)
③ 측량, 측정을 나타낸다.
● 시간의 측량   Mi dormis 10 horojn.

(나는 열 시간을 잤다.)

● 시각의 측량　　　La 9-an horon matene mi vekiĝis.

(아침 아홉 시에 나는 잠이 깼다.)

● 무게의 측량　　　Mi pezas 60 kilogramojn.

(나는 몸무게가 60킬로그램 나간다.)

● 높이의 측량　　　La monto estas 100 metrojn alta.

(그 산은 높이가 100미터다.)

● 길이의 측량　　　La rivero estas 4 kilometrojn longa.

(그 강은 길이가 4킬로미터다.)

● 거리의 측량　　　Li estas 3 paŝojn de la ŝtuparo.

(그는 그 계단에서 세 발자국 떨어져
있다.)

● 깊이의 측량　　　La puto estas 10 metrojn profunda.

(그 우물은 깊이가 10미터다.)

● 넓이의 측량　　　La placo estas cent mil kvadratajn
metrojn vasta.

(그 광장은 넓이가 십만 평방미터다.)

● 너비의 측량　　　La strato estas 100 metrojn larĝa.

(그 길은 너비가 100미터다.)

● 값의 측량　　　La libro kostas tri mil spesojn.

(그 책은 값이 3,000스페소다.)

④ 방식을 나타낸다.

Li metis la glason supron malsupren.

(그는 그 잔을 위가 아래로 가도록 엎어 놓았다.)

Oni pendigis la krimulon kapon malsupren.

(사람들은 그 죄인을 머리가 아래로 가도록 거꾸로 매달았다.)

⑤ 전치사 je 대신 그 뒤의 명사를 목적격으로 함.

이 용법은 위의 용법 ③을 달리 표현한 것이라 할 수 있다.

왜냐하면 위의 용법 ③은 전치사 je의 용법과도 같기 때문이다. 그러나 한 가지 다른 점은, 이론적으로는 모든 전치사 대신 전치사 je를 쓸 수 있기 때문에 꼭 ③과 같은 경우가 아니라도 전치사 je를 쓸 수 있으며, 따라서 그러한 경우에 전치사 je 대신 그 뒤의 명사를 목적격으로 쓸 수도 있다는 것이다. 이것은 그렇게 좋은 용법이 아니며 그 쓰임도 흔하지 않다.

<보기> Li parolas Esperanton. (en Esperanto)
        (그는 에스페란토로 말한다.)

위에서 보듯이 에스페란토의 akuzativo의 쓰임은 한국어의 목적격조사 {을/를}의 쓰임과 아주 비슷하다. 한국어에서도 목적격조사는 목적어를 나타내 주는 기본적 기능 외에, "서울을 간다", "산을 오른다", "집에를 간다", "하루를 기다렸다", "십리를 걸었다" 따위에서 보듯이 이동의 방향을 나타내 주거나, 시간이나 거리를 측정하는 기능을 가지고 있다.

여기서 우리가 한 가지 생각해 보아야 할 것은, 전치사 <po> 다음에 오는 명사를 주격으로 할 것인가 목적격으로 할 것인가 하는 문제이다. (II-나. 품사법 가운데 전치사 편 참고) 결론부터 말하자면 두 가지 다 가능하다. 다음을 보자.

① La patrino disdonis al la infanoj po 3 pomoj.
   (어머니는 아이들에게 사과 세 개씩을 나누어 주었다.)
② La patrino disdonis al la infanoj pomojn po 3.
   (어머니는 아이들에게 사과를 세 개씩 나누어 주었다.)
③ La patrino disdonis pomojn al la infanoj po 3.
   (어머니는 사과를 아이들에게 세 개씩 나누어 주었다.)

위의 보기들 모두가 옳은 월이다. ①에서는 <po> 다음에 오는 명사 <pomoj>가 주격으로 나타나는데, 이것은 전치사 다음에 주격이 온다는 원칙에 따른 것이다. 그러나 ②와 ③에서는 <pomojn>이 목적격으로 나타난다. 이것은 지극히 당연한 것으로, 분명히 서술어 <disdonis>의 목적어이기 때문이다. 이때 <po>의 영향이 미치는 범위는 단지 그 뒤에 나오는 수사에 한정될 뿐이다.

여기서 우리가 짐작할 수 있는 것은, 위의 ①의 월에 있어서도 전치사 <po>의 영향권 안에 드는 것은 수사일 뿐이지 명사 <pomoj>는 그 영향권 안에 들지 않는다는 것이다. 그렇다면 <pomoj>는 비록 위치상으로 전치사 다음에 쓰였으나, 전치사와는 아무 관계가 없으므로 목적격으로 쓰여야 한다는 것을 알 수 있다. 그러나 자멘호프는 이때에도 주격을 쓰는 것을 틀린다고는 하지 않았다. 그러므로 우리는 이 경우 두 가지 표현 모두를 가능한 것으로 본다.

라) 소유격 (posedkazo, genitivo)

일반 명사에서는 소유격을 인정하지 않고 대명사에서만 인정한다. 일반 명사에서 소유 관계를 나타내기 위해서는 전치사 de를 쓴다. (보기: La domo de mia amiko 내 친구의 집)

인칭대명사의 소유격은 형용사어미 {-a}로 나타내고, 그 외 상관사에 포함된 대명사들의 소유격은 {-es}로 나타낸다.

인칭대명사의 소유격은 형용사어미로 나타나기 때문에 일반 형용사와 같이 어미변화를 한다. 즉, 목적격어미와 복수어미를 취할 수 있다. 그러나 상관사에 포함된 대명사의 소유격들은 이들 어미를 취할 수 없다.

III. 통어론 (Frazkonstruiko, Sintakso)

III-가. 월성분과 품사 (frazelementoj kaj parolelementoj)

앞에서 우리가 이미 살펴보았듯이 품사란 낱말을 형태, 기능, 의미에 따라 종류별로 나눈 것이다. 에스페란토에는 9가지의 품사가 있다고 보았다. 그리고 여기서 우리가 살펴볼 월성분이란, 낱말이 월에서 어떠한 역할을 하고 있는가에 따라 분류한 것이다. 즉, 한 낱말이 월 안에서 행하는 역할에 따라 붙여진 이름이다. 에스페란토의 월성분 8가지는 다음과 같다.

- 주어 (mastranto, subjekto)
- 서술어 (klariganto, predikato)
- 보어 (klarighelpanto, predikativo)
- 목적어 (celato, objekto)
- 상황어 (situacianto, adjekto)
- 수식어 (ornamanto, epiteto)
- 접속어 (liganto, konjunkcio/subjunkcio)
- 독립어 (memstaranto)

III-가-1. 주어 (mastranto, subjekto)
주어란 그 월의 서술어에 대한 임자말이다. 그리고 이 주어는 말할이와는 다른 것이니, 이 둘을 혼동하지 말아야 한다. 보기를 들어 다음의 월들에서 말할이는 모두 '나 자신'이지만 주어는 각각 '나 자신'(①), '들을이'(②), '제삼자'(③)로 서로 다르다.

① Mi lernas Esperanton. (나는 에스페란토를 배운다.)

② Vi lernas Esperanton. (너는 에스페란토를 배운다.)
③ Li lernas Esperanton. (그는 에스페란토를 배운다.)

우리가 주어와 말할이를 잘 구별해야 하는 이유는, 특히 원망법(volitivo)에서 그 서술어로써 나타내어지는 바람은 말할이의 바람이지 주어의 바람이 아니라는 것을 잘 인식하기 위해서이다. 즉, 다음의 월들에서 바람은 말할이의 바람이지 그 월의 주어의 바람이 아니다. (다만 ①에서는 말할이와 주어가 같다)

① Mi lernu Esperanton. (나는 에스페란토를 배우겠다.)
② (Vi) lernu Esperanton. ((너는) 에스페란토를 배워라.)
③ Li lernu Esperanton. (그는 에스페란토를 배우라. = 그가 에스페란토를 배우기를 바란다.)

그리고 주어가 될 수 있는 말로는 명사(명사절 포함), 대명사, 동사원형(불변화사) 그리고 인용어가 있다. 이 가운데 특히 우리의 주의를 끄는 것은 불변화사가 주어가 될 경우와 명사절이 주어가 될 경우이다. 에스페란토에서는 이 두 경우에 그 보어로 형용사가 쓰이지 않고 부사가 쓰인다. 다음을 보자.

① Mensogi estas malbone.
   (거짓말하는 것은 나쁘다.)
② Estas interese, ke li revenis.
   (그가 돌아왔다는 것은 재미있는 일이다.)
③ Estas ne antaŭvideble, ĉu li revenos aŭ ne.
   (그가 돌아올 것인지 아닌지를 예견할 수 없다.)

위의 ①은 불변화사가 주어가 된 경우이며, ②와 ③은 명사절이 주어가 된 경우이다. 이 경우 위와 같이 그 보어는 형용사가 아니고 부사이다. 물론 보어로 명사나 동사원형이 쓰일 수도 있으며, 이때에는 부사로 하지 않는다.

① Vidi estas kredi.
  (보는 것이 믿는 것이다.)
② Estas fakto, ke li revenis.
  (그가 돌아왔다는 것은 사실이다.)
③ Estas malfacila demando, ĉu li revenos aŭ ne.
  (그가 돌아올 것이냐 아니냐 하는 것은 어려운 질문이다.)

III-가-2. 서술어 (klariganto, predikato)
서술어란 그 월의 주어의 '행위'(ago)나 '상태'(stato)를 나타내 주거나, 또는 그 주어가 '무엇이라'고 바꾸어 말해 주는 것으로 주로 동사로 표현된다. 다음을 보자.

① Li manĝas panon. (그는 빵을 먹는다.)
② Li sidas silente. (그는 조용히 앉아 있다.)
③ Li estas bona. (그는 착하다.)
④ Li estas studento. (그는 학생이다.)

위의 ①에 쓰인 동사는 주어의 행위(먹는 행위)를 나타내며, ②와 ③에 쓰인 동사는 상태(앉아 있는 상태 ; 착한 상태)를 나타내고, ④에 쓰인 동사는 바꾸어 말함(그가 학생이라고 바꾸어 말함)을 나타낸다.
그리고 ①과 ②에 쓰인 동사들은 그 자체로서 하나의 행위를 완전하게 묘사해 주고 있으나, ③과 ④에 쓰인 동사 esti는 그 자체로서는 상태를 완전하게 묘사해 주지 못한다. 뒤에 보어가 없으면 불완전하게 되는 것이다. 여기서 우리는 보어의 필요성을 느끼게 된다.

III-가-3. 보어 (klarighelpanto, predikativo)

보어란 서술어가 완전한 서술을 다하지 못할 경우 그 서술을 완전하게 해주는 (기워주는) 기움말이다. 이에는 주어에 관한 서술을 기워주는 주격보어와 목적어에 관한 서술을 기워주는 목적격보어가 있다. 다음을 보자.

① La arbaro ŝajnas ploranta pri la printempo.
(그 숲은 봄을 울고 있는 듯이 보인다.)
② Ŝi restas ankoraŭ kolera.
(그녀는 아직도 화가 나 있다.)
③ Mi trovis ĝin bona.
(나는 그것이 좋다는 것을 알았다.)
④ Mi vidis lin kanti en la ĉambro.
(나는 그가 방 안에서 노래 부르는 것을 보았다.)

위의 보기들 가운데 ①에 쓰인 동사 ŝajni는 언제나 보어를 필요로 하는 이른바 불완전자동사이다. 이러한 동사로는 esti, fariĝi 따위가 있다. 그리고 ②에 쓰인 동사 resti는 보어를 필요로 하지 않을 경우도 있고, 필요로 할 경우도 있다. 보기를 들어 "Li restis en Seulo dum 3 tagoj"(그는 서울에서 사흘을 머물렀다)라는 월에서는 보어를 필요로 하지 않는 완전자동사로 쓰이고 있다. 위의 보기 ③과 ④에 쓰인 보어 bona와 kanti는 목적격보어들로 각각 목적어 ĝin과 lin의 상태나 행위의 서술을 보충해 준다. 그리고 이 밖에도 보어를 필요로 하지 않는 동사가 쓰일 경우라도 필요에 따라 주어나 목적어의 행위나 상태를 더 보충해 주는 일도 있으니, 이러한 월성분도 역시 주격보어나 목적격보어로 보아야 할 것이다. 다음을 보자.

① Ŝi dancas nuda.

  (그녀는 벌거벗고 춤춘다.)

② Li mortis mizerulo.

  (그는 불쌍한 사람으로 죽었다. = 그는 불쌍하게 죽었다.)

③ Oni invitis lin kanti en la malfermo.

  (사람들은, 그가 개회식에서 노래하도록, 그를 초대했다.)

위의 보기들에 쓰인 동사들은 뒤에 다른 보충적인 말이 없더라도 전혀 문제가 되지 않는다. 다만 말할이의 의도에 따라 더 보충적으로 서술해 줄 필요가 있어 'nuda, mizerulo, kanti en la malfermo'라는 말들을 더 쓴 것이다. ①과 ②에서는 이들이 주어의 상태를 보충적으로 서술해 주고 있으며, ③에서는 목적어의 행위(사실은 앞으로 하려고 하는 일)를 보충적으로 서술해 주고 있다. (Ⅱ-라. 굴곡법의 불변화법 참고)

여기서 우리는 이러한 문법 설명은 현실의 언어 현상을 설명해 주기 위한 것일 뿐이지, 이에 따라 어느 동사라도 이런 식으로 사용할 수 있다는 것은 아니라는 점을 인식하여야 한다. 이러한 문법사항이 있다고 하여, "li parolas kolera" (그는 화난 상태로 말한다), "li mortis studento" (그는 학생으로 죽었다), "mi batis lin kanti en la malfermo" (나는 그가 개회식에서 노래 부르도록 때렸다) 따위의 말을 할 수 있는 것은 아니다. 동사에 따라 가능한 경우가 있고 불가능한 경우가 있는데, 이에 대해서는 좀 더 연구해 보아야 하겠다.

보어와 관련하여 우리가 생각해 볼 둘째 문제는, 다음의 ①과 ② 가운데 어느 것이 더 나은 표현인가 하는 것이다.

① Mi estas malvarma.

② Mi sentas min malvarma.

③ La akvo estas malvarma.

일견 두 표현이 모두 괜찮은 것으로 생각되나, ②가 더 나은 표현이다. 왜냐하면 ③을 통해 알 수 있듯이, ①은 "나는 차다"는 뜻이기 때문이다. 그러므로 우리는 "나는 춥다"는 표현에 있어서 ①보다는 ②와 같은 표현을 써야 할 것이다.

그러나 다음과 같은 두 표현은 모두 좋은 표현으로 생각된다.

④ Mi estas malsata.
⑤ Mi sentas min malsata.

이를 통해 우리가 알 수 있는 것은, 보어로 쓰이는 형용사의 성격에 따라 ④와 같은 표현이 허용되기도 하고, 그렇지 않기도 하다는 것이다.

III-가-4. 목적어 (celato, objekto)

목적어란 그 월의 서술어(이 경우는 타동사)에 대한 부림말(대상)이다. 즉, "그 사람이 에스페란토를 배운다"고 했을 때, '배운다'는 행위의 대상이 '에스페란토'라는 말이다.

이 목적어를 직접목적어와 간접목적어로 나누는 학자들도 있으나 여기서는 그렇게 나누지 않는다. 왜냐하면 우리가 목적어를 직접목적어와 간접목적어로 나눈다는 것은 어떤 동사들은 간접목적어를 필요로 한다는 것을 전제하는 것인데, 그러면 과연 우리가 에스페란토에 있어 어떤 동사들이 간접목적어를 필요로 하는지, 또는 어떤 말이 쓰였을 경우 그것이 과연 간접목적어인지 아닌지를 분명히 구별할 어떤 기준이 있느냐 하면 그렇지 않기 때문이다.

다음의 보기를 보자.

① Li donis al ml la libron.

(그는 나에게 그 책을 주었다.)
② Li revas pri feliĉo.
   (그는 행복에 대해 꿈꾸고 있다.)
③ Li parolas pri Esperanto.
   (그는 에스페란토에 대해 말하고 있다.)
④ Li ridas pri ŝia naiveco.
   (그는 그녀의 순진성에 대해 웃고 있다.)

학자들 가운데는 위의 ①과 ②에 쓰인 전치사구를 간접목적어라 하는 이들도 있으나 이것은 문제가 있다. 즉, ①에 쓰인 donis는 타동사로서 주로 '~에게 ~를 주다'라는 뜻을 나타낸다. 경우에 따라서는 '~에게'가 생략될 수도 있고, 또는 '~를'이 생략될 수도 있다. 그러나 근본적으로는 doni라는 동사는 '주는 물건'과 '주는 대상자'를 필요로 하는 동사이다. 바로 이러한 동사 때문에 간접목적어가 생겨난 것으로 이해된다. 그러나 ②에 쓰인 revas는 자동사로서 근본적으로 목적어를 필요로 하지 않는다. 그러할 경우 뒤에 따르는 'pri feliĉo'를 간접목적어로 보는 근거가 무엇인지 알 수 없다. 만약 이것을 간접목적어로 본다면 ③과 ④의 전치사구도 간접목적어로 보지 못할 이유가 없으니, 이렇게 되면 에스페란토의 자·타동사의 구분과 목적어의 파악이 곤란하게 된다.
   그러므로 우리는 이 경우의 전치사구는 모두 상황어로 보고자 한다.

III-가-5. 상황어 (situacianto, adjekto)
상황어란 월의 주어가 행하는 행위(또는 상태)가 어떠한 상황 (상태, 방법, 원인, 목적, 결과, 조건, 방향 등) 아래 일어나는지를 나타내 주는 말로서, 주로 부사나 부사구로 나타난다. 다음을 보자.

① Li kuras rapide.

(그는 빨리 달린다.)

② Li dormis dek horojn.

(그는 열 시간을 잤다.)

③ Li venis renkonti ŝin.

(그는 그녀를 만나러 왔다.)

④ Li sidas sur la seĝo.

(그는 의자 위에 앉아 있다.)

⑤ Mi donis ĝin al li.

(나는 그에게 그것을 주었다.)

⑥ Li sekvis ŝin, tirite de ŝia ĉarmo.

(그는, 그녀의 매력에 끌려, 그녀를 따랐다.)

위의 보기에서 ①에 쓰인 'rapide'는 서술어 'kuras'의 방법을 나타내 주고 있으며, ②에 쓰인 'dek horojn'은 그 서술어가 행해진 시간을 나타내 주고, ③에 쓰인 불변화사는 그 서술어의 목적을 나타내 준다. 또한 ④와 ⑤에 쓰인 전치사구는 그 서술어의 행위가 일어난 장소와 방향을 나타내 주며, ⑥에 쓰인 분사는 그 서술어의 원인을 나타내 주고 있다.

III-가-6. 수식어 (ornamanto, epiteto)

수식어는 서술어를 제외한 다른 성분을 꾸미는 말이다. 이 것은 주로 명사를 꾸미는 형용사, 또는 형용사나 다른 부사를 수식하는 부사 따위가 된다. 우리는 여기서 상황어로 쓰이는 부사와 수식어로 쓰이는 부사를 잘 구별하여야 한다. 즉, 상황 어로 쓰이는 부사는 그 월의 주어의 행위가 어떠한 상황에서 일어나는가를 나타내 주는 말이다. 즉, 쉽게 말해 서술어를 꾸며 주는 말이다. 반면 수식어로 쓰이는 부사는 서술어를 제외한 다른 월성분을 꾸며 주는 말이다. 다음을 보자.

① Ĝi estas bela floro.

　(그것은 아름다운 꽃이다.)

② Mi ricevis anoncon veni al la kunveno.

　(나는 그 모임에 오라는 통보를 받았다.)

③ Ŝi estas la filino de mia amiko.

　(그녀는 내 친구의 딸이다.)

④ Ĝi estas tre bela.

　(그것은 아주 아름답다.)

⑤ Li kantas tre bone.

　(그는 노래를 아주 잘 한다.)

⑥ La rivero estas tri mil metrojn longa.

　(그 강은 길이가 3,000미터이다.)

⑦ Ĝi estas Esperanto, la internacia lingvo.

　(그것은 국제어 에스페란토이다.)

　위의 보기 가운데 ①에 쓰인 'bela'는 명사 보어를 꾸미는 수식어로 쓰이고 있으며, ②에 쓰인 불변화사 역시 명사 목적어를 꾸미는 수식어로 쓰이고 있다. ③에 쓰인 전치사구는 명사 보어를 꾸미는 수식어이며, ④에 쓰인 부사 'tre'는 형용사 보어 'bela'를 꾸미는 수식어이다. 그리고 ⑤에 쓰인 부사 'tre'는 상황어 'bone'를 꾸미는 수식어로 쓰였으며, ⑥에 쓰인 목적격의 명사구 'tri mil metrojn'은 형용사 보어 'longa'를 꾸미는 수식어로 쓰였다. 그리고 수식어 'tri mi metrojn'은 내부적으로 볼 때 수사 'tri mil'이 명사 'metrojn'을 꾸미는 수식어로 쓰이고 있다. 그리고 ⑦에 쓰인 명사구 'la internacia lingvo'는 앞에 쓰인 명사 'Esperanto'를 다시 지칭하거나 설명하는 말로서 결국 앞의 말과 같은 말이다. 이것은 'Esperanto = la internacia lingvo'로 풀이할 수 있고, 이때 우리는 뒤의 낱말을 앞의 낱말을 꾸미는 수식어라고 간주한다.

III-가-7. 접속어 (liganto, konjunkcio/subjunkcio)

접속어란 낱말과 낱말, 구와 구, 또는 절과 절을 이어 주는 말로서, 주로 접속사로 나타난다. 그러나 흔히 전치사나 부사 또는 관계사가 접속어로 쓰이기도 한다. 다음을 보자.

① Li kaj lia amiko vizitis min.
(그와 그의 친구는 나를 방문하였다.)

② Vi povos trovi ĝin sur la tablo, aŭ sur la lito.
(너는 그것을 책상 위에서나 침대 위에서 찾을 수 있을 것이다.)

③ Mi vizitis lin, kaj mi konfesis ĉion al li.
(나는 그를 방문하여서 그에게 모든 것을 고백하였다.)

④ Mi ne scias, ke li amas ŝin.
(나는 그가 그녀를 사랑한다는 것을 모른다.)

⑤ Ĝi estas la libro, kiun mi aĉetis en lasta jaro.
(그것은 작년에 내가 산 그 책이다.)

⑥ Mi ne scias, ĉu li vere venos aŭ ne.
(나는 그가 정말로 올 것인지 아닌지 모른다.)

⑦ Kiam li vizitis ŝin, li eksciis la veron.
(그가 그녀를 방문하였을 때, 그는 그 진실을 알게 되었다.)

⑧ Apenaŭ mi vidis lin, li forkuris.
(내가 그를 보자마자 그는 달아났다.)

⑨ Tion finu, ĝis mi revenos.
(내가 돌아올 때까지 그것을 끝내라.)

⑩ Li estas tiel diligenta, kiel mi.
(그는 나처럼 그렇게 부지런하다.)

⑪ Li agas, kvazaŭ li estus heroo.
(그는 자기가 마치 영웅이나 되는 것처럼 행동한다.)

위의 보기들 가운데서 ①의 접속사는 낱말과 낱말을 이어주는 접속어로 쓰이고 있고, ②의 접속사는 구와 구를, 그리고 ③ 이하의 접속사는 절과 절을 이어주는 접속어로 쓰이고 있다. 그리고 ③까지의 접속사는 이른바 등위접속어로 쓰인 반면 그 후의 접속사들은 모두 종속접속어로 쓰였다. ④에 쓰인 접속어 'ke'는 설명의 종속절을 이끄는 접속사이고, ⑤의 관계대명사는 관계절을 이끄는 종속접속어로 쓰이고 있다. 그리고 ⑥의 의문부사 'ĉu'는 의문의 종속절을 이끄는 종속접속어로 쓰이고 있으며, ⑦의 관계부사 'kiam'은 때를 나타내는 종속절을 이끄는 종속접속어로 쓰이고 있다. 또한 ⑧에서 '-하자마자'라는 뜻으로 쓰인 종속접속어 'apenaŭ'는 본래 부사이며, ⑨에서 '-때까지'의 뜻으로 쓰인 종속접속어 'ĝis'는 본래 전치사이다. 그리고 ⑩의 'kiel'과 ⑪의 'kvazaŭ'는 비교의 종속절을 이끄는 접속어로 쓰였다.

위에서 보듯이 접속어로 쓰이는 말은 주로 접속사이지만, 그러나 부사나 전치사 또는 관계사 따위가 접속어로도 흔히 쓰인다.

III-가-8. 독립어 (memstaranto)

독립어란 월 안에서 다른 성분과는 아무런 관련을 맺지 않고 홀로 존재하는 말이다. 이에는 주로 부름말과 감탄말, 말거리 또는 월 전체를 수식하는 수식어 등이 있다. 다음을 보자.

① Karlo, kie vi estas?(= Kie vi estas, Karlo?)
  (카를로야, 너는 어디에 있느냐?)
② Ho, mi forgesis tion.
  (오호, 나는 그것을 잊어버렸다.)
③ Internacia lingvo, ĝi estis delonga deziro de la tuta homaro.
  (국제어, 그것은 전 인류의 오랜 염원이었다.)

④ Felîĉe, li revenis viva.

  (다행히도 그가 살아 돌아왔다.)

위의 보기 가운데 ①의 고유명사는 부름말로 쓰인 독립어이며, ②의 감탄사는 감탄말로 쓰인 독립어이고, ③의 'Internacia lingvo'는 하나의 말거리로서 독립어로 쓰이고 있다. 그리고 ④의 부사 'Felîĉe'는 월 전체를 꾸미는 말로서 독립어로 쓰이고 있다.

위의 ④와 같은 경우에 이것을 상황어나 수식어와 구별하기가 어려울 때가 있다. 그러나 독립어는 월 안의 어느 성분과도 관련을 맺지 않는다는 (즉, 다른 성분을 수식하지도 않고, 서술어로 표현된 행위의 상황을 설명하지도 않는다) 점만 확실히 알고 있으면 구별이 가능할 것이다.

III-나. 생각해 볼 문제 몇 가지

III-나-1. 수사가 주어, 목적어, 보어의 기능을 하는가의 문제

한국어에서는 수사가 주어가 될 수 있다. (보기: "하나가 모자란다.") 그러나 에스페란토에서는 수사가 주어가 된다고 보기에는 좀 곤란한 점이 있다. 보기를 들어 'kvin venis', 'du restas', 'mi manĝis tri', 'ili estas dek' 따위의 말이 과연 가능한가가 문제이다. 이 말들 자체가 좀 이상하지만, 그래도 허용된다면 그것은 이 말들이 다음의 말들의 줄인 말이라는 묵시적 합의가 있기 때문으로 보인다 : 'kvin homoj venis' (다섯 사람이 왔다), 'du homoj/objektoj restas' (두 사람이/물건이 남아 있다), 'mi manĝis tri ~ojn' (나는 ~를 세 개 먹었다), 'ili estas dekopo/dekope' (그들은 열 명이다 ; 그것들은 열 개다). (여기의 'du restas'는 계산에 있어서는 다음과 같이 쓰일 수 있다 :

'20÷3=6...2' [dudek dividite per tri faras ses kaj restas du])

그러므로 에스페란토에서는 수사 단독으로는 주어나 목적어 또는 보어로 쓰이지 않는다고 보아야 옳을 것이다.

III-나-2. 주격보어에 부사가 쓰이는 문제

에스페란토의 특이한 문법 사항 가운데 하나가 바로 이것이다. 주격보어로는 주로 명사나 형용사 또는 불변화사가 쓰이지만, 다음의 경우에는 부사가 쓰인다.

첫째, 무주어문의 보어일 경우.
(보기: Hodiaŭ estas varme. 오늘은 덥다.)
둘째, 주어가 절로 되어 있을 경우.
(보기: Estas interese, ke li aperis en la kunsido. 그가 그 회의에 나타났다는 것은 재미있는 일이다.)
셋째, 주어가 불변화사로 되어 있을 경우.
(보기: Mensogi estas malbone. 거짓말하는 것은 나쁘다.)

여기서 우리가 생각해 보고자 하는 것은 둘째와 셋째의 경우이다. 주어로 쓰인 절이나 불변화사는 그 월의 서술어가 아님은 물론이고, 그 순간은 명사적으로 쓰인 것이다. 그래서 우리는 이때의 절을 명사절이라 하며, 이때의 불변화사는 명사로 쓰였다고 한다. 그렇다면 이 경우 그 보어를 형용사로 하는 것이 마땅할 것이다.

그뿐만 아니라 목적어가 절이나 불변화사로 되어 있을 때에는 그 보어를 대체로 형용사로 쓰고 있으니 (보기: Mi trovas bona iri kun li. 나는 그와 함께 가는 것이 좋다고 생각한다 ; Mi trovas bona, ke li estas kun ŝi. 나는 그가 그녀와 함께 있는 것이 좋다고 생각한다), 이것은 그 원리가 주격보어의 경우와 일치하지 않는다. 목적격보어에는 형용사를 쓰면서 굳이 주격보어에만 부사를 쓰는 이유를 모르겠다. 그러나 에스페란토에서는 이미 100년 이상 이렇게 써 오고 있으므로 지금 이것을 고친다는 것은 거의 불가능한 일이다.

III-다. 월의 종류 (Specoj de frazo)

월을 나누는 방법은 여러 가지가 있겠으나, 여기서는 다음과 같이 나누기로 한다.

	단문	
'주-술' 관계의 수와 연결에 따라	중문(대등절)	
	복문(종속절)	주어절
		목적어절
		보어절
		수식어절
		상황어절
주어의 유무에 따라	주어문	
	무주어문	
서법에 따라	직설문	
	원망문	
	가정문	
물음말의 유무에 따라	평서문	
	의문문	
부정어의 유무에 따라	긍정문	
	부정문	

III-다-1. 단문 (simpla frazo)

단문이란 '주어-술어'의 관계가 하나뿐인 월을 이른다. 다음의 보기를 보자.

① Li kuras rapide. (그는 빨리 달린다.)
② Li ne kuras rapide. (그는 빨리 달리지 않는다.)
③ Ĉu li kuras rapide? (그는 빨리 달리는가?)
④ (Vi) kuru rapide. ((너는) 빨리 달려라.)
⑤ Estas varme. (덥다.)

위의 보기들은 모두 '주어-술어' 관계가 한 번뿐이므로 단문이다. (사실 ⑤에는 주어가 없다.) 그리고 앞으로 살펴보겠지만, ①은 주어문-직설문-평서문-긍정문이고, ②는 주어문-직설문-평서문-부정문이며, ③은 주어문-직설문-의문문-긍정문이다. 그리고 ④는 주어문-원망문-평서문-긍정문이며, ⑤는 무주어문-직설문-평서문-긍정문이다.

이들을 각각 다른 모습으로도 충분히 바꾸어 볼 수 있다. 보기를 들어, ④를 주어문-원망문-평서문-부정문으로 하려면 '(Vi) ne kuru rapide.'라 하면 되고, ⑤를 무주어문-직설문-의문문-부정문으로 하려면 'Ĉu ne estas varme?'라 하면 된다.

III-다-2. 중문 (obla frazo)

중문이란 등위접속어(kaj, sed, aŭ 등)에 의해 단문이 둘 이상 연결된 것을 이르며, 이때 연결된 단문들을 '대등절'이라 한다. 다음을 보자.

① Li marŝis, sed ŝi kuris.
  (그는 걸었으나, 그녀는 달렸다.)
② Ĉu li ploris, kaj ŝi ridis?
  (그는 울고 그녀는 웃었는가?)

③ Venu frue morgaŭ matene, aŭ vi ne povos vidi lin.

(내일 아침 일찍 오너라. 그렇지 않으면 너는 그를 볼 수 없을 것이다.)

위의 보기들은 모두 '주-술' 관계가 두 번 나타나며, 또한 그것들이 등위접속어에 의해 연결되어 있으므로, 즉, 두 개의 단문이 서로 대등한 문법적 자격을 가지고 있으므로 (다시 말해 어느 하나가 다른 하나의 월성분으로 역할하지 않으므로) 중문이다. 그리고 ①은 주어문-직설문-평서문-긍정문의 단문 두 개가 연결된 것이고, ②는 주어문-직설문-의문문-긍정문의 단문 두 개가 연결된 것이며, ③은 주어문-원망문-평서문-긍정문의 단문 하나와 주어문-직설문-평서문-부정문의 단문 하나가 연결된 것이다. 이처럼 연결되는 단문들이 각각 다른 종류라도 문제가 없다.

여기서 우리가 주의하여야 할 점은, 다음과 같은 월들을 중문으로 볼 수 있느냐 하는 문제이다.

① Li kaj lia amiko vizitis min.

(그와 그의 친구가 나를 방문하였다.)

② Li senĉese ploris kaj ridis.

(그는 쉬지 않고 울고 웃었다.)

③ Ŝi vidis lin kaj lian amikon.

(그녀는 그와 그의 친구를 보았다.)

④ Diru tion aŭ al la patro, aŭ al la patrino.

(그것을 아버지께나 어머니께 말씀드려라.)

위의 보기들은 모두 '주-술' 관계가 하나만 있다고 보기도 곤란하고, 그렇다고 둘이라고 보기도 또한 곤란한 그러한 보기들이다. 즉, ①은 보기에 따라서는 'Li vizitis min.'과 'Lia amiko vizitis min.'의 두 단문이 연결된 것이라고 할 수도 있다. 그러나 외형적으로는 단순히 두 개의 주어명사만이 연결된 것이 분명하다. 즉, 외형적으로는 '두 개의 주어와 하나의 서술어'의 관계에 있다. 그리고 ②는 그와 반대로 '하나의 주어와 두 개의 서술어'의 관계에 있으며, ③, ④는 각각 '하나의 주어와 두 개의 목적어'의 관계, 그리고 '하나의 주어와 두 개의 상황어'의 관계에 있다.

이들도 보기에 따라서는 모두 두 개의 단문이 연결된 것으로, 즉 중문으로 볼 수도 있다. 그러나 여기서는 외형적으로 나타나는 '주-술' 관계의 수를 판단의 기준으로 하여 이들을 모두 단문으로 취급한다.

III-다-3. 복문 (kompleksa frazo)

복문이란 종속접속어(ke, ĉar, se, kvankam, 관계사, 의문사 등)에 의해 단문이 둘 이상 연결된 것을 이른다. 연결된 단문들 가운데 으뜸이 되는 것을 주절(ĉefpropozicio)이라 하고, 딸림이 되는 것(종속접속어가 이끄는 절)을 종속절(subpropozicio)이라 한다. 이 종속절은 주절의 월성분 가운데 어느 하나로 역할하게 되며, 그 월성분의 역할에 따라 여러 이름으로 불린다. 그리고 주절에는 그 종속절을 지시하는 지시대명사나 지시형용사 또는 지시부사(tio, tiu, tia, tial, tiel, tiam, tie 등)가 나타나기도 한다. 대부분의 경우 이러한 지시대명사 따위는 생략되지만, 문법적으로 꼭 쓰여야 하는 경우도 있다.

종속절은 그것이 주절의 어떤 월성분 역할을 하는가에 따라 다음과 같이 나뉜다.

- 주어절 (mastranta subpropozicio)
- 목적어절 (celata subpropozicio)

- 보어절 (klarighelpanta subpropozicio)
- 수식어절 (ornamanta subpropozicio)
- 상황어절 (situacianta subpropozicio)

위에 보인 종속절의 분류는 주절과 관련된 기능상의 분류이다. 이와는 별도로 종속절을 그 자체의 성격으로도 분류할 수 있으니, 다음과 같다.

- 설명절 (eksplika subpropozicio) : 접속어로 ke가 쓰임.
- 가정절 (supoza subpropozicio) : 접속어로 se가 쓰임.
- 비교절 (kompara subpropozicio) : 접속어로 kiel, kia, ol 따위가 쓰임.
- 양보절 (konceda subpropozicio) : 접속어로 kvankam 따위가 쓰임.
- 원인절 (kaŭza subpropozicio) : 접속어로 ĉar가 쓰임.
- 관계절 (rilata subpropozicio) : 접속어로 관계사가 쓰임.
- 의문절 (demanda subpropozicio) : 접속어로 의문사가 쓰임.
- 혼합절 (implikita subpropozicio) : 접속어로 ke가 쓰임.

사실 이러한 분류는 상당히 의미적 분류이기 때문에 보는 각도에 따라 이밖에도 더 많은 종류로 나눌 수도 있다. 이들은 앞으로 살펴볼 기능상의 분류에 따른 절의 종류를 설명하는 데에서 설명되기 때문에 여기서는 설명을 생략한다. 그러나 이 가운데 혼합절에 대해서는 여기서 설명을 해 두어야 하겠다.

가) 혼합절 (implikita subpropozicio)
혼합절이란, 설명절로 된 명사절이 의문의 주절이나 아니면 다른 의문의 종속절과 엉켜 쓰이는 것을 이른다. 여기서 엉켜 쓰인다는 말은 의문절의 의문사가 종속절의 한 성분이 된다는 말이다. 다음의 보기를 보자.

① Kiel vl deziras, ke mi agu?
   (너는 내가 어떻게 행하기를 바라느냐?)
② Mi ne scias kion vi volas, ke mi faru.
   (내가 무엇을 하기를 네가 바라는지, 난 모르겠다.)
③ Kiun vi deziras, ke mi liberigu al vi?
   (내가 너희들에게 누구를 풀어주기를 너희는 원하느냐?)

위의 보기 ①에서 kiel은 의문의 주절의 의문사로 쓰이는 동시에 설명의 종속절의 상황어로도 쓰이고 있으며, ②의 kion은 의문사로서 그 자신 접속어 ('kion vi volas'를 앞의 주절에 이어주는 접속어)로 쓰이는 동시에, 뒤에 나타난 설명의 종속절의 목적어로도 쓰인다. 그리고 ③의 kiun 역시 주절의 의문사로 쓰이는 동시에 종속절의 목적어로도 쓰이고 있다. 이러한 종속절을 혼합절이라 한다. (이 혼합절에 대한 자세한 사항은 PAG(1980, UEA : p.305)를 참고할 것)

나) 주어절 (mastranta subpropozicio)
주절의 주어 역할을 하는 종속절을 이른다. 다음을 보자.

① Ĉu tio estas vera, ke li amas ŝin?
   (그가 그녀를 사랑한다는 것이 사실이냐?)
② Estas nekredeble, ke li konfesis tion.
   (그가 그것을 고백하였다는 것은 믿을 수 없다.)
③ Estas dube, ĉu li sciis tion.
   (그가 그것을 알았는지는 의심스럽다.)
④ Ne estas certe, por kio li donis ĝin al vi.

(무엇을 위해 그가 네게 그것을 주었는지는 분명하지 않다.)

위의 ①에서 접속사 ke로 이끌리는 종속절은 주절의 주어 tio를 설명해 주는 종속절이므로, 즉, 주어 tio와 같은 월성분이므로 주어절이다. 그리고 이때 형식적으로는 주어가 tio로 나타나므로 보어로 형용사가 쓰인다. 그리고 ②에서 보듯이 주절이 의문절이 아닌 경우에는 대체로 tio가 생략되며, 이때 보어는 부사가 된다. 그리고 여기서 우리가 주의하여야 할 것은, 위의 ②를 앞으로 살펴볼 무주어문과 혼동하지 말아야 한다는 점이다. ②에는 종속절이 분명히 주어절로 존재하며, 이때 보어가 부사로 된 것은 주어가 하나의 절로 되어 있기 때문이지 그것이 무주어문이기 때문은 아니다. (III-다-4. 무주어문 참고)

그리고 ③과 ④는 주어 역할을 하는 종속절이 의문절로 나타난 경우인데, 이때의 주절은 주로 <esti+보어>로 이루어지며 그 보어는 부사가 된다.

다) 목적어절 (celata subpropozicio)
주절의 목적어 역할을 하는 종속절을 이른다. 다음을 보자.

① Mi trovis (tion), ke li amas ŝin.
(나는 그가 그녀를 사랑한다는 것을 (그것을) 발견하였다.)
② Mi deziras (tion), ke vi fartu bone.
(나는 네가 잘 지내기를 (그것을) 바란다.)
③ Mi kredas (tion), ke ĝi plaĉus al vi.
(나는 그것이 네 마음에 들 것이라는 것을 (그것을) 믿는다.)
④ Oni esploras, ĉu la rivero estas sufiĉe profunda.

(사람들은 그 강이 충분히 깊은지를 조사한다.)

⑤ Mi ne scias, kion li diris.

(나는 그가 무엇을 말했는지 모른다.)

⑥ Li demandis min, kiam li revenu.

(그는 언제 돌아와야 할지를 내게 물었다.)

⑦ Mi ne komprenas, kial li kolerus.

(나는 그가 (만약 화가 나 있다면) 왜 화가 나 있는지 이해할 수 없다.)

위의 보기들 가운데 ①, ②, ③에서 종속접속어 ke가 이끄는 종속절은 주절에 쓰인 서술어 'trovis, deziras, kredas'의 목적어 역할을 하고 있으므로 목적어절이다. 이때 주절의 서술어 다음에 'tion'이라는 형식적 목적어를 하나 더 쓸 수도 있다.

또한 ①, ②, ③의 종속절에서 보듯이, 그 서술어는 각각 직설법, 원망법, 가정법으로 나타날 수 있다. ③의 종속절은 가정법으로 나타나고 있는데, 이때 우리는 그 종속절 다음에 'se vi vidus ĝin'(만일 네가 그것을 본다면)이라는 가정절이 생략되었다고 이해한다.

④∼⑦은 목적어 역할을 하는 종속절이 의문절로 나타난 보기로서, 그 의문절은 'ĉu'가 쓰인 일반의문문이나 'ki-의문사'가 쓰인 특수의문문 모두가 될 수 있다. 그리고 그 의문의 종속절은 의미에 따라 직설법, 원망법, 가정법 가운데 어느 것으로도 나타날 수 있다. 원망법으로 나타난 ⑥의 종속절은 'kiam mi volas, ke li revenu'(그가 언제 돌아오기를 내가 바라는지)가 줄어들어 된 것으로 이해되며, 가정법으로 나타난 ⑦의 종속절은 'se li kolerus'(만일 그가 화가 나 있다면)가 뒤에 생략된 것으로 이해된다.

그리고 직설법으로 쓰인 ⑤의 종속절을 달리 해석할 수도 있는데, 그것은 이때의 kion을 관계대명사로 보는 것이다. 그렇게 되면 이 종속절은 관계절이 되어 수식어절이 되고 만다 (Mi ne scias (tion), kion li diris.). 그리고 그 해석은 '그가 말한 것을 (그것을) 나는 알지 못한다'가 된다.

이 두 가지 해석 가운데 어느 쪽으로 해석할 것인가는 문맥에 따를 수밖에 없다.

그리고 우리는 간접화법이라는 것을 목적어절에서 살펴보아야 하겠다. 다음을 보자.

직접화법	간접화법
Li diris: "Mi estas laca." (그는 말했다: "나는 피곤하다.")	Li diris, ke li estas laca. (그는 피곤하다고 말했다.)
Li riproĉis ilin: "Se vi estus homoj, vi donus al mi akvon." (그는 그들을 비난하였다: "너희들이 인간이라면, 내게 물을 줄 것이다.")	Li riproĉis ilin, ke, se ili estus homoj, ili donus al li akvon. (그는 그들이 인간이라면 그에게 물을 줄 것이라고 그들을 비난하였다.)
Mi demandis lin: "Kien vi iris?" (나는 그에게 물었다: "너는 어디로 갔느냐?")	Mi demandis lin, kien li iris. (나는 그에게 어디로 갔었는지 물었다.)
Mi demandis lin: "Ĉu vi estas laca?" (나는 그에게 물었다: "너는 피곤하니?")	Mi demandis lin, ĉu li estas laca. (나는 그에게 피곤한지 물었다.)

사실 이들을 군이 간접화법이라는 이름으로 다루지 않아도 아무런 문제가 없다. 왜냐하면 이들은 모두 목적어절이나 상황어절로 (뒤의 상황어절 참조) 이해해도 전혀 문제가 없기 때문이다. 영어문법에서는 시제의 변화 때문에 화법이라는 것이 하나의 문법범주로 존재할 필요가 있다. 그러나 에스페란토에서는 위에서 보듯이, 시제에 관한 특별한 조치가 없기 때

문에 (대체로 자연적 시각에 따라 문법적 시제를 표현한다) 이들을 굳이 특별히 다룰 필요가 없다.

라) 보어절 (klarighelpanta subpropozicio)
주절의 보어 역할을 하는 종속절을 이른다. 다음을 보자.

① La vero estas (tio), ke li amas ŝin.
(진실은, 그가 그녀를 사랑한다는 것(그것)이다.)
② La ordono estis (tio), ke ni ekiru frumatene.
(그 명령은, 우리가 새벽에 출발하라는 것(그것)이었다.)
③ La demando estas, ĉu li vizitis ŝin aŭ ne.
(그 물음은 그가 그녀를 방문하였느냐 아니 하였느냐이다.)
④ La problemo estas, kiam ni ekiru.
(문제는 우리가 언제 출발하느냐이다.)
⑤ La afero ŝajnis (tia), kvazaŭ li mortigus ŝin.
(그 일은 마치 그가 그녀를 죽인 것처럼 (그러하게) 보였다.)

위의 ①, ②에 쓰인 종속절들은 각각 주절의 보어 역할을 하고 있으므로 보어절이다. 그리고 이때 주절에 'tio'라는 형식적 보어를 하나 더 쓸 수도 있다.
이 보어절은 ①과 같이 직설법으로 쓰일 수도 있고, ②와 같이 원망법으로 쓰일 수도 있다.
③, ④에 쓰인 의문절 역시 주절의 주격보어 역할을 하는 보어절이다. 이때 주절의 주어는 주로 demando, problemo가 되며, 그 의문절은 직설법이나 원망법으로 나타날 수 있다.
⑤는 kvazaŭ가 종속접속어로 쓰인 보기로서, 이때 종속절은 주절의 보어 역할을 하고 있으므로 보어절이다. 그리고 이때

의 종속절은 형태적으로 볼 때 설명절의 하나로 볼 수 있겠다. 그러나 순수한 설명절인 ①, ②와 다른 점은 다음과 같다.

첫째, 종속접속어가 ke가 아니고 kvazaŭ이다.

둘째, 종속절이 가정법으로 나타난다. 따라서 사실과 반대되는 것을 가정하고 있음을 나타낸다.

여기서 우리가 하나 주목하여야 할 점은, kvazaŭ가 종속접속어로 쓰일 경우는 여기에서처럼 보어절을 이끌 때와 앞으로 살펴볼 상황어절을 이끌 때의 두 경우가 있으며, 두 경우 모두 그 종속절은 가정법으로 쓰여야 한다는 점이다. 즉, kvazaŭ가 이끄는 종속절은 사실과 반대되는 일을 가정하는 가정절이다.

그리고 지금까지 살펴본 모든 주어절과 목적어절 그리고 대부분의 보어절은 명사적으로 쓰였기 때문에 명사절이라고도 불린다.

마) 수식어절 (ornamanta subpropozicio)

서술어를 제외한 다른 월성분을 수식하는 (직접적으로 꾸미거나 부연해서 설명하는) 수식어의 역할을 하는 종속절을 수식어절이라 한다. 다음을 보자.

① Ĝi estas la libro, kiun mi aĉetis hieraŭ.

(그것은 내가 어제 산 책이다.)

② Ĝi estas la libro, kies aŭtoro estas fama profesoro.

(그것은, 저자가 유명한 교수인, 그 책이다. = 그 책의 저자는 유명한 교수다.)

③ Mi vidis virinon, kian mi longe serĉis.

(나는, 내가 오랫동안 찾던 그러한 여인을 보았다.)

④ Ĉu ekzistas saĝa homo, kiu komprenus tion? (Neniu komprenas tion.)

(그것을 이해할만한 현명한 사람이 존재할까?) (아무도 그 것을 이해하지 못한다.)

⑤ La fakto, ke li amas ŝin, surprizis min.

(그가 그녀를 사랑한다는 사실이 나를 놀라게 했다.)

⑥ Mi ricevis telegramon, ke mi tuj venu al la kunsido.

(나는 그 회의에 곧 오라는 전보를 받았다.)

⑦ Mi aŭdis onidiron, ke li helpus ŝin (, se ŝi petus lin).

(나는 그가 (만약 그녀가 청한다면) 그녀를 도울 것이라는 소문을 들었다.)

⑧ Li skribis la leteron tre fuŝe, ke neniu povis legi ĝin.

(그는 아무도 읽지 못하도록 엉망으로 그 편지를 썼다.)

⑨ Li skribis la leteron tiel, ke neniu povis legi ĝin.

(그는 아무도 읽지 못하게 그 편지를 썼다.)

⑩ La problemo, ĉu li vere aperos aŭ ne, ankoraŭ turmentas ŝin.

(그가 과연 나타날 것인가 아닌가 하는 문제가 아직도 그 녀를 괴롭히고 있다.)

⑪ Mi ne ricevis ordonon, kiam mi revenu.

(나는 내가 언제 돌아가야 하는가 하는 명령을 받지 못했 다.)

⑫ Mi ne aŭdis lian respondon, kiam li komencus la laboron (, se ni interkonsentus, ke li ĝin faru).

(나는, 그가 (만약 그가 그것을 하도록 우리가 합의한다 면) 언제 그 일을 시작할지에 대해 그의 회답을 듣지 못했다.)

⑬ Hodiaŭ matene, kiam li vizitis min, mi estis for.

(오늘 아침 그가 나를 방문하였을 때 나는 집에 없었다.)

⑭ La kato kuras en la ĝardenon, kie estas multaj belaj floroj.

(그 고양이는 많은 아름다운 꽃들이 있는 그 정원 안으로 달려 들어갔다.)

⑮ Tiu, kiu donis ĝin al vi, estas mia amiko.

　(그것을 네게 준 그이는(그 사람은) 내 친구다.)

⑯ Ĉiuj, kiuj sciis la aferon, tre multe koleriĝis.

　(그 사실을 안 모든 사람들은 아주 많이 화가 났다.)

⑰ Tio, kion vi scias, ne estas fakto.

　(네가 알고 있는 그것은 사실이 아니다.)

⑱ Mi ne scias tion, kion vi diras.

　(나는 네가 말하는 것을 모르겠다.)

⑲ (Tiu) Bone ridas, kiu laste ridas.

　(마지막으로 웃는 사람이 잘 웃는 사람이다. = 승자는 끝에 웃는다.)

　위의 ①~④에 쓰인 관계대명사가 이끄는 종속절은 모두 그 선행사를 수식하는 수식어의 역할을 하고 있으므로 수식어절이다. 이때 그 관계절은 주로 직설법으로 나타나지만, 경우에 따라 가정법으로 나타나기도 한다. 간혹 원망법으로 나타나는 일도 있으나 이것은 아주 예외적인 현상이다. (보기: La aŭtoro, kies granda fervoro estu laŭdata, amasigis en sia libro multegan materialon. 그 저자는, 그의 큰 열정은 칭찬받아 마땅하며, 자신의 책 안에 많은 자료들을 수집해 놓았다.)

　⑤~⑨에서 접속어 ke로 이끌리는 종속절 역시 주절의 주어, 목적어를 설명하며 수식하고 있으므로 수식어절이다. 이때에도 그 종속절은 직설법이나 원망법 또는 가정법으로 나타날 수 있다.

　⑩~⑫에서 의문부사 'ĉu'나 'ki-의문사'로 이끌리는 의문절 역시 그 앞에 쓰인 주어, 목적어를 설명하며 수식하고 있으므로 수식어절이다. 이때에도 종속절은 직설법이나 원망법 또는 가정법으로 나타날 수 있다.

　그리고 시각을 나타내는 관계부사 kiam이 이끄는 ⑬의 종속절은 주절의 상황어 hodiaŭ matene를 설명하고 수식하는 수식어 역할을 하고 있으며, 장소를 나타내는 관계부사 kie가 이끄는 ⑭의 종속절 역시 주절의 상황어 en la ĝardenon을 설명하고 수식하는 수식어 역할을 하고 있으므로 모두 수식어절이다.

⑮~⑲에 쓰인 관계절의 수식어절은 'tiu-kiu, ĉiu-kiu, tio-kio'와 같이 그 선행사와 관계사가 상관사로서 짝을 이루는 관계인데, 이럴 경우 이 관계절들은 그 앞의 선행사를 꾸미는 수식어절로 본다. 그리고 이 경우 이해에 지장을 주지 않는 범위 내에서 그 선행사를 생략하기도 한다. (보기 : Kion vi scias, ne estas fakto. Mi ne scias, kion vi diras.)

그리고 ⑲와 같은 표현은 속담이나 격언의 경우인데, 이때에는 가능한 한 짧게 표현하기 위해서 그 주어를 생략하기도 한다.

　바) 상황어절 (situacianta subpropozicio)
　주절의 상황어 역할을 하는 종속절을 이른다.

　상황어 자체가 그러하듯이 상황어절 역시 아주 다양하게 나누어 볼 수 있는데, PAG(에스페란토 문법대계 ; 1980, UEA)에서는 이를 의미적으로 분류하여 아주 자세히 그리고 상당한 분량에 걸쳐 소개하고 있다.

　그러나 이 책에서는 오로지 그 형태만을 기준으로 하여 다음과 같이 분류해 본다.

　1) 종속접속사 'ke'가 쓰인 상황어절

① Mi ĝojas / dankas, ke vi venis tiel frue.
　　(나는 게가 그렇게 일찍 와서 기쁘다 / 고맙다.)

② Mi estas furioza, ke mi staras kiel malpravulo, dum mi

estas prava.

(나는 잘못이 없음에도 불구하고 마치 죄인처럼 서 있다
는 것이 너무 화가 난다.)

③ Trapiku lin, (por) ke li momente falu.

(그가 잠깐 넘어지도록 (그를) 찔러라.)

④ Li kaŝis ĉion, (por) ke neniu malkovru ĝin.

(그는 아무도 찾아낼 수 없도록 모든 걸 숨겼다.)

⑤ La problemo estis (tiel) malfacila, ke neniu povis solvi ĝin.

(그 문제는 너무 어려워서 아무도 풀지 못했다.)

⑥ Subite regis (tia) silento, ke ne blovis eĉ vento.

(갑자기 침묵이 흘렀고, 바람조차 불지 않았다.)

위의 보기들에서 'ke' 이하의 종속절이 모두 주절 서술어의
상황을 나타내는 상황어 역할을 하고 있는데, 보기 ①, ②는
원인이나 이유, 보기 ③, ④는 목적, 그리고 ⑤, ⑥은 결과를
나타낸다.

원인이나 이유를 나타내는 'ke'가 쓰일 때에는 주절에 tial,
pro tio 등을, 결과를 나타내는 경우에는 주절에 tiel,
tiamaniere, tia 등을 덧붙이기도 한다. 그리고 목적을 나타낼
때에는 종속절에 원망법(명령법)을 사용하고 'ke' 앞에 전치사
'por'를 덧붙이기도 한다.

2) 종속접속사 'ĉu... ĉu...'가 쓰인 상황어절

① Ĉu li estas al ni amiko, ĉu malamiko, ni akceptos lin kiel
gaston.

(그가 우리에게 친구이든 적이든, 우리는 그를 손님으로
받아들일 것이다.)

② Ĉu li faris tiel pro amo, ĉu pro fiereco, la rezulto detruis lin.

(그가 겁이 나서 그랬든 교만해서 그랬든, 그 결과는 그를 망치고 말았다.)

③ Ĉu ni iru kun li, ĉu sen li, ni decidu per voĉdono.

(그와 함께 갈 것인지 아닌지, 우리는 투표로 결정하자.)

Ĉu가 단순히 의문을 나타내는 일반의문문의 의문부사로 쓰이지 않고, 이렇게 'ĉu... ĉu...'의 형태로 쓰여 하나의 절을 이끌게 되면, 이것은 상황어로 쓰인 종속절(즉, 상황어절)이 되는데, 이때 그 의미는 의심스럽거나 불확실한 선택, 또는 양자택일의 선택이 된다.

3) 관계사가 쓰인 상황어절

관계사가 이끄는 관계절이 하나의 상황어로 쓰이는 것이다. 이에는 장소를 나타내는 것과, 시간을 나타내는 것, 그리고 방법이나 수량을 나타내는 것 등이 있다.

3-1) 장소를 나타내는 상황어절

이것은 이것은 kie, kien, de kie, ĝis kie의 물음에 답이 되는 것이다.

그리고 'tie-kie, tien-kien, de tie-kie, ĝis tie-kie' 등 한 쌍의 상관사가 지시사와 관계사로 나타나는 경우에는 뒤의 종속절은 모두 앞의 지시사(tie, tien 등)를 꾸미는 수식어절로 본다.

그러나 그 지시사가 생략될 경우에는 그 종속절 자체가 상황어절로 취급된다.

물론 두 가지 경우 모두 의미적으로는 상황어로 쓰이는 종속절이다.

① La rato kuris tien, kie ludas la kato. [수식어절]

(그 쥐는 그 고양이가 놀고 있는 그곳으로 달려갔다.)

② La rato kuris (tien), kien kuris ankaŭ la kato. [상황어절]

(그 쥐는 그 고양이도 달려간 곳(그곳)으로 달려갔다.)

그리고 다음 ③, ④의 종속절과 같이, 장소의 뜻을 가진 선행사(여기서는 ĝardenon과 supren)를 수식하는 관계절도 상황어절이 아니고 수식어절이다. (수식어절 참조)

③ La rato kuris en la ĝardenon, kien kuris ankaŭ la kato.

(그 쥐는 정원 안으로 달려갔으며, 그 고양이도 그곳으로 달려갔다.)

④ La rato kuris supren, kien kuris ankaŭ la kato.

(그 쥐는 위로 달려갔으며, 그 고양이도 그곳으로 달려갔다.)

이때 ③의 관계부사 kien은 en kiun(전치사+관계대명사)으로 바꾸어 나타낼 수도 있다.

3-2) 시간을 나타내는 상황어절

이것은 kiam, de kiam, ĝis kiam, kiel longe 따위의 물음에 답이 되는 것인데, 접속어로는 kiam, se (이때 se의 뜻은 '-할 때, -할 경우'이다), kiomfoje, post kiam, antaŭ ol, apenaŭ, de kiam, ĝis, dum 따위가 쓰인다.

① Kiam mi vidis lin, li estis tute malseka.

(내가 그를 보았을 때, 그는 흠뻑 젖어 있었다.)

② Ĉu vi min ĉiam helpos, se mi vin petos?

(너는, 내가 부탁하면, 언제라도 날 도와주겠니?)

③ Kiomfoje li ŝin rememoris, liaj okuloj pleniĝis de larmoj.

(몇 번이고 그녀를 회상할 때마다, 그의 눈은 눈물로 가득 찼다.)

④ Li ekiris, post kiam ŝi forlasis la domon.

(그녀가 그 집을 떠난 후에 그는 출발했다.)

⑤ Li forlasis la domon, antaŭ ol ŝi vizitis lin.

(그녀가 그를 찾아오기 전에 그는 그 집을 떠났다.)

⑥ Li restas muta, de kiam li spertis la akcidenton.

(그가 그 사고를 당했을 때부터 그는 말이 없다.)

⑦ Legu la libron, ĝis mi revenos.

(내가 돌아올 때까지 책을 읽고 있어라.)

⑧ Ŝi senĉese ridegis, dum li parolis al ŝi.

(그가 그녀에게 말을 하고 있을 동안 그녀는 쉬지 않고 웃었다.)

그리고 앞에서 살펴본, 장소를 나타내는 상황어절에서와 마찬가지로, 종속절이 다음 ⑨~⑪과 같이 tiam-kiam으로 연결되거나 (즉, 한 쌍의 상관사가 지시사와 관계사로 쓰이거나) 또는 앞의 상황어를 수식하는 관계절로 나타날 경우에는 그것을 상황어절로 보지 않고 수식어절로 취급한다.

⑨ Li vizitis min hieraŭ vespere, kiam mi estis ekironta.

(그는 내가 막 출발하려던 어제 저녁에 나를 찾아왔다.)

⑩ Li vizitis min en la momento, kiam mi estis ekironta.

(그는 내가 막 출발하려던 순간에 날 찾아왔다.)

⑪ Li vizitis min hieraŭ vespere, kiam mi estis ekironta.

(그는 내가 막 출발하려던 어제 저녁에 나를 찾아왔다.)

이때 ⑩에서 접속어로 쓰인 관계부사 kiam을 en kiu(전치사+관계대명사)로 바꾸어 나타낼 수도 있다.

3-3) 방법이나 수량을 나타내는 상황어절

다음의 예문에 쓰인 종속절은 모두 주절의 상황어로 쓰인 상황어절인데, 종속접속사로는 주로 kiel, kiom 등이 쓰이며, 그 뜻은 방법이나 수량 등을 나타낸다.

① Li baraktis kiel fiŝo ekster la akvo.
　　(그는 물 밖으로 나온 물고기처럼 몸부림쳤다.)
② Ŝi estas bela kiel anĝelo.
　　(그녀는 천사처럼 예쁘다.)
③ Li fariĝis kiel ŝtono.
　　(그는 돌처럼 굳어졌다.)
④ Donu al mi la eblon morti kiel kristano.
　　(나에게 크리스천으로 죽을 수 있는 기회를 달라.)
⑤ Kiel (Kiom) ajn malmulte vi pagos, mi estos kontenta.
　　(당신이 얼마나 적게 지불하더라도 나는 만족할 것이다.)
⑥ Li prenis fruktojn, kiom li povas preni.
　　(그는 가능한 한 최대로 많이 과일을 취했다.)
⑦ Oni akceptis lin kiel reĝon.
　　(사람들은 그를 왕으로 맞이했다. (실제 그가 왕이다.))

그리고 앞에서 살펴본, 장소와 시간을 나타내는 상황어절에서와 마찬가지로, 종속절이 다음 ⑧~⑪과 같이 'tiel-kiel, tiom-kiom'으로 연결되거나 (즉, 한 쌍의 상관사가 지시사와 관계사로 쓰이거나) 또는 앞의 상황어를 수식하는 관계절로 나타날 경우에는 그것을 상황어절로 보지 않고 수식어절로 취급한다.

⑧ Li agas tiel, kiel plaĉas al li.
　　(그는 자기 마음에 드는 대로 행동한다.)

⑨ Ŝi estas tiel bela, kiel la patrino.
(그녀는 어머니만큼 예쁘다.)

⑩ Manĝu tiom, kiom vi povas.
(먹을 수 있는 만큼 먹어라.)

⑪ Li amis ŝin vere elkore, kiel neniu povas fari tiel.
(그는 아무도 그렇게 하지 못할 정도로 그녀를 진심으로 사랑했다.)

4) 기타 종속접속사가 쓰인 상황어절
대부분의 종속접속사가 이에 해당한다. (II-나. 품사법 (아)접속사 참조)

① Ĉar vi venis tro malfrue, vi ne povas ricevi vian porcion. [조건]
(네가 너무 늦게 왔기 때문에, 너는 네 몫을 받을 수 없다.)

② Kiam vi mensogis, oni rajte vin punis. [조건]
(네가 거짓말을 했기에, 사람들이 너를 벌한 것은 정당했다.)

③ Mi donus al vi multan monon, se mi fariĝus riĉulo. [가정]
(내가 부자가 된다면 네게 많은 돈을 줄 텐데.)

④ Se vi ne semos, vi ne rikoltos. [조건]
(네가 씨를 뿌리지 않으면, 너는 수확할 수 없을 것이다.)

⑤ Mi scias nenion, kvankam mi multe lernis. [양보]
(나는 비록 많이 배웠지만 아무것도 모른다.)

⑥ Li eliris, malgraŭ (spite) ke lia patro malpermesis. [양보]
(비록 그의 아버지가 금지했음에도 불구하고 그는 나갔다.)

⑦ Ni ekskursos, eĉ se la vetero estos malbona. [양보]

(비록 날씨가 안 좋더라도 우리는 소풍을 갈 것이다.)

⑧ Oni akceptis lin kvazaŭ reĝon. [가정]

(사람들은 그를 왕으로 맞이했다. (실제 그는 왕이 아니다.))

⑨ Vi devas konduti, kiel se vi estus malriĉulo. [가정]

(너는 가난뱅이인 것처럼 행동해야 한다.)

5) 비교와 최상을 나타내는 상황어절

PAG(1980, UEA: §262-263)에 따르면, 비교의 상황어절은 아주 다양한 모습으로 나타난다. 이들은 크게 지시적 비교(indika komparo)와 가정적 비교(supoza komparo)로 나눌 수 있다. 지시적 비교란 무엇을 어떤 사실적인 것에 비교하는 것이며, 가정적 비교란 어떤 가정적인 것에 비교하는 것이다. 또한 비교를 동등비교(samgradiga komparo)와 차등비교(disgradiga komparo)로 나눌 수도 있으며, 의미적으로는 행동비교, 품질비교, 사물비교, 방법비교, 수량비교 등 여러 가지로 더 나눌 수도 있다. 그러나 이러한 자세하고도 복잡한 분류가 과연 필요한 것이며 적당한 것인지 의심스럽다.

우리는 여기서 통어론적인 관점에서 비교의 상황어절을 살펴보려 하기 때문에, PAG에서와 같은 의미론적인 관점은 적당하지 않다. 그뿐만 아니라, 의미론적인 관점에 따르자면 그 분류가 위에 제시한 것 외에도 거의 무한하게 더 세분될 수 있으나, 이러한 분류는 문법을 걷잡을 수 없을 정도로 복잡하게 만드는 결과를 낳는다. 따라서 여기서는 순수 통어론적 관점에서 비교의 상황어절을 살펴볼 것이다. 다만 PAG에서의 분류가 대체로 어떠한 것인지를 보여주기 위해 끝에 보기를 하나씩 들어 둔다.

비교의 상황어절을 살펴보기 위해 다음과 같은 도표를 만들어 보았다. 최상급은 사실 비교의 상황어절과는 관계가 없다. 최상급은 복문으로 표현되지 않고 단문으로 표현된다. 즉, 최상급은 단지 부사 plej만으로 표현될 뿐이다.

종류	형식	
우등비교	pli + 형,부 + ol + 대상	
열등비교	malpli + 형,부 + ol + 대상	
동등비교	tiel same egale samgrade + 형,부 + kiel + 대상	
	tia (수식어나 보어) ~ + kia + 대상	
우등최상	plej + 형,부 + el / en, sur + 무리 / 장소	
열등최상	malplej + 형,부 + el / en, sur + 무리 / 장소	

(보기)

① Li estas pli sana, ol mi.

　(그는 나보다 더 건강하다.)

② Li kantas malpli bele, ol mi.

　(그는 나보다 덜 예쁘게 노래한다. = 그는 나보다 노래를 못 부른다.)

③ Li estas tiel alta, kiel mi.

　(그는 나만큼 키가 크다. = 그는 나와 키가 같다.)

④ Ŝi havas tian floron, kian mi havas.

　(그녀는 내가 가진 것과 같은 꽃을 가지고 있다.)

⑤ Mi estas la plej diligenta el ni.

　(나는 우리들 가운데서 가장 부지런하다.)

⑥ Mi estas la malplej diligenta en mia klaso.

　(나는 우리 반에서 가장 덜 부지런하다. = 나는 우리 반

에서 가장 게으르다.)

대상이라는 것은 하나의 낱말(주로 명사)이 될 수도 있고, 하나의 월이 될 수도 있다. 다음은 대상이 하나의 월로 되어 있는 보기들이다.

① Li estas nun pli diligenta, ol li estis antaŭe.
   (그는 지금, 예전보다 더 부지런하다.)
② La rato kuris tiel rapide, kiel kuris la kato.
   (그 생쥐는 고양이가 달리는 것만큼 빨리 달렸다.)
③ Ŝi estas tia, kia estis ŝia patrino. (이 경우는 비교의 보어절이다.)
   (그녀는, 그녀의 어머니가 그랬던 것처럼 그렇다.)

[참고 : PAG에서의 분류]

[지시적 비교]
- Li naĝas kiel fiŝo. [주어의 동등. 행동비교, 같은 동사로]
- Li amas lin kiel filon. [목적어의 동등. 행동비교, 같은 동사로]
- Li pensas eĉ nun, kiel (li pensis) en la infaneco. [상황어의 동등. 행동비교, 시제가 다른 동사로]
- Li hezitas kiel tiam, kiam li alparolas virinon. [주어의 특성적 행동을 어떤 실제 상황에 비교]
- Vi parolas, kiel se vi konfesas iun gravan sekreton. [위와 같음]
- Li malaperis en mallumon, kiel nebulo malaperas sub la suno. [동등. 행동비교, 다른 동사로]
- Ĉio okazis, kiel mi deziris. [동등. 행동비교, 마음속으로]

- Ŝi havas manojn blankajn kiel neĝo. [동등. 품질비교, 형용사 수식어로]

- Ŝiaj manoj estas blankaj kiel neĝo. [동등. 품질비교, 보어로]

- Lia pugno estas kiel fero. [동등. 사물비교, kiel+보어로]

- Li estas tia sama homa, kiel mi. [동등. 사물비교, kiel+낱말로]

- Restu ĉiam tia, kia vi estas. [동등. 사물비교, kia+절로]

- Li verkas poemon tiel turmente, kiel virino naskas infanon. [동등. 방법비교]

- Mi gajnis tiom, kiom vi perdis. [동등. 수량비교]

- Mi estas tiel stulta, kiel li. [동등. 측량비교, 다른 사람끼리]

- Li estas tiel stulta, kiel bela. [동등. 측량비교, 한 사람의 특성들끼리]

- Kiel vi semas, tiel vi rikoltos. [동등. 평행비교]

- Ju pli multe oni havas, des pli multe oni avidas. [동등. 평행비교]

- Mi venis kiel delegito. [동등. 행동일치]

- Mi restas ĉe tiu sama opinio, kiun mi esprimis hieraŭ. [동등. 품질일치, 관계절로]

- Li restas tiu sama infaneca homo, kiel antaŭe. [동등. 품질일치, kiel 다음에 하나의 낱말로써]

- Mi amas vin pli ol lin. [차등. 행동비교]

- Lia mieno estis pli luma ol la suno. [차등. 품질비교]

- Li trovis la juvelon pli facile, ol oni trovas akvon. [차등. 방법비교]

- Vi ricevis pli multe ol mi. [차등. 수량비교]

- Li estas pli sana, ol mi. [차등. 측량비교, 다른 사람들끼리]

- Li estas pli malica, ol saĝa. [차등. 측량비교, 한 사람의 특성들끼리]

- Mi preferas resti silenta, ol paroli. [차등. 비평행비교]

- Ju pli oni avidas, des malpli oni perdas. [차등. 비평행비교]

- Venis alia homo, ol (tiu) kiun mi atendis. [차등. 불일치]

[가정적 비교]

- Neniam oni estas tiel malfeliĉa, kiel se oni perdis sian infanon. [이론적 경우 비교]

- Li veis, kiel se al iu oni eltiras la dentojn. [가능한 경우 비교]

- Ili amis sin reciproke, kvazaŭ ili estus fratoj. [가상적 경우 비교]

III-다-4. 주어문과 무주어문 (frazo kun mastranto, frazo sen mastranto)

보통의 월은 모두 주어를 가지고 있다. 그러나 특별한 경우에는 주어가 쓰이지 않는다. 바로 이 점이 에스페란토의 특징 가운데 하나이다. 여기서는 무주어문에 대해서만 알아본다.

무주어문이란 논리적으로 주어가 없는 월이다. 이것은 주어가 생략된 것과는 구별되어야 한다. 즉, 생략되었다는 것은 본래 있긴 하되 그 순간 생략되었다는 뜻인 반면, 없다는 것은 본래 존재하지 않는다는 뜻이다. 무주어문은 다음의 경우에 쓰인다.

① 기상 표현의 경우

Pluvas. Neĝas. Tondras. (비가 온다. 눈이 온다. 천둥이 친다)

② 감각 표현의 경우

Estas varme. Estas freŝe. (덥다. 시원하다.)

③ 자신의 뜻이나 어느 일에 적당함을 나타내는 경우

Estas bone. Estas necese. (좋다. 필요하다.)

④ 관용적 표현의 경우

Temas pri Esperanto-movado. (에스페란토 운동에 대해서 다.)

Se plaĉas al vi, ... (네 마음에 들면, ...)

Kiel plaĉas al vi? (네 마음에 드느냐?)

Ili, ŝajnas, devis fari tiel. (그들은, 아마도, 그렇게 해야만 했던 것 같다.)

위의 보기들 가운데서 우리가 주의하여야 할 것은 ②와 ③의 경우이다. 이러한 경우에는 그 보어를 형용사로 하지 않고 부사로 한다. 우리는 보어를 부사로 할 경우와 이 경우를 혼동하지 말아야 한다. 참고로 보어를 부사로 할 경우를 알아보면 다음과 같다.

① 무주어문의 경우.

② 주어가 절이나 불변화사(neŝangmodalo, infinitivo)로 되어 있을 경우.

이것은 즉, 다음과 같은 월은 무주어문이 아니라는 뜻이다.

① Estas bone, ke li lernas Esperanton.

(그가 에스페란토를 배운다는 것은 좋(은 일이)다.)

② Mensogi estas malbone.

(거짓말하는 것은 나쁘다.)

위의 ①과 무주어문 ③의 "Estas bone."와는 구별되어야 한다. 위의 ①은 ke가 이끄는 절이 주어로 존재하며, 그 뜻은

"그가 에스페란토를 배운다는 것은 좋은 일이다"인 반면, 무주어문 ③의 뜻은 "(나의 기분이나 상황이) 좋다"이다. 이것을 구별하기는 쉽다. 즉, "Estas bone."로 끝날 경우는 무주어문이고, 그렇지 않고 그 뒤에 ke가 이끄는 주어절의 종속절이 따르게 되면, 그것은 보어를 부사로 할 경우에 속하는 것이다.

무주어문과 관련하여 우리가 하나 생각해 보아야 할 것이 있으니, 그것은 다음과 같은 월들을 어떻게 처리하는가 하는 문제이다.

① Estas la sepa posttagmeze. (오후 7시다.)
② Estas printempo. (봄이다.)
③ Estas tempo iri al lito. (잠자리에 들 시각이다.)

위의 월들에 쓰인 동사 esti는 그 본래적인 쓰임이 두 가지가 있으니, 첫째는 이른바 완전자동사로서 '존재'를 뜻한다. 한국어로 '있다'로 번역된다. 그리고 둘째 쓰임은 이른바 불완전자동사로서 '바꾸어 말함'(연결사)을 뜻한다. 한국어로는 '이다'로 번역된다. 그러면 위에 쓰인 esti는 이 가운데 어느 뜻으로 쓰인 것일까? 결론부터 말하자면 그 어느 뜻으로도 쓰이지 않았다. 완전자동사로 쓰였다면 그 뒤의 말들이 주어가 되며 그 뜻은 "오후 7시가 있다"와 "봄이 있다" 그리고 "잠자리에 들 시각이 있다"가 되는데, 아무래도 어색한 설명이다. 그리고 불완전자동사로 쓰였다면, 그 뒤의 말들이 주어 아니면 보어라는 말이다. 그것이 주어라면 보어가 없는 것이고, 그와는 반대로 그것이 보어라면 주어가 없는 것이다. 이것 역시 문법적으로 옳은 설명이 되지 못한다.

그러면 이것을 무주어문의 하나로 보든지, 아니면 잘못된 월로 처리할 수밖에 없다. 그러나 이것은 우리가 이제까지 알아본 무주어문의 범주에는 속하지 않으므로 일단 무주어문의 하나로 보는 방법은 제쳐두자. 그렇다면 이것은 잘못된 월일까? 그렇지 않다. 왜냐하면 지금까지 많은 사람들이 이 말을 많이 써 왔기 때문이다. 어떻게 해서라도 우리는 이것을 문법적으로 설명해 보아야 한다.

이것을 해결하는 방법으로 우리는 동사 esti의 기능 가운데 '시제지시'(tenso-indiki)의 기능을 하나 더 추가하는 방법을 택하고자 한다. 즉, esti가 단순히 '시제를 나타내는' 문법적인 기능만을 한다는 것이다. 한국어로는 '이다'로 번역될 것이다. estas가 쓰이면 '현재'라는 문법적 뜻만을 나타내고, estis가 쓰이면 '과거'라는 문법적 뜻만을, 그리고 estos가 쓰이면 '미래'라는 문법적 뜻만을 나타낼 뿐이다. 다시 말해 <estas = as, estis = is, estos = os>로 보는 것이다. (참고 : PAG(§193)에서는 위의 ①과 ②에서 뒤의 명사가 주어인 것으로 본다.)

III-다-5. 직설문, 원망문, 가정문 (indika frazo, vola frazo, supoza frazo)

서법에 따른 분류인 직설문, 원망문, 가정문에 대해서는 굴곡법 가운데 변화법에서 이미 설명하였다.

III-다-6. 평서문과 의문문 (deklara frazo kaj demanda frazo)

물음말의 있고 없음에 따라 의문문과 평서문이 나뉜다. 평서문은 의문문이 아닌 모든 월이며, 또한 그것은 이미 우리가 잘 알고 있기 때문에 여기서는 의문문만을 알아보도록 한다.
의문문은 다시 일반의문문과 특수의문문으로 나뉜다.

가) 일반의문문 (ĉu-demanda frazo)
일반의문문이란 의문부사 'ĉu'로 만들어지는 의문문으로서,

평서문 앞에 이 의문부사를 쓴다. 그리고 이 의문문은 그 월의 진위(眞僞)를 묻는 의문문으로, 대답에는 Jes(긍정)나 Ne(부정)가 쓰인다. 다음을 보자.

① Ĉu li laboras diligente?
   (←Li laboras diligente.)
   (그는 부지런히 일하느냐?)
② Ĉu li ne laboras diligente?
   (←Li ne laboras diligente.)
   (그는 부지런히 일하지 않느냐?)
③ Jes, li laboras diligente.
   (그래/아니, 그는 부지런히 일한다.)
④ Ne, li ne laboras diligente.
   (아니/그래, 그는 부지런히 일하지 않는다.)

위의 ①과 ②는 각각 괄호 안에 든 평서문에 Ĉu가 붙어 의문문이 된 것으로, ①은 긍정의 의문문이며, ②는 부정의 의문문이다. 그에 대한 답은 ③이나 ④ 가운데 어느 하나이다. 부정의 의문문에 대한 답을 하는 방법이 한국어에서와는 다르니, 한국어에서는 묻는 사람의 뜻에 찬동할 경우 '예'를 쓰고, 그렇지 않을 경우 '아니요'를 쓰지만, 에스페란토에서는 묻는 말에는 상관없이 자신의 답이 긍정문일 경우에 Jes를 쓰고, 부정문일 경우엔 Ne를 쓴다.

   나) 특수의문문 (ki-demanda frazo)
   특수의문문이란 의문사(kio, kiu, kia, kie, kiam, kiel, kial, kiom, kies)가 쓰인 의문문으로, 그 월의 진위를 묻는 것이 아니고, 어느 특정한 정보를 요구하는 의문이다. 그러므로 그 답에는 Jes나 Ne가 쓰이지 않고, 대신 요구되는 정보가 주어져야 한다. 다음을 보자.

① Kiu vi estas? ─ Mi estas Petro. [사람, 사물의 개체를 물음]

(너는 누구냐? ─ 나는 페트로다.)

② Kio estas tablo? ─ Tablo estas meblo. [개념, 사물을 물음]

(책상이 무엇이냐? ─ 책상은 가구다.)

③ Kia estas Esperanto? ─ Ĝi estas facila. [성질, 형용을 물음]

(에스페란토는 어떠하냐? ─ 그것은 쉽다.)

④ Kie estas via patro? ─ Li estas en la ĉambro. [장소를 물음]

(네 아버지는 어디 계시느냐? ─ 그분은 방 안에 계신다.)

⑤ Kiam li venos? ─ Li venos morgaŭ. [시각·시간을 물음]

(그는 언제 올 것인가? ─ 그는 내일 올 것이다.)

⑥ Kiel vi fartas? ─ Mi fartas bone. [방법, 상태, 정도를 물음]

(너는 어떻게 지내느냐? ─ 나는 잘 지낸다.)

⑦ Kial li ridas? ─ Li ridas, ĉar li estas feliĉa. [이유를 물음]

(그는 왜 웃는가? ─ 그는 행복하기 때문에 웃는다.)

⑧ Kiom vi manĝis? ─ Mi manĝis multe. [수량을 물음]

(너는 얼마나 먹었느냐? ─ 나는 많이 먹었다.)

⑨ Kies libro estas ĝi? ─ Ĝi estas lia libro. [소유를 물음]

(그것은 누구의 책이냐? ─ 그것은 그의 책이다.)

에스페란토의 의문사는 위의 아홉 가지뿐이다. 이 의문사는 이른바 상관사 45개 가운데 포함되어 있다. 각 의문사의 뜻은 위에 밝힌 바와 같다. 여기서 우리가 주의하여야 할 점이 몇 가지 있으니, 다음과 같다.

첫째, 많은 사람들이 kiu를 사람에게만 쓰이는 의문사인 양 잘못 알고 있는데, 그렇지 않다. kiu의 본래의 뜻은 사람이나 사물의 개체에 대해 그 존재나 신분을 묻는 말이다. 그러므로 "Kiu estas tablo?"라는 말은 틀린 말이 아니다. 이것은 "어느 것이 책상이냐?"라는 말로서, "책상이 무엇이냐?"의 뜻인 "Kio estas tablo?"와는 다르다.

둘째, kiel이 상태도 나타내므로, "Kiel li vivas?—Li vivas feliĉe."(그는 어떻게 살고 있나?—그는 행복하게 살고 있다.)나 "Kiel li manĝas?—Li manĝas rapide."(그는 어떻게 먹는가?—그는 빨리 먹는다.) 뿐만 아니라, "Kiel li estas?—Li estas sekure."(그는 어떻게 있나(어떤 상태로 있나)?—그는 안전하게 있다.)에서처럼 esti 동사와도 함께 쓰일 수 있다.

셋째, 정도를 묻는 말은 kiom이 아니라 kiel이다. kiom은 수량을 묻는 말이며 정도를 물을 때는 쓰이지 않는다. 그러므로 "Kiom bela ŝi estas?"라는 표현보다는 "Kiel bela ŝi estas?"라는 표현이 더 좋은 표현이다.

넷째, 의문사 중에 "kiu kio kia kies kie kiam"은 관계사로도 쓰인다.

다) 그 밖의 의문문

의문문에는 일반의문문과 특수의문문의 분류 외에, 다른 관점에 따른 분류로 부가의문문과 종속의문문이 있다.

부가의문문(aldona demando)이란 평서문 뒤에 붙은 'ĉu ne?'라는 의문문으로, 그것은 그 월 전체를 의문문으로 만들어 주며, 그 뜻은 '그렇지 않습니까?'로 확인의 뜻을 가지고 있다. 이 부가의문문은 앞에 오는 평서문이 긍정문이든 부정문이든 늘 'ĉu ne?'가 된다.

그리고 종속의문문(dependa demando)이란, 의문문이 복문의 종속절로 쓰이고 있을 때에 이르는 이름이다. 부가의문문과는 달리 이 종속의문문은 그 복문 전체를 의문문으로 만들어 주지는 못한다. 물론 주절 자체가 의문문일 경우는 별개의 문제이다. 다음을 보자.

① Mi ne scias, ĉu li vere venos aŭ ne.
(나는 그가 정말로 올 것인지 안 올 것인지 모른다.)
② Ĉu vi scias, ĉu li vere venos aŭ ne?
(너는 그가 정말로 올 것인지 안 올 것인지 아느냐?)

위의 ①은 의문문이 평서문 주절의 종속절로 쓰인 경우이며, ②는 의문문이 의문문 주절의 종속절로 쓰인 경우이다. 그리하여 ①은 전체가 평서문이 되고, ②는 전체가 의문문이 된다.

III-다-7. 긍정문과 부정문 (jesa frazo kaj nea frazo)

부정어의 있고 없음에 따라 부정문과 부정문으로 나눌 수 있다. 긍정문은 더 언급하지 않아도 될 것으로 믿으며, 여기서는 부정문에 대해 알아보고자 한다.

부정어로는 동사를 부정하는 부사 ne와 상관사에 포함되어 있는 부정어 9개가 있다 (neniu, nenio, nenia, nenie, neniam, neniel, nenial, neniom, nenies). 그리고 이 밖에도 부사 apenaŭ가 부정의 뜻을 나타낼 때도 있다. 다음을 보자.

① Mi ne scias ĝin.
(나는 그것을 모른다.)
② Mi renkontis ne lin, sed lian patron.
(나는 그가 아니라 그의 아버지를 만났다.)
③ Mi scias nenion.

(나는 아무것도 모른다.)

④ Mi ne scias ĉion.

(나는 모든 것을 알지는 못한다.)

⑤ Mi apenaŭ aŭdas vin.

(나는 너의 말을 잘 들을 수 없다.)

위의 ①은 부정부사 ne가 동사 앞에 쓰여서 동사를 부정하고 따라서 그 월 전체를 부정하게 되는 전형적인 부정문이다. 반면 ②에는 부정부사 ne가 동사 앞에 쓰이지 않고 명사 목적어 앞에 쓰여 그 목적어만을 부정하는 부정문이 되어 있다. 그리고 ③에 쓰인 부정대명사 nenio는 그 대명사 자체가 부정의 대명사이다. 이러한 대명사는 한국어에는 없기 때문에 개념적으로 이해하기에 어려움이 있을 것 같기도 하다. 어쨌든 상관사에 포함된 이러한 부정대명사나 부정부사가 쓰이면 이른바 완전부정이 된다. 반면 ④의 부정문은 이른바 부분부정으로서, 이때에는 상관사 가운데 전체를 나타내는 'ĉiu, ĉio, ĉia, ĉie, ĉiam, ĉiel, ĉial, ĉiom, ĉies'가 쓰인다. 즉, 'ne+전체를 나타내는 상관사'는 부분부정이고, '부정의 상관사'는 완전부정이다. 그리고 ⑤의 apenaŭ는 본래 '겨우'라는 뜻의 부사이지만 이것은 위와 같이 부정의 뜻을 나타내는 일이 흔하다. 위의 뜻은 '잘 들리지 않는다, 잘 못 알아듣겠다' 정도의 뜻으로 전화상의 대화에 주로 쓰인다. apenaŭ의 쓰임을 몇 가지 더 알아보면 다음과 같다 : Mi apenaŭ komprenas vin. (당신을 잘 이해할 수 없습니다.) ; Ŝi apenaŭ povis marŝi. (그 여자는 겨우 걸을 수 있었다. / 그 여자는 잘 걸을 수 없었다.)

III-라. 구의 종류 (Specoj de vortopo)

구(句, vortopo, sintagmo)란 낱말과 절의 중간 단계다. 즉, 두

개 이상의 낱말이 모여 있긴 하되 절과 같이 '주어-술어'의 관계를 이루지는 못하는 것이다.

언어에 따라서는 구라는 문법범주가 상당히 중요한 의미를 가지는 언어도 있고, 그렇지 않은 언어도 있다. 우리 한국어에 있어서는 구라는 것이 사실 별로 필요 없는 범주이다. 그리고 에스페란토에 있어서도 구라는 것이 그렇게 중요한 문법범주가 되지는 않는다. 우리가 앞으로 살펴볼 구에 있어 가장 중요하게 등장하는 것이 이른바 불변화사구와 분사구 그리고 전치사구 등이다. 그러나 이러한 것들은 굳이 구라는 범주를 설정하지 않더라도 굴곡법의 불변화법이나, 파생법의 분사법 또는 전치사의 설명 부분에서 충분히 다루어지기 때문에 아무 문제가 없다. 그뿐 아니라 이러한 구가 에스페란토에 있어 그 자체 한 단위로 어떤 독특한 문법 현상을 나타내지도 않기 때문에 굳이 구를 특별히 취급하지 않아도 좋겠다.

그러므로 여기서는 간단히 소개하는 정도로 그친다.

구의 종류는 분류하는 학자에 따라 여러 가지로 나뉠 수 있는데, 여기서는 형태와 기능에 따라 분류해 본다.

III-라-1. 형태에 따른 분류

- 부사구 (situacivorta vortopo)
- 접속사구 (ligvorta vortopo)
- 불변화사구 (neŝanĝmodala vortopo)
- 분사구 (transmodala vortopo)
- 전치사구 (antaŭpozvorta vortopo)

부사구란 부사가 이끄는 구이며, 접속사구는 접속사가 이끄는 구이다. 그리고 불변화사구란 동사의 불변화사가 이끄는 구를 말하며, 분사구는 동사의 분사가 이끄는 구를 말한다. 그

리고 전치사구는 전치사가 이끄는 구이다. 보기를 들면 다음
과 같다.

①　Responde al lia demando, mi nur ridis. [부사구]
　　(그의 물음에 대한 답으로 나는 다만 웃었을 뿐이다.)
②　Ŝi estas, kvankam malriĉa, tre feliĉa. [접속사구]
　　(그녀는, 비록 가난하지만, 아주 행복하다.)
③　Viziti lin estas unu el miaj taskoj. [불변화사구]
　　(그를 방문하는 것은 나의 임무 가운데 하나다.)
④　Legante la libron, mi multe ploris. [분사구]
　　(그 책을 읽으면서 나는 많이 울었다.)
⑤　Ĝi estas la libro de mia patro. [전치사구]
　　(그것은 나의 아버지의 책이다.)

III-라-2. 기능에 따른 분류

- 주어구 (mastranta vortopo)
- 목적어구 (celata vortopo)
- 보어구 (klarighelpanta vortopo)
- 수식어구 (ornamanta vortopo)
- 상황어구 (situacianta vortopo)

기능적 분류에 의해 나누어진 구를 하나하나 살펴보기로 한
다.

　가) 주어구 (mastranta vortopo)
구 가운데 주어처럼 쓰이는 것을 이른다. 다음을 보자.

①　Ami iun estas agrabla afero.

(누군가를 사랑한다는 것은 유쾌한 일이다.)

위의 보기에서 'ami iun'은 불변화사구가 하나의 주어구를 이루고 있는 보기이다.

그러나 불변화사 하나만으로 주어처럼 쓰일 때에는 (보기: Mensogi estas malbone.) 주어구라 하지 않고 그냥 주어라 한다. 영어문법에서는 이른바 부정사(에스페란토의 infinitivo)를 하나의 구로 취급하는데, 이것은 그 부정사의 짜임이 <to+동사원형>으로, 두 개의 낱말로 이루어져 있기 때문이다. 그러나 에스페란토에서는 불변화사가 하나의 낱말로만 이루어져 있기 때문에 이것을 하나의 구로 보지는 않는다.

그러나 오늘날의 변형생성문법(*Transformational Generative Grammar*)에서는 명사나 대명사 그 자체를 명사구의 하나로 취급하는데, 이러한 관점에서 보자면 모든 명사나 대명사뿐 아니라 에스페란토의 불변화사도 하나의 구로 볼 수 있을 것이다. 그러나 여기서는 이 관점을 따르지 않기로 한다.

그리고 주어구는 명사의 기능을 하므로 명사구라 부르기도 한다.

나) 목적어구 (celata vortopo)
구 가운데 목적어처럼 쓰이는 것을 이른다. 다음을 보자.

① Ŝi amas <u>aŭskulti popularan muzikon</u>.
   (그녀는 대중음악을 듣기를 좋아한다.)

위의 보기에서 'aŭskulti popularan muzikon'은 불변화사구로서 목적어구로 쓰이고 있다. 이것은 앞에서 살펴본 주어구와 마찬가지로 명사적 역할을 하고 있으므로 명사구라고도 한다.

다) 보어구 (klarighelpanta vortopo)

구 가운데 보어처럼 쓰이는 것을 이른다. 다음을 보자.

① Ami iun estas <u>havi intereson pri li/ŝi</u>.

(누군가를 사랑하는 것은 그에 대해 관심을 가지는 것이다.)

위의 보기에서 'havi intereson pri li/ŝi'는 보어구로 쓰이고 있다. 이것 역시 명사의 역할을 하기 때문에 명사구라고도 한다.

라) 수식어구 (ornamanta vortopo)

구 가운데 수식어처럼 쓰이는 것을 이른다. 다음을 보자.

① Realiĝis la deziro <u>renkonti lin persone</u>.

(그를 개인적으로 만나고자 하는 바람이 이루어졌다.)

② Mi trovis la leonon <u>dormantan sub la arbo</u>.

(나는 나무 아래에서 잠을 자는 사자를 발견하였다.)

③ Ĝi estas la libro <u>de mia patro</u>.

(그것은 나의 아버지의 책이다.)

위의 보기들 가운데서 ①의 'renkonti lin persone'는 불변화사구가 수식어구로 쓰인 것이며, ②의 'dormantan sub la arbo'는 분사구가 수식어구로 쓰인 것이다. 그리고 ③의 'de mia patro' 역시 전치사구가 수식어구로 쓰인 것이다. 이것들은 형용사의 역할을 하므로 형용사구라고도 한다.

마) 상황어구 (situacianta vortopo)

구 가운데 상황어처럼 쓰이는 구를 이른다. 다음을 보자.

① Mi iras <u>renkonti ŝin</u>.

 (나는 그녀를 만나러 간다.)

② <u>Legante la libron</u>, mi ploris pro malĝojo.

 (그 책을 읽으면서 나는 슬퍼서 울었다.)

③ La leono dormas <u>sub la arbo</u>.

 (그 사자는 나무 아래에서 잔다.)

④ <u>Komence de pasinta monato</u> mi sendis al vi unu leteron.

 (지난달 초에 나는 너에게 한 통의 편지를 보냈다.)

⑤ Ĉiukaze li sekvis min, <u>kvankam ne volonte</u>.

 (기꺼이는 아니지만, 어쨌든 그는 나를 따랐다.)

⑥ <u>Ĉu pro mono, ĉu pro amo</u>, ŝi edziniĝis kun li.

 (돈 때문인지 사랑 때문인지 몰라도 그녀는 그이와 결혼
을 했다.)

　위의 보기들 가운데서 ①의 'renkonti ŝin'은 불변화사구가
상황어구로 쓰인 것이며, ②의 'Legante la libron'은 분사구가
상황어구로 쓰인 것이다. 그리고 ③의 'sub la arbo'는 전치사
구가 상황어구로 쓰인 것이며, ④의 'Komence de pasinta
monato'는 부사구가 상황어구로 쓰인 것이다. 그리고 ⑤와 ⑥
에서 'kvankam'과 'ĉu~ ĉu~'로 이끌리는 접속사구 역시 상황어
구로 쓰인 것이다. ♣

Gramatiko de Esperanto

(3-a eldono reviziita)

verkita de BAK Giwan

tradukita de KIM Uson

Eldonejo Azaleo

Antaŭparolo al la tria eldono

Tiu ĉi libro estis unue eldonita en la jaro 1989. Tiutempe por la gramatika studo de koreaj esperantistoj ekzistis nur la libro PAG (plena analiza gramatiko de esperanto) eldonita de UEA. La libro tamen ne povis esti taŭga gramatika gvidilo por ili pro ĝia troa grandeco kaj komplikeco.

Kiel gramatikisto je la korea kaj je Esperanto, mi sentis ian devon pri tia bedaŭrinda situacio. En 1985 venis al mi tre bona ŝanco treni min al tiu devo kun bona cirkonstanco. Siatempa prezidanto de Korea Esperanto-Asocio, d-ro Chang Choong-sik, la prezidanto de la Universitato Dankook, donis al mi ŝancon instrui Esperanton kaj labori por Esperanto en la universitato. Danke al li mi povis skribi tiun ĉi libron.

Pasis multaj jaroj, kaj pliampleksiĝis miaj scioj pri gramatiko. Tial en la jaro 2015, eldoniĝis bitlibro de ĝia unua revizio fare de Korea Esperanto-Asocio, kaj publikiĝis en la retejo de Guglaj Libroj.

Kaj de post la unua revizio pasis ĉirkaŭ 10 jaroj, kaj mi trovis, ke ne nur la bitlibro sed ankaŭ la papera formo de la libro estas bezonata. Jen eldoniĝas la duafoja revizio, kun iom da ŝanĝo je la enhavo. La ŝanĝo ne estas tiel granda. Mi aldonis la numeralon 'nul', kiun mi preterlasis en antaŭaj versioj, kaj korektis kelkajn mistajpojn, ankaŭ aldonante kaj polurante kelkajn esprimojn.

Mi esperas, ke la libro estos helpa al la gramatika studo de koreaj esperantistoj.　　　2024, majo, **La aŭtoro kaj la tradukinto**

Antaŭparolo al la revizio

Jam pasis 26 jaroj depost la ekapero de tiu ĉi libro. Pli ol kvarono de la jarcento.

Mi dankas ĉiujn, kiuj uzis la libron por la studo de la gramatiko de Esperanto. Kvankam kun multaj plibonigendaj problemoj, ĝi estis utiligita de multaj esperantistoj, kaj tial jen povis aperi la reviziita eldono.

Jam de longe mi deziris fari revizion de la libro, sed pro diversaj kialoj la deziro ne estis plenumita. Kaj ĉi foje danke al la decido de Korea Esperanto-Asocio la reviziita eldono povis aperi en la formo de e-libro.

La reviziita eldono estas skribita pli konforme al la morfologia vidpunkto de gramatiko kompare kun la unua eldono. Precipe en la 3-a ĉapitro (Sintakso), en la klasifiko kaj ekspliko de adjekta subpropozicio vi trovos multajn ŝanĝojn. En la unua eldono ili estis faritaj relative laŭ la semantika vidpunkto, kaj ĉi tie multe pli strikte laŭ la morfologia vidpunkto.

Kvankam ŝanĝiĝis la gramatika priskribo, tute ne ŝanĝiĝis la lingvo, Esperanto mem. Gramatiko estas nur la ordigo kaj klarigo de vivanta lingvo. Tial gravas la facila lerno kaj kompreno de la lingvo kaj ĝia strukturo, kaj ne tiel gravas, kiun gramatikan priskribon vi sekvas. Oni devas kompreni, ke gramatiko ne povas klarigi ĉiujn aspektojn de la lingvo. Ni ne devas tro multe atendi de gramatiko. Ni nur utiligu ĝin por konsulto.

Mi esperas, ke multaj lernantoj kaj studantoj de Esperanto ricevos helpon pere de la libro por pli facila kompreno de la gramatika strukturo de Esperanto.

BAK Giwan
en printempo, 2015.
ĉe Yanbian Universitato de Scienco kaj Teknologio, Ĉinio.

Antaŭparolo

Mi vidas, ke multaj finlernantoj de la elementa kurso de Esperanto volas plu lerni la gramatikon de esperanto. Sed por ili ekzistas nur *Plena Aanaliza Gramatiko de Esperanto* (PAG, 1980. UEA). La libro tamen estas tro komplika pro la tro semantika vidpunkto de la aŭtoroj. Por komencantoj de la gramatiko de Esperanto ĝi ne servas kiel bona gvidilo.

Mia speciala studo estas korea lingvistiko, kaj mi havas grandan intereson pri gramatiko de Esperanto. Dum longa tempo mi deziris verki gramatikan libron de Esperanto facilan sed kompletan por ordinaraj esperantistoj. Nun mi metas finan punkton al mia deziro, finverkante tiun ĉi libron per miaj ĝisnunaj scioj pri Esperanto kaj ankaŭ per la scioj pri ĝenerala gramatiko akiritaj tra mia faka studo.

Mia libro diferencas je diversaj punktoj ol PAG. Precipe la strukturo de gramatiko estas radikale malsama, kaj tial mi bezonis novajn gramatikajn fakvortojn. Mi uzas novajn fakvortojn en mia libro. La libro do aspektos iom fremda al tiuj, kiuj studis per supre menciita PAG. Sed ni devas scii, ke nia lingva vivo persistas sen ajna ŝanĝo, senkonsidere kiom da gramatikistoj starigas kiom da gramatikaj sistemoj. Alivorte, kiel ajn ni klarigas la gramatikon de Espranto, senŝanĝe restas nia ĉiutaga Esperanto. Ni povas diri, ke gramatiko estas la ordigo kaj strukturigo de realaj lingvaj fenomenoj. Tial estas des pli bone, ju pli simplaj kaj klaraj estas la ordigo kaj strukturigo.

Mi esperas, ke de nun multaj lernantoj de Esperanto povos pli facile kompreni ĝian gramatikan strukturon kaj ĝustigi la parolan kaj skriban vivon de Esperanto per tiu ĉi libro.

Mi esprimas elkoran dankon al tiuj, kiuj diligente partoprenis en mia gramatika kurso okazinta en la oficejo de Korea Esperanto-Asocio, kaj samtempe mi konfesas, ke la kurso estis la bazo de tiu ĉi verko kaj la interparoloj kaj diskutoj, kiujn mi faris kun la kursanoj, estis granda helpo al mia laboro.

Fine mi elkore dankas d-ron Chang Choong-sik, prezidanto de Dankook Universitato, kiu ebligis al mi bonan cirkonstancon por la studo de la gramatiko, kaj ankaŭ s-ron BAK Tae-geun, prezidanto de la libroeldonejo Hanshin Munhwasa, kiu afable eldonis la libron. Kaj mia sincera danko iras al profesoro Bak Ji-hong kaj profesoro So Gilsu, kiuj ĉiam gvidas mian studon.

BAK Giwan

en aprilo, 1989

Esperanto-Instituto de Dankook Universitato

Antaŭparolo de Esperantiginto

Iuj diras, ke ĉe lingvo-lernado plej bona metodo estas interparolado. Kaj ili diras ankaŭ, ke gramatika studo ne estas tiel grava afero. Jes, mi samopinias kun ili, nur se la lernata lingvo estas sia denaska lingvo. Kaj mi konsentos pri la opinio, se ni facile kaj ofte havas ŝancon interparoli en la lingvo.

Sed efektive Esperanto ne estas denaska lingvo por plejparto de homoj. Sekve multaj devas aparte lerni la lingvon. Kaj ĉe la lernado, se ni ne bone scias gramatikon, ni baldaŭ frontos limon de lernado. Precipe se ies denaska aŭ gepatra lingvo havas strukturon tute malsaman ol tiu de Esperanto, li certe bezonas studi la gramatikon, por sufiĉe posedi la lingvon. Por ĝuste kompreni kaj esprimi en la lingvo, oni devas bone kompreni la gramatikon. Necesas do libro, per kiu oni povas facile kaj bone lerni la gramatikon.

Tiu ĉi libro estas bona gvidilo por la gramatiko de Esperanto. La aŭtoro sisteme klarigas la gramatikon, por ke oni komprenu ĝin facile kaj komplete. Li estas lingvisto pri korea lingvo. Li doktoriĝis per la disertacio 'Studo pri Morfologia Kontrasto de la Korea kaj Esperanto'. En lasta jaro, mi lernis de li Esperanto-gramatikon per tiu ĉi libro, skribita en korea lingvo. Post la lernado mi povis memfidi ne nur je skribado kaj parolado de Esperanto, sed ankaŭ je ĝia instruado.

Mi decidis esperantigi la libron, por ke ne-koreaj Esperantistoj povu lerni per ĝi, kaj ankaŭ kompreni, kiel korea lingvisto klarigas la gramatikon de Esperanto. Kaj mi esperas, ke tiu ĉi traduko fariĝos unu malgranda monumento okaze de la 79-a Universala Kongreso de Esperanto en Seulo.

En originalo la aŭtoro uzis novajn fakvortojn, kiujn li mem elpensis, apudmetante la terminojn de PAG en krampoj. Sed mi ne faris tiel. Mi uzis terminojn de PAG, kredante, ke ili estas pli kutimaj al multaj Esperantistoj en la mondo. Sed mi foje uzis la novajn terminojn, se ili estas pli taŭgaj al la strukturo de tiu ĉi gramatiko. Ekzemple mi senŝanĝe uzis la vorton 'junkcio' por la supera nocio de konjunkcio plus subjunkcio, kaj ankaŭ la vorton 'liganto' por la frazelemento, kiu ligas du lingvajn formojn. Kaj la 'epiteto' kaj 'adjekto' de tiu ĉi gramatiko havas malsamajn senco-kampojn kaj funkciojn ol tiuj de PAG.

Kaj la parto de 'kompleksaj frazoj' (III.3.3.) estas nove skribita de la aŭtoro mem. La aŭtoro diras, ke li tute ŝanĝis la enhavon konforme al sia gramatika vidpunkto. Antaŭe li preskaŭ senŝanĝe sekvis la opinion de PAG ĉe tiu parto, sed nun li ne plu sekvas tiun tro semantikan vidpunkton de PAG. Lia gramatika vidpunkto estas morfologia. Kaj tial ankaŭ tiun parton de 'kompleksaj frazoj' li klarigas en tiu vidpunkto.

Mi elkore dankas la aŭtoron pro tio, ke li bone instruis al mi la lingvon, kaj helpeme reviziis mian tradukon.

KIM Uson

en februaro, 1994

Enkonduko

1. Plejparto de la gramatikaj fakvortoj en la libro estas nove elpensita de mi. En multaj lokoj la kutimaj fakvortoj, aperantaj en PAG, estas skribitaj en krampoj.
[ekz: nomvorto(substantivo)]
2. Iuj ekzemplaj frazoj en la libro estas cititaj el PAG.
3. Je la klarigo de gramatiko mi konsideras la formon plej grave. Alivorte mi unue klasifikas laŭ formo ol laŭ funkcio aŭ senco. Mia sinteno je la klarigo de gramatiko estas tia, ke oni devas havi forman bazon por fari ian juĝon.
4. La ordo de la gramatika klarigo en la libro estas jena. Ĝi estas laŭ la gramatika strukturo de Esperanto, kiun mi starigis.

I. Fonologio

II. Morfologio

		substantivo
		pronomo
		numeralo
		verbo
parolelemento		adjektivo
		adverbo
		prepozicio
		junkcio*
		interjekcio
		prefiksa derivado
		sufiksa derivado
	derivado	aspekto
vortofarado		voĉo
		participo
	kunmetado	

konjugacio	finitivo	indikativo	prezenco
			preterito
			futuro
		kondicionalo	
		volitivo	
	infinitivo	subjekta uzo	
		objekta uzo	
		predikativa uzo	
		epiteta uzo	
		adjekta uzo	
		predikata uzo	
deklinacio		nombro	
		kazo	

<Rimarko>

* *'Junkcio' mi nomas la parolelementon, kiu kunligas vortojn aŭ sintagmojn aŭ propoziciojn. Al ĝi apartenas konjunkcio kaj subjunkcio.*

III. Sintakso

1. Frazelementoj

frazelementoj	subjekto
	predikato
	predikativo
	objekto
	adjekto[1]
	epiteto[2]
	liganto[3]
	memstaranto[4]

<Rimarkoj>

1) 'Adjekto' mi nomas la frazelementon, kiu rilatas nur al predikato.

2) 'Epiteto' mi nomas la frazelementon, kiu rilatas al aliaj frazelementoj krom predikato.

3) 'Liganto' mi nomas la frazelementon, kiu kunligas vortojn aŭ sintagmojn aŭ propoziciojn.

4) 'Memstaranto' mi nomas la frazelementon, kiu havas rilaton kun neniu frazelemento de la frazo.

2. Specoj de frazo

	simpla frazo	
	obla frazo	
laŭ la rilato inter subjekto kaj predikato	kompleksa frazo	subjekta subpropozicio
		objekta subpropozicio
		predikativa subpropozicio
		epiteta subpropozicio
		adjekta subpropozicio
laŭ ekzisto de subjekto	subjekta frazo	
	sensubjekta frazo	
laŭ modo	indikativa frazo	
	volitiva frazo	
	kondicionala frazo	
laŭ ekzisto de demanda vorto	deklara frazo	
	demanda frazo	
laŭ ekzisto de nea vorto	pozitiva frazo	
	negativa frazo	

3. Specoj de sintagmo

	adverba sintagmo
divido laŭ formo	junkcia sintagmo
	infinitiva sintagmo

	participa sintagmo
	prepozicia sintagmo
	subjekta sintagmo
	objekta sintagmo
divido laŭ funkcio	predikativa sintagmo
	epiteta sintagmo
	adjekta sintagmo

I. Fonologio

I.1. Fonologia sistemo de Esperanto

En Esperanto ekzistas 28 fonemoj, kaj ilia sistemo estas jena.

I.1.1. Konsonantoj (21)

maniero \ loko	labialo	alveolaro	palatalo	velaro	glotalo
eksplozivo	p b	t d		k g	
afrikato		c	ĉ ĝ		
frikativo	f v	s z	ŝ ĵ	ĥ	h
nazalo	m	n			
lateralo		l			
frape		r			

<la maldekstra estas senvoĉa kaj la dekstra estas voĉa>

I.1.2. Duonvokaloj (2)

maniero \ loko	palato	velo
glite	j	ŭ

I.1.3. Vokaloj (5)

alteco \ loko	antaŭe	malantaŭe
alta	i	u
meza	e	o
malalta	a	

La prononcoj de la 28 Esperanto-literoj laŭ la Internacia

Fonetika Alfabeto estas jena.

literoj	a	b	c	ĉ	d	e	f	g	ĝ	h	ĥ	i	j	ĵ
prononcoj	a	b	ts	ʧ	d	e	f	g	ʤ	h	x	i	j	ʒ
literoj	k	l	m	n	o	p	r	s	ŝ	t	u	ŭ	v	z
prononcoj	k	l	m	n	o	p	r	s	ʃ	t	u	w	v	z

Jen estas konkretaj artikulaciaj lokoj kaj manieroj de konsonantoj kaj duonvokaloj de Esperanto.

1) nazkavo
2) lipoj
3) dentoj
4) alveolo
5) palato
6) velo
7) uvulo
8) langopinto
9) langoantaŭo
10) langomalantaŭo
11) langoradiko
12) epigloto
13) voĉkordo
14) traĥeo
15) ezofago
16) faringa muro

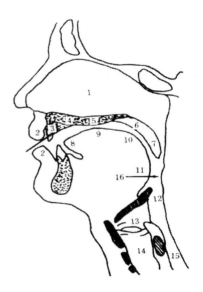

<bildo de parolorgano>

/p/, /b/: Prononciĝas ĉe 2. Oni prononcas ĝin, eksplodigante du lipojn post kompleta fermo.

/f/, /v/: Prononciĝas ĉe 2. Oni prononcas ĝin, frotante du lipojn, el kiuj la malsupra iom kliniĝas al la supraj dentoj.

- 187 -

/m/: Prononciĝas ĉe 2. Oni prononcas ĝin, eligante la aeron tra buŝkanalo kaj samtempe tra nazkanalo.

/t/, /d/: Oni prononcas ĝin, eksplodigante 8 kaj 4 post kompleta fermo. Iuj algluas 8 al 3.

/c/: Oni prononcas ĝin, momente frotante 8 kaj 4 en la momento, kiam oni deprenas 8 disde 4. Iuj algluas 8 al 3.

/s/, /z/: Oni prononcas ĝin, frotante 8 kaj 4. Iuj frotas 8 kaj 3.

/n/: Oni prononcas ĝin, eksplodigante 8 kaj 4 post kompleta fermo. Aero fluas tra buŝkanalo kaj samtempe tra nazkavo. Iuj algluas 8 al 3.

/r/: Oni prononcas ĝin, 2-3 fojojn malpeze tuŝante 4 per 8 per la forto de la fluanta aero.

/ĉ/, /ĝ/: Oni prononcas ĝin, momente frotante 9 kaj 5 en la momento, kiam oni deprenas 9 disde 5.

/ŝ/, /ĵ/: Oni prononcas ĝin, frotante 9 kaj 5.

/k/, /g/: Oni prononcas ĝin, eksplodigante 10 kaj 6 post kompleta fermo.

/ĥ/: Oni prononcas ĝin, frotante 11 kaj 7.

/h/: Frotosono prononcata ĉe 13. Sed oni ne scias ĝian ekzaktan artikulacian lokon. La aero ne-barite fluas tra la buŝkanalo post trapaso de 13.

/j/: Oni prononcas ĝin, proksimen aligante 9 al 5. Oni ne frotas ilin, sed nur fluigas la aeron inter ili. Se oni frotas ilin, la prononco fariĝas konsonantoj /ŝ/ aŭ /ĵ/.

/ŭ/: Oni prononcas ĝin, proksimen aligante 10 al 6. Oni ne frotas ilin, sed nur fluigas la aeron inter ili.

<Rimarko>

En la supra klarigo, kiam ekzistas du fonemoj, la dekstraj estas respektive la voĉaj sonoj de la maldekstraj. Voĉaj sonoj diferencas de la senvoĉaj nur per la vibrado de voĉkordo, kaj iliaj artikulaciaj lokoj kaj manieroj estas tute samaj.

I.2. Specialaj trajtoj de Esperanta fonologio

La plej okulfrapaj trajtoj de la fonologio de Esperanto estas la principo de 'unu litero por unu sono kaj unu sono por unu litero' kaj la principo de akcento. Akcento senescepte falas sur la antaŭlastan silabon de vorto. Kaj krom ili ni povas mencii kelkajn pliajn trajtojn.

Unue, en unu radiko de Esperanto neniam troviĝas duoblaj konsonantoj. Ne ekzistas sinsekvoj kiel -bb-, -tt-, -ss-, -kk-, ktp. Se troviĝas tia sinsekvo en iu vorto, ni devas scii, ke la vorto estas kunmetita aŭ derivita vorto. Ekzemple la vortoj 'huffero' kaj 'ekkrii' estas havas jenajn konstruojn respektive 'huf-fer-o' kaj 'ek-kri-i'. Sed ĉe tio ekzistas kelkaj esceptoj kiel Finno (ano de la ĉefgento loĝanta en Finnujo) kaj Mekko (ĉefurbo de Heĝazo, religia centro de Islamo, en Saud-Arabio). Sed ili ne prezentas gravajn problemojn, ĉar ili havas la karakteron de propra nomo.

Due, oni povas prononci /p/, /t/, /k/ aŭ aspiracie kiel /p^h/, /t^h/, /k^h/ aŭ glotigite kiel /p'/, /t'/, /k'/. Lingvanoj el la hind-eŭropa kaj la japana ne povas bone distingi inter la aspiracia kaj glotigita sonoj. Sed koreoj devas bone distingi ilin por sia lingva vivo. Kaj tial por koreoj la elekto inter la aspiracia kaj la glotigita estas tre grava afero. Sed universale oni prononcas ilin laŭ sia plaĉo.

Trie, la radiko de Esperanto konsistas el minimume unu silabo. Alivorte ĝi devas havi almenaŭ unu vokalon. Ekzemple la nomoj de Esperantaj konsonantoj estas 'bo, co' ktp, sed tiam la <o> ne estas finaĵo. ĉar tiam la <b, c> ne povas esti radikoj.

Unu konsonanto sola ne povas konsistigi unu silabon, kaj do ĝi ne povas esti radiko. Tial ni devas kompreni, ke ili estas substantvioj en siaj kompletaj formoj kun <o>. Kaj ankaŭ la artikolo ne konsistas el <l-> kaj <-a>, sed ĝi mem en kompleta formo estas unu vorto.

I.3. Alofonoj kaj Sonŝanĝoj

Se unu fonemo prononciĝas diverse laŭ cirkonstanco, la diversaj sonoj nomiĝas alofonoj, kaj el ili unu reprezentanto estas elektata kaj nomata reprezentanta fonemo. Ekzemple la reprezentanta sono de la fonemo /n/ de Esperanto estas [n]. Sed la [n] estas prononcata jen [ŋ] (Kiam oni prononcas /lingvo/, /sango/, la /n/ prononciĝas [ŋ].), jen [ɲ] (Kiam oni prononcas /panjo/, la /n/ prononciĝas [ɲ].). Kaj tiam [ŋ] kaj [ɲ] estas nomataj alofonoj de la fonemo /n/. Tio estas la fenomeno, ke la alveolaro /n/ prononciĝas [ŋ] kaj [ɲ] antaŭ respektive la velaro /g/ kaj la palatalo /j/, similiĝante al ili. Kaj la fenomeno estas universala. Sed en la korea la sono [ŋ] estas unu fonemo (/ㅇ/). Kaj tial oni ne nomas ĝin alofono, sed oni traktas la fenomenon kiel sonŝanĝon (la fenomeno, ke iu fonemo ŝanĝiĝas al iu alia fonemo en certa cirkonstanco). Ĉi tie ni devas atenti, ke tio, kio prononciĝas [ŋ] estas ne /ng/ sed nur /n/. Tial kiam ni esperantigas koreajn vortojn, la maniero uzi 'ng' por la korea fonemo /ŋ/ estas ne ĝusta. Principe en Esperanto ne ekzistas litero por la sono [ŋ], alivorte en Esperanto ne ekzistas la fonemo /ŋ/.

Krom tio ekzistas sonŝanĝoj kiel 'voĉiĝo' kaj 'senvoĉiĝo'. Tio eatas la fenomeno, ke senvoĉaj sonoj fariĝas voĉaj antaŭ voĉaj sonoj, kaj ankaŭ inverse la voĉaj fariĝas senvoĉaj antaŭ senvoĉaj sonoj. Ekzemple /ekzameno/ kaj /absolute/ prononciĝas respektive /egzameno/ kaj /apsolute/. Tiu sonŝanĝo ne estas deviga sed arbitra, kaj ĝi estas nomata 'similiĝo'. Kaj inter sonŝanĝoj ekzistas 'enŝovo', kiu estas la fenomeno, ke /j/ enŝoviĝas post la vokalo /i/, se iu alia vokalo sekvas la vokalon /i/. Ekzemple /mia/ kaj /kial/ prononciĝas /mija/ kaj /kija/. Tio ankaŭ estas arbitra.

I.4. Rimarkoj

Iuj esperantologoj volas rigardi 'dz' kaj 'nj' kiel memstarajn fonemojn. Sed tia opinio estas kontraŭ la fundamento de Esperanto, t.e. la principo 'unu litero por unu sono(fonemo) kaj unu sono(fonemo) por unu litero'. En kiu ajn okazo tiu principo devas esti observita.

Kaj samtempe ni devas priatenti la limon de silaboj. Ekzemple kiam ni prononcas la vorton 'edzo', ni devas rekoni, ke la silabolimo estas 'ed/zo', kaj ni devas atenti, ke ni ne enŝovu vokalon [i] post /d/. Koreoj ofte enŝovas la vokalon [i] post /d/ pro la influo de la korea. Tio estas eraro.

Kaj kiam ni prononcas la vorton 'panjo', la silabolimo estas ne 'pan/jo', sed 'pa/njo', ĉar duonvokalo faras oblan vokalon (diftongo) kune kun apuda simpla vokalo. En Esperanto ekzistas teorie jenaj oblaj vokaloj.

ja je ji jo ju ŭa ŭe ŭi ŭo ŭu
aj ej ij oj uj aŭ eŭ iŭ oŭ uŭ

Sed el ili praktike uziĝas nur /ja je jo ju aj ej oj uj ŭa aŭ eŭ/.

(Atento : Ekzakte dirite teorie, en Esperanto ne ekzistas diftongoj, ĉar ĉiam devas observiĝi la principo 'unu litero por

unu sono(fonemo) kaj unu sono(fonemo) por unu litero', kaj la
fonemoj 'j' kaj 'ŭ' estas traktataj ne kiel vokaloj, sed kiel
konsonantoj en Esperanto (kaj ili ankaŭ nomiĝas 'duonvokaloj').
Se ni pensas tiel, la silabolimo de 'panjo' devas esti 'pan/jo'.)

I.5. Kio estas bona prononco de Esperanto?

En Esperanto ne ekzistas t.n. nacilingva parolanto. Tial ni povas diri, ke ne ekzistas modelo de prononco, kiun ni povas sekvi. Sed teorie ekzistas ideala prononco. Fonetikisto d-ro John C. Wells diris en sia verko *Lingvistikaj Aspektoj de Esperanto* (p.p. 25-26, 1978, UEA), ke bona prononcado de Esperanto estas jenaj prononcadoj.

1-e, la interparolantoj el malsamaj gentoj ne havu malfacilon por kompreni unu la alian.

2-e, oni prononcu laŭ la fonologia sistemo de Esperanto, t.e. oni observu la principon 'unu sono por unu litero'.

3-e, la prononcoj ne malkovru la nacian aŭ regionan apartenecon de la parolanto.

4-e, oni prononcu tiel, kiel oni universale akceptas.

Se vi prononcas laŭ supre menciitaj kvar manieroj, via prononco devas esti tre bona. Praktike la plej malfacila afero ĉe la prononcado de Esperanto estas tio, ke oni ne povas liberiĝi de la influo de sia gepatra lingvo. Por koreaj esperantistoj la plej malfacilaj punktoj en la prononcado de Esperanto estas jenaj.

1-e, inter labialoj ili ne povas bone distingi la eksplozivojn kaj frikativojn. Ili ne bone distingas /p/ kaj /f/ ankaŭ /b/ kaj /v/, ĉar en la korea ne ekzistas labialaj frikativoj.

2-e, la prononcado de /c/ estas malfacila pro la influo de korea fonemo /ʧʼ/. Malsame ol la korea /ʧʼ/, kiu havas la prononcon [ʧʰ], la /c/ de Esperanto havas la prononcon [ʦ]. Korea /tʃʰ/ estas afrikato farata per tuŝiĝo kaj frotiĝo de langoantaŭo kaj palato, sed esperanta /c/ estas afrikato farata per tuŝiĝo kaj frotiĝo de langopinto kaj alveolo. Simple dirite, Esperanto /c/ estas prononcata ĉe pli antaŭa pozicio en buŝo ol korea /ʧʰ/.

3-e, kvankam ne ĉiuj, tamen multaj ne bone distingas /l/ kaj /r/. Ili estas prononceblaj jen facile, jen malfacile laŭ la kunligo kun aliaj sonoj. Se ni priatentas iomete, ni povas venki tiun ĉi malfacilon.

4-e, multaj ne povas distingi /ĝ/, /ĵ/ kaj /z/. La prononco de /ĝ/ estas relative facila, ĉar ĝi estas la voĉa alofono de korea fonemo /ʧ/. Kaj /z/ estas simila al la alofono de korea fonemo /ʧ/ en /katʃimala/ (= Ne iru.), kiam oni nature prononcas ĝin en rapida interparolo. Inter la tri prononcoj la plej malfacila estas /ĵ/. La pozicio de lango por tiu sono estas sama kiel tiu de /ĝ/, sed iliaj prononcmanieroj estas malsamaj. Oni prononcas /ĝ/, momente frotante la langoantaŭon kaj palaton en la momento, kiam oni deprenas langon dis de la palato. Sed ĉe la prononcado de /ĵ/ la lango ne komplete algluiĝas al la palato, sed nur proksimiĝas al ĝi kaj tie la du partoj frotiĝas. Se koreoj venkas supre menciitajn kvar malfacilojn, iliaj prononcoj de Esperanto devas esti tre bonaj.

II. Morfologio

II.1. Analizo de morfemoj

Morfemo estas 'ne plu disigebla sencohava ero de parolo'. Ekzemple la vortoj 'domo, iri, malbona, gesinjoroj' estas analizataj al morfemoj kiel jene: dom-o, ir-i, mal-bon-a, ge-sinjor-o-j. Kaj morfemo estas signata en kunigaj krampoj ({ }).

Inter supre analizitaj morfemoj, {o} {i} {a} {j} havas sencon respektive [substantvio, verbo, adjektivo, multenombro], kaj tial ili estas traktataj kiel memstaraj morfemoj. Kaj {dom} {ir} {bon} {sinjor} ankaŭ havas sian radikan sencon, dum {mal} kaj {ge} havas sian gramatikan sencon de respektive [kontraŭa/nea/inversa ktp.] kaj [ambaŭseksa]. Ili ankaŭ estas memstaraj morfemoj.

En Esperanto la analizo de morfemoj ne estas malfacila, ĉar ĉiuj radikoj, afiksoj kaj finaĵoj estas respektive memstaraj morfemoj. Sed ĉe tabelaj vortoj ni hezitas kiel analizi morfemojn. Ekzemple ni hezitas inter la analizoj 'ti-u, ti-o, ti-a, ti-e', 't-iu, t-io, t-ia, t-ie' kaj 't-i-u, t-i-o, t-i-a, t-i-e'. Por solvi la problemon ni unue esploru, kiujn sencojn (informojn) havas 'tiu, tio, tia, tie' respektive. Laŭ nia scio ili havas la sencojn respektive [montri, individuo, homo, objekto, pronomo, adjektivo], [montri, individuo, koncepto, objekto, pronomo], [montri, eco, determina, pronomo, adjektivo], kaj [montri, loko, adverbo]. Ĉi tie la komuna senco estas 'montri'. Ni do devas decidi, kiu el <ti> kaj <t> havas la komunan sencon. Teorie iu ajn el <ti> kaj <t> povas havi ĝin. Se ni decidas, ke <ti> havas ĝin, la restantaj <u, o, a, e> havas respektive la restantajn sencojn. Kaj se ni decidas, ke <t> havas ĝin, la restantaj <iu, io, ia, ie> havas respektive la restantajn sencojn. Sed ambaŭ decidoj havas problemojn.

La problemo de la unua decido estas tio, ke morfemoj <u, o, a, e> havas siajn proprajn sencojn ekster la kategorio de tabelaj vortoj, nome la sencojn [volitivo, substantivo, adjektivo, adverbo]. Sed tio ne estas tiel grava problemo, ĉar la fenomeno, ke unu morfemo havas diferencajn sencojn en diferencaj okazoj, estas universala. Sed tamen tio ne estas dezirinda por Esperanto, kiu pretendas esti senescepta artefarita lingvo.

La problemo de la dua decido estas tio, ke tiuj morfemoj <iu, io, ia, ie> estas en alia okazo memstaraj tabelvortoj kun malsamaj sencoj.

Inter la du decidoj ni elektas la unuan, ĉar la problemo de la unua decido estas nur tio, ke finaĵoj {-u, -o, -a, -e} havas diversajn sencojn en diversaj okazoj, kio ne estas grava, sed tiu de la dua estas tio, ke <iu, io, ia, ie> estas uzataj jen kiel memstaraj vortoj jen kiel dependaj morfemoj (morfemo, kiu ne povas esti uzata memstare), kio estas multe pli serioza problemo ol la unua.

II.2. Parolelementoj

II.2.1. Kriterioj de la klasifiko de parolelementoj

La kriterioj de klasifiko de parolelementoj estas,

1-e, la formo,
2-e, la funkcio en la frazo,
3-e, la senco.

II.2.2. Klasifiko de parolelementoj
- substantivo
- pronomo
- numeralo
- verbo
- adjektivo
- adverbo
- prepozicio
- junkcio
- interjekcio

II.2.2.1. Substantivoj

Se iu vorto havas la finaĵon {-o}, ĝi estas substantvio.

La manieroj subdividi substantivojn povas esti diferencaj laŭ vidpunktoj. Ordinare oni subdividas ilin laŭ semantika vidpunkto, nome oni subdividas ekzemple abstraktajn substantivojn, nekalkuleblajn substantivojn, kolektivajn substantivojn, ktp. Sed tia subdivido estas sensenca en la gramatiko de Esperanto, kaj mi ne plu mencias tion en tiu ĉi libro.

II.2.2.2. Pronomoj

Pronomo estas vorto, kiu estas uzata anstataŭ substantvio. Ĝi havas diversajn specojn, ekzemple personajn kaj rilatajn pronomojn, kaj inter tabelaj vortoj, montrajn, demandajn, totalajn, nedifinajn, kaj neajn pronomojn.

II.2.2.2.1. Personaj Pronomoj

Personaj pronomoj estas uzataj anstataŭ homoj. Ili ne havas

gramatikajn finaĵojn, sed konsistas el nudaj radikoj. Jen estas ilia sistemo.

persono \ nombro		singularo	pluralo
1		mi	ni
2		vi	vi
3	vira	li	ili
	virina	ŝi	
	nehoma	ĝi	
	refleksiva	si	si
	ne definita	oni	oni

La personaj pronomoj de Esperanto konsistas el nudaj radikoj, sed ili ĉiuj finiĝas per la vokalo <i>. Tial oni povus miskompreni, kvazaŭ la <i> estus finaĵo. Ĝi ne estas finaĵo, ĉar ĉiu radiko de Esperanto devas konsisti el almenaŭ unu silabo. Se ni rigardas la vokalon <i> kiel finaĵon, la antaŭaj <m, n, v, l, ŝ, ĝ, il, s, on> estus radikoj. Sed ili ne konsistigas unu silabon krom <il> kaj <on>. Ili do ne estas radikoj. Kaj por la singulara 2-a persono ekzistas unu plia pronomo, 'ci', kiu estis origine kreita por doni apartan efekton en tradukoj. Sed hodiaŭ ĝi estas uzata preskaŭ nenie krom en vortaro, gramatika libro kaj literaturaĵo.

Se oni aldonas la adjektivan finaĵon {-a} al personaj pronomoj, ili fariĝas posedaj pronomoj. Kaj ili ofte uziĝas ankaŭ kiel posedaj adjektivoj. Ekzemple 'mia, via' signifas aŭ 'mia aĵo, via aĵo' aŭ 'de mi, de vi'.

Kaj la nudaj formoj de personaj pronomoj estas nominativo, dum la finaĵo {-n} aldonita al ili montras akuzativon. Malsame ol ordinaraj substantivoj personaj pronomoj havas genitivon, kiu estas esprimata per la aldono de la finaĵo {-a}.

II.2.2.2.2. Tabelaj Pronomoj

	montra (ti-)	demanda (ki-)	totala (ĉi-)	nedifina (i-)	nea (neni-)
individuo, homo, objekto (-u)	tiu	kiu	ĉiu	iu	neniu
ideo, objekto (-o)	tio	kio	ĉio	io	nenio

Tiuj pronomoj havas jenajn proprajn karakterojn.

① La pronomoj en la linio de '-u' montras homon, se ne ilin sekvas aparta mencio. Ili estas uzataj ankaŭ kiel adjektivoj, kaj tial ili prenas necesajn finaĵojn laŭ nombro kaj kazo.

② La pronomoj en la linio de '-o' ne prezentas nombron, kaj tial ili ne povas preni la pluralan finaĵon {-j}. Sed ili povas preni akuzativan finaĵon {-n}, se necesas.

· Unu afero, kiun ni devas scii estas tio, ke en la komenco Zamenhof ne faris la tabelon tiel, kiel mi prezentas supre. Li unue kreis 'io', kaj poste li aldonis 't-, k-, ĉ-, nen-' por doni respektive la signifojn de 'montro, demando, tuto, neo'. Sed por la celo de klarigo kaj instruo la supra sistemo estas pli bona. (Vd: II.1. Analizo de morfemo)

Kaj la demandaj pronomoj estas uzataj kiel rilataj pronomoj.

II.2.2.2.3. Rilataj Pronomoj

Ĉi tie mi ne eksplikos rilatan pronomon, kredante, ke la legantoj jam havas scion pri ĝi. En Esperanto 'kiu' kaj 'kio' estas rilataj pronomoj kaj foje la demanda adjektivo 'kia' estas uzata kiel rilata pronomo. La plej ofte uzata rilativo 'kiu' estas uzata kiam la reprezentato estas ordinara substantivo aŭ pronomo. Vidu jenajn ekzemplojn.

① Li estas la instruisto. kiu instruas Esperanton.

② Ĝi estas la libro, kiun mi aĉetis hieraŭ.

③ Ili vidis la studentojn, kiuj lernas Esperanton.

④ Ŝi estas la studentino, kies patron mi renkontis hieraŭ.

⑤ Plej bone ridas, kiu laste ridas.

Kiel vi vidas supre, la rilata pronomo 'kiu' prenas deklinaciajn finaĵojn {-j} kaj {-n} laŭ nombro kaj kazo (Vd: II.5. Deklinacio), kaj la formo de ĝia poseda adjektivo estas 'kies'. En ⑤ mankas reprezentato, kaj ni subkomprenas la reprezentaton 'tiu'.

La rilata pronomo 'kio' estas uzata nur en jenaj okazoj.

1-e, kiam la reprezentato estas unu el la tabelvortoj de linio '-o', nome, io, tio, ĉio aŭ nenio.

[ekzemploj] Nun restas nenio, kio malhelpas lin.

Redonu, kion vi prenis.

Kio plej multe interesis lin, estis lia seroiza mieno.

2-e, kiam la reprezentato estas adjektivo uzita kiel substantivo.

[ekzemplo] La plej grava, kion mi nun devas fari, estas renkonti lin.

3-e, kiam la reprezentato estas la antaŭa propozicio mem.

[ekzemplo] Ŝi estas afabla, kio ebligis ŝin proksimiĝi al li.

4-e, kiam la reprezentato estas la sekva propozicio mem.

[ekzemplo] Mi renkontos lin, kaj kio estas la plej malfacila afero, mi diros al li la veron.

Ĉe la unua okazo el la supre menciitaj, en la dua kaj tria ekzemploj ne troviĝas reprezentatoj. Ni povas elimini la reprezentaton 'tio', se ĝia kazo estas sama kiel tiu de la rilata pronomo 'kio'. Kaj tial ni povas diri jenan frazon: *Mi ne komprenas, kion li diras.* (*Rimarko: Ĉi tie ni povas interpreti la rilatan pronomon kiel demandan pronomon.*)

Kaj ĉe la dua okazo, la adjektivoj uzataj kiel substantivoj estas ĉefe superlativo kaj orda numeralo. Sed ankaŭ ordinaraj adjektivoj povas esti uzataj fojfoje, kiel jene: *La verda, kion mi vidis, estis la stelo de Esperanto.*

Ni devas atenti la kvaran okazon. Estas malfacile kompreni la esprimon 'sekva propozicio mem'. Sed tiu okazo ne estas ofta, kaj ŝajne ĝi ĉiam aperas enŝovite meze en la frazo. Ni povos facile distingi tiun okazon.

Unu afero, kiun ni devas atenti rilate la rilatan pronomon 'kio', estas tio, ke ni devas uzi 'kiu', se la reprezentatoj 'io, tio, ĉio, nenio' estas kvalifikitaj de adjektivoj. (ekz: *Mi sentis ion varmegan, kiu penetris mian tutan korpon.*)

Rilata pronomo 'kia' estas uzataj en jenaj okazoj.

1-e, kiam la reprezentato estas la ideo mem esprimita per 'tia' (ĝi estas traktata kiel substantivo).

[ekzemploj] Kia oni vin vidas, tia oni vin taksas.

Ĝi estas tia, kian oni ofte trovas en kamparo.

Kia naskiĝas, tia grandiĝas.

2-e, kiam la reprezentato estas la ideo mem esprimita per la substantivo kvalifikita de adjektivo.

[ekzemplo] Ŝi havas belegan vizaĝon, kian oni malofte vidas en tiu ĉi urbo.

3-e, kiam la reprezentato estas la ideo mem esprimita per la nedifinita substantivo havanta la karakteron de adjektivo.

[ekzemplo] Li estas idioto, kia eatas tre kuraĝa en batalo.

Ni devas atenti, ke ni ne konfuzu la unuan okazon supre menciitan kun jena okazo.

① Restu ĉiam tia, kia vi estas.
② Kia (estas la) ago, tia (estas la) pago.

Ĉi tie 'kia' estas uzita kiel kompara subjunkcio. La detalan klarigon pri ĝi ni vidos poste en la rubriko pri adjektivo.

Kaj ni havas unu specialan pronomon signifantan 'la du ĉiuj', nome 'ambaŭ'. Ĝi estas uzata jen kiel pronomo (en la okazo ①) jen kiel adjektivo (en la okazo ②).

① Ambaŭ vivas ankoraŭ.
② Li elpuŝis ambaŭ manojn.

Ni devas atente uzi tiun ĉi 'ambaŭ'. Ĝia uzado ne estas sama kiel 'both' en la angla. En la angla eblas la esprimo 'both A and B', sed en Esperanto ne eblas la esprimo 'ambaŭ A kaj B'. Ni devas ŝanĝi jenajn ① kaj ② al ③ kaj ④

① *Mi diris tion ambaŭ al la mastro kaj al la gasto.
② *Ambaŭ Petro kaj Maria venis al la kunsido.
③ Mi diris tion kaj al la mastro kaj al la gasto.
④ Petro kaj Maria, ili ambaŭ venis al la kunsido.
(*Rimarko : la signo (*) signifas, ke la koncerna propozicio (aŭ vorto) estas ne-regula.*)

II.2.2.3. Numeraloj

La numeraloj de Esperanto ne prenas finaĵon same kiel la pronomoj. Ili ekzistas en la stato de radiko. La bazaj numeraloj

estas jenaj 13 vortoj: nul(0) unu(1) du(2) tri(3) kvar(4) kvin(5) ses(6) sep(7) ok(8) naŭ(9) dek(10) cent(100) mil(1,000).
Kaj ili estas kombinitaj laŭ dekuma (decimala) nombrosistemo.

Ankaŭ ekzistas kalkulaj substantivoj, jenaj: nulo(0) miliono(1,000,000) miliardo(10^9) biliono(10^{12}). Ili estas substantivoj, kaj ili prenas la pluralan finaĵon {-j}, se ili estas en multenombro.

II.2.2.3.1. Legi nombrojn

En Esperanto oni legas nombrojn same kiel en la korea, ekzemple oni ne diras 'unudek, unucent, unu mil, unudek mil', sed 'dek, cent, mil, dek mil'. Kaj kalkulaj substantvioj staras en pluralo, se ili estas en multenombro, sed ili ne prenas la finaĵon {-j}, se daŭras ciferoj post ĝi. Kaj oni legas la decimalan markilon 'punkto' (sed en iuj landoj oni legas ĝin 'komo'), kaj post la decimala punkto oni legas same kiel en la korea t.e. ĉiun ciferon aparte.

[ekzemploj]

123	cent dudek tri
123,456	cent dudek tri mil kvarcent kvindek ses
12,345,678	dek du miliono tricent kvardek kvin mil sescent sepdek ok
0.123	nul punkto unu du tri
10.78	dek punkto sep ok

II.2.2.3.2. Numeralaj Adjektivoj

Se numeraloj prenas la adjektivan finaĵon {-a}, ili fariĝas numeralaj adjektivoj kaj montras ordon.

[ekz: unua, dua, dek-tria]

II.2.2.3.3. Numeralaj Adverboj

Se numeraloj prenas la adverban finaĵon {-e}, ili fariĝas numeralaj adverboj kaj montras ordon.
[ekz: unue, due, dek-trie]

II.2.2.3.4. Algebraj Esprimoj

Adicio	(kaj/plus)	Du kaj(plus) tri estas (faras) kvin. (2+3=5)
Subtraho	(minus)	Ok minus du estas (faras) ses. (8-2=6)
Multipliko	(oble)	Sepoble tri estas (faras) dudek unu. (7x3=21)
Divido	(dividite per)	Dudek divite per tri estas ses kaj restas du. (20/3=6...2)
	(one)	Duone ses estas (faras) tri. (6/2=3)

II.2.2.4. Verboj

Esperantaj verboj prenas diversajn finaĵojn laŭ modaloj, modoj kaj tensoj. Jen estas ilia sistemo.

	modalo	modo	tenso	finaĵo
verbo	finitivo	indikativo	preterito	-is
			prezenco	-as
			futuro	-os
		volitivo		-u
		fiktivo		-us

	infinitivo	-i
	participo	-ant- -at- ktp (per sufiksoj)

(*Rimarko : Por participo oni uzas ne finaĵojn, sed sufiksojn.*)

Kaj la subklasifikoj de verboj povas esti diversaj laŭ vidpunktoj. Ni kutime subklasifikas la verbojn al netransitiva, transitiva, kompleta, nekompleta, ĉefa kaj helpa verboj, ktp. Sed tiu subklasifiko de verboj estas unu el la plej bruaj problemoj inter Esperanto-gramatikistoj. Verdire la distingo inter la netransitiva kaj transitiva verboj restas tre malfacila problemo. Pro tiu problemo ankoraŭ ne eatas bone solvitaj la problemoj de kazoj kaj la klasifiko de parolelementoj, en la priskribo de Esperanto-gramatiko. Kaj tial ĉi tie mi ne plu mencias tion.

Mi detale traktos verbojn en la ĉapitro de konjugacio.

II.2.2.5. Adjektivoj

Adjektivoj de Esperanto finiĝas per la finaĵo {-a}. Adjektivo estas la vorto, kiu kvalifikas aŭ determinas substantivon. Ĝi havas du funkciojn: jen ĝi funkcias kiel epiteto, metite antaŭ aŭ post substantivo, jen ĝi funkcias kiel predikativo de subjekto aŭ objekto.

① Ĝi estas bela floro.
② La floro estas bela.

La adjektivo 'bela' en la supra frazo ① estas epiteto, kiu rekte kvalifikas la substantivon 'floro'. Kaj tiu en ② estas predikativo de la subjekto 'floro'.

Inter adjektivoj ankoraŭ ekzistas tiel nomataj tabelaj

adjektivoj kaj artikolo krom la ordinaraj adjektivoj havantaj la finaĵon {-a}.

Jen estas tabelaj adjektivoj.

	montra (ti-)	demanda (ki-)	totala (ĉi-)	nedifina (i-)	nea (neni-)
individua (-u)	tiu	kiu	ĉiu	iu	neniu
priskriba, kvalita (-a)	tia	kia	ĉia	ia	nenia
poseda (-es)	ties	kies	ĉies	ies	nenies

Inter ili, al la posedaj adjektivoj ne aldoniĝas la finaĵoj {-j} kaj {-n}. Kaj la demanda adjektivo 'kia' estas uzata ankaŭ kiel rilata pronomo kaj subjunkcio de komparo.

Kiel mi jam diris en la klarigo de rilata pronomo, pri la problemo starigi rilatan adjektivon kiel unu el la rilataj vortoj, ŝajne, ankoraŭ ne ekzistas unuiĝinta opinio. Ĉi tie mi ne starigas ĝin.

Tiuj, kiuj starigas rilatan adjektivon, povas diri, ke la 'kia' en jenaj ekzemploj estas uzata kiel rilata adjektivo.

① Li estas tre afabla.

② Lia patro ankaŭ estas tre afabla.

③ ?Li estas tre afabla, kia estas ankaŭ lia patro.

Se ni miksas la du simplajn frazojn ① kaj ② en unu kompleksan frazon, ĝi fariĝas ③ (la frazo ③ estas iom stranga), kaj oni povus diri, ke tiama 'kia' estas rilata adjektivo. Sed tiu aserto havas jenajn problemojn.

Unue, en la okazo de rilata pronomo, kiel ni vidas en la ekzemplaj frazoj ④, ⑤, ⑥, la sama substantivo (aŭ substantiva sintagmo) en la du simplaj frazoj povas aperi en malsamaj kazoj. Sed en la okazo de t.n. rilata adjektivo ĝi ĉiam aperas kiel predikativo de subjekto.

④ Mi aĉetis la libron.

⑤ La libro estas tre interesa.

⑥ Mi aĉetis la libron, kiu estas tre interesa.

Ĉi tie ni esploru, ĉu ni povus kunligi la adjektivojn malsame funkciantajn per rilata adjektivo.

⑦ La rakonto estas tre interesa.

⑧ Li havas tre interesan libron.

⑨ *La rakonto estas tre interesa, kian libron li havas.

⑩ *Li havas tre interesan, kia estas la rakonto, libron.

⑪ *Li havas libron tre interesan, kia estas la rakonto.

Kiel ni vidas supre, la kompleksaj frazoj ⑨, ⑩, ⑪, kiuj havas t.n. rilatan adjektivon 'kia', ĉiuj ne estas korektaj frazoj. Ili fariĝas ne-gramatikaj frazoj (kun stela signo).

Due, ni ne bezonas uzi t.n. rilatan adjektivon kiel en ③. Ni povas kunligi la du frazojn ① kaj ② sufiĉe bone per la junkcio 'kaj': *Li kaj lia patro estas tre afablaj.*

Sed ni tamen iom hezitas koncerne la starigon de rilata adjektivo, ĉar jenaj kelkaj frazoj estas jam uzataj.

① Kia (estas la) patro, tia (estas la) filo.

② Mi ne plu estas tia, kia mi estis antaŭe.

Mi opinias, ke ni povas rigardi tiun 'kia' kiel 'subjunkcio de komparo'. (Vd: III.3.3. Kompleksa Frazo)

II.2.2.6. Adverboj

Inter adverboj de Esperanto ekzistas tri specoj: 1) derivitaj adverboj, havantaj la finaĵon {-e}; 2) radikaj adverboj, kiuj ne havas finaĵon sed staras kiel nuda radiko; 3) tabelaj adverboj. Jen estas tabelaj adverboj.

	montra (ti-)	demanda (ki-)	totala (ĉi-)	nedifina (i-)	nea (neni-)
loko (-e)	tie	kie	ĉie	ie	nenie
tempo (-am)	tiam	kiam	ĉiam	iam	neniam
metodo, stato, grado (-el)	tiel	kiel	ĉiel	iel	neniel
kaŭzo, motivo (-al)	tial	kial	ĉial	ial	nenial
kvanto (-om)	tiom	kiom	ĉiom	iom	neniom

Ĉi tie ni devas atenti, ke por esprimi gradon oni devas uzi la vortojn de '-el' serio, ne la vortojn de '-om' serio. Multaj homoj misscias tion. Kaj ofte ili faras eraron, eĉ se ili scias tion. Sekve ni devas eviti la esprimojn "Mi kuris tiom rapide." aŭ "Kiom bela ŝi estas!", sed ni devas uzi la esprimojn "Mi kuris tiel rapide." aŭ "Kiel bela ŝi estas!."

Same kiel en la okazo de demandaj pronomoj kaj demandaj adjektivoj, ankaŭ en la okazo de adverboj, 'kie' kaj 'kiam' el inter la demandaj tabelaj adverboj estas uzataj kiel rilataj adverboj.

Mi ne klarigas ĉi tie la uzadon de rilataj adverboj. Sed mi substrekas nur tion, ke se la rilata adverbo havas reprezentaton,la rilata propozicio estas traktata kiel epiteta subpropozicio, kiu determinas la reprezentaton (en la okazo de ĉi-suba ekzemplo ①), kaj ke se ĝi ne havas reprezentaton, la rilata propozicio estas traktata kiel adjekta subpropozicio (en la okazo de ĉi-suba ekzemplo ②). (Vd: III.3.3. Kompleksaj frazoj)

① Li venis ĝuste en la momento, kiam mi parolis pri li.
② Kiam mi parolis pri li, li venis.

Jen estas radikaj adverboj.

ajn:	Li forprenas ion ajn.
almenaŭ:	Li povos almenaŭ manĝi.
ankaŭ:	Li ankaŭ ridis.
ankoraŭ:	Li ankoraŭ balbutas en Esperanto.
	Li ankoraŭ laboras en la fabriko.
apenaŭ:	Mi apenaŭ povas kompreni vin.
baldaŭ:	Li baldaŭ revenos al ni.
ĉi:	Li staris ĉi tie.
ĉirkaŭ:	Ĝi kostas ĉirkaŭ mil dolarojn.
ĉu:	Ĉu vi scias la veron?
des (pli):	Ju pli multe, des pli bone.
eĉ:	Mi ne povas eĉ paroli.
for:	La domo situas for de la strato.
hieraŭ:	La letero alvenis hieraŭ.
hodiaŭ:	Mi vidis ĝin hodiaŭ.
ja:	Ĝi estas ja grandioza.
jam:	La belaj tagoj jam pasis.
jen:	Jen estas la libro.
	Jen, vidu.
jes:	Jes, mi lernas Esperanton.
ĵus:	La novaĵo ĵus atingis ilian oficejon.
kvazaŭ:	Liaj okuloj kvazaŭ parolis.

mem:	Mi mem faris tion.
morgaŭ:	Ŝi revenos morgaŭ.
ne:	Ne, mi ne lernas Esperanton.
nun:	Kioma horo estas nun?
nur:	Mi amas nur vin.
plej:	Li estas la plej saĝa el ni.
pli:	Li estas pli diligenta, ol mi.
plu:	Mi ne povis elteni plu.
preskaŭ:	La ĉeestantoj preskaŭ sufokiĝis pro ŝoko.
tre:	La knabo estas tre bona.
tro:	La knabo estas tro juna por la laboro.
tuj:	Mi tuj respondos al vi.

II.2.2.7. Prepozicioj

Prepozicio metiĝas antaŭ substantivo (aŭ substantiva sintagmo) kaj faras ilin epiteto aŭ adjekto. Tiu epiteto aŭ adjekto ankaŭ nomiĝas prepozicia sintagmo.

Esperantaj prepozicioj principe postulas post si nominativan substantivon. Sed se akuzativa substantivo venas post loka prepozicio, tio montras direkton. Ekzemple la frazo 'la rato kuris sub la lito' signifas, ke la rato dekomence estis sub la lito kaj tie ĝi kuras tien kaj ĉi tien kaj ĝi ne elkuris ekster la liton. Kaj la frazo 'la rato kuris sub la liton' signifas, ke la rato komence estis ekster la lito kaj ĝi kuris al sub la lito kaj nun ĝi estas sub la lito.

Jen estas la prepozicioj de Esperanto kaj iliaj signifoj.

1) Lokaj Prepozicioj

antaŭ:	La arbo staras antaŭ la domo.
apud:	Li sidis apud la knabino.

ĉe:	La familio sidis ĉe la tablo.
	Metu po unu punkton ĉe unu flanko de la kesto.
	Li kaptis min ĉe la brako.
	Grandaj makuloj estas ĉe li.
	Ĉiam malgaja humoro regas ĉe ŝi.
	Mi laboris dum tri jaroj ĉe profesoro Kim.
	Ili loĝis ĉe mi dum la tuta somero.
ĉirkaŭ:	La tero rondiras ĉirkaŭ la suno.
	Li havas multajn saĝajn amikojn ĉirkaŭ si.
ekster:	La hundo dormis ekster la domo.
el:	Li estas la plej juna el ili.
	Neniu venis el ili.
en:	La floroj estas en la vazo.
ĝis:	Li kuris ĝis la stacidomo.
inter:	La banko estas inter la urbodomo kaj la hospitalo.
kontraŭ:	Mia domo situas kontraŭ la banko.
malantaŭ:	La kato dormas malantaŭ la pordo.
sub:	Sub la tablo sidas la kato.
super:	Super la tablo pendas la lampo.
sur:	Sur la tablo kuŝas teleroj kaj forkoj.
trans:	La junulo loĝas trans la monto.

2) Direktaj Prepozicioj

al:	Mi iras al la lernejo.
	Mi donis ĝin al li.
de:	Li venis de malproksima lando.
el:	La hundo kuris el la ĉambro.
kontraŭ:	Li promenis kontraŭ la rivero.
laŭ:	Li promenis laŭ la riverbordo.

preter: La hundo kuris preter la arbo.

3) Tempaj Prepozicioj

antaŭ: Li foriris antaŭ 3 monatoj.
ĉe: Li malaperis ĉe la koka krio.
ĉirkaŭ: Li revenos ĉirkaŭ decembro.
de: Li legas la libron de mateno.
dum: Ŝi dormis dum 8 horoj.
en: En la 3-a de majo (lundo, marto, 1989) mi
        iros al vi.
        Li legis la libron en tri tagoj.
ĝis: Li legos la libron ĝis vespero.
inter: Li vizitos la sinjoron inter la 3-a (horo,
        tago) kaj la 4-a (horo, tago).
je: Mi vizitos vin je la 4-a (horo) posttagmeze.
por: Li vagabondis por 3 jaroj.
post: Li faros tion post vi.
        Li revenos post 3 monatoj.

4) Prepozicioj Metodaj, Stataj, Kaŭzaj, Celaj, ktp

anstataŭ: Li donis al mi teon anstataŭ kafo.
ĉe: Li sidas ĉe vespermanĝo.
        Ŝi ĉiam sidas ĉe la sama laboro.
de: La libro estas skribita de fama aŭtoro.
        [aganto de pasivo]
        Li suferas de gripo. [kaŭzo]
        La amo de gepatroj al siaj gefiloj [aganto]
        La preparo de venonta kongreso [celo]
        La rezulto de la diskuto [simpla ligo]
el: Mi savis lin el danĝero.
        Tio konsistas el diversaj elementoj.

El tio rezultis, ke li foriris tuj.

en: Estas malbone lasi lin en tia libereco.

La glaso rompiĝis en pecetojn.

far: La libro far s-ro Kim estas tre interesa.

La legado de la libro far s-ro Kim estas tre rapida.

ĝis: Mi simpligis tion ĝis nekredebleco.

kontraŭ: Ili batalis kontraŭ la malamiko.

Li aĉetis la libron kontraŭ mil

krom: Neniu venis krom li.

Ĉiuj venis krom li.

kun: La knabo ludas kun la kato.

laŭ: Mi agis laŭ mia konscienco.

malgraŭ: Li eliris malgraŭ la malpermeso de la patro.

per: La knabo skribas per krajono.

Mi venis per trajno.

po: La patrino disdonis al la infanoj po 3 pomoj (pomojn). [Vidu II.5.2.3]

por: La popolo batalas por la libero.

Li pagis mil spesojn por la libro.

pri: La instruisto parolas pri la uzo de akuzativo.

pro: Li ne povis ĉeesti pro malsano.

sen: Homoj ne povas vivi sen aero.

sub: Li aperis sub la formo de maljunulo.

Mi akceptis ĝin sub la kondiĉo, ke mi reformos ĝin.

super: Tio estas super mia povo.

Li ankoraŭ ŝvitas super alfabeto.

Li sidis super laboro ĝis malfrua nokto.

tra: Ili vojaĝis tra Eŭropo.

Ĝi okazis nur unu fojon tra tuta historio.

5) Posedaj Prepozicioj
de: Ĝi estas la libro de la instruisto.
kun: La junulino kun belaj okuloj venis al mi silente.

6) Kvantaj Prepozicioj
da: Mi trinkis glason da biero.
                  Jen estas iom da akvo.
                  Jen estas kelke da pomoj.
                  Jen estas multe da akvo.
                  Jen estas multe da pomoj.
(Se post 'da' venas kalkulebla substantivo, ĝi staras en pluralo.)
je: La monto estas alta je 100 metroj.
                  La rivero estas longa je 10 kilometroj.
                  La strato estas larĝa je 20 metroj.
                  Ĝi estas vasta je 100 kvadrataj metroj.
                  La pakaĵo estas peza je 10 kilogramoj.
                  La lago estas profunda je 15 metroj.
                  La libro kostas je tri mil spesoj.

7) Emocia Prepozicio
je: Je mia surprizo li sukcesis en la ekzameno.

Krom supraj prepozicioj iuj vortoj, kiuj origine ne estas prepozicioj, estas uzataj kiel prepozicioj. Ili estas malsamaj ol originaj prepozicioj je tio, ke post ili povas veni akuzativo. Kaj preskaŭ ĉiuj el ili estas uzataj origine kiel adverboj.

almenaŭ:	Mi povas fari almenaŭ tion.
ankaŭ:	Ankaŭ li venis kune kun ili.
eĉ:	Li formanĝis eĉ ŝian porcion.
kiel:	Li rolis kiel prezidanto.
	Li aspektas kiel virino.
ne:	Mi renkontis ne lin, sed lian fraton.
nur:	Mi vidis nur ŝian vizaĝon.

II.2.2.8. Junkcioj

Junkcio kunligas diversajn lingvajn formojn (t.e. vorto, sintagmo, propozicio), kaj ĝi dividiĝas en du specojn, t.e. konjunkcio kaj subjunkcio. Konjunkcio kunligas du lingvajn formojn samajn je frazfunkcio (ekzemple 'kaj, sed, aŭ, nek'), kaj subjunkcio alligas la propozicion, kiun ĝi kondukas, al la ĉefpropozicio (ekzemple 'ke, kvankam, se').

Jen estas la listo de la junkcioj de Esperanto.

aŭ:	Nepre venu morgaŭ, aŭ vi ne plu vidos min.
ĉar:	Ŝi ploras, ĉar ŝia patro mortis.
do:	Ĉiuj homoj do mortas.
ju (pli):	Ju pli multe oni havas, des pli multe oni avidas.
kaj:	Li kaj ŝi estas bonaj geamikoj.
	Venu morgaŭ matene, kaj mi donos ĝin al vi.
ke:	Mi scias, ke li amas ŝin.
	La fakto, ke li amas ŝin, estas vaste konata.
	Mi ĝojas, ke li revenis viva.
	Mi petis lin, ke li sendu al mi la teleron.
	Li estis tiel laca, ke li ne povis plu paroli.

kia:	Restu ĉiam tia, kia vi estas.
kiel:	La uzado de la artikolo estas tia sama, kiel en aliaj lingvoj.
	Li kantas tiel bele, kiel mi.
	Kiel vi bone scias, la afero ne estas facila.
kiel se:	Li agas, kiel se li estus heroo.
kvankam:	Kvankam mi estas malriĉa, mi estas feliĉa.
minus:	Kvin minus du estas tri.
nek:	Li ne renkontis lin, nek lian fraton.
nu:	Ĉiuj homoj devas morti, nu, Sokrato estas homo, do Sokrato devas morti.
ol:	Li laboras pli diligente, ol mi.
plus:	Tri plus du estas kvin.
se:	Se vi estus mia frato, mi ĝin donus al vi.
sed:	Li legas libron, sed lia frato kantas apud li.
tamen:	Li klopodis multe, (kaj) li tamen ne sukcesis.

El inter supraj junkcioj, 'do' estas uzata, kiam oni diras ion konsekvence de tio, kio estas jam dirita. Kaj tial ĝi ne estas uzata en la subpropozicio de iu kompleksa frazo, sed en alia aparta frazo, senkonsidere ĉu ĉi tiu estas simpla frazo aŭ kompleksa frazo (en la okazo de kompleksa frazo, tiu ĉi estas uzata en la ĉefpropozicio). Kaj en iuj specialaj okazoj ĝi estas uzata kiel adverbo de surprizo aŭ emfazo en demanda frazo aŭ volitiva frazo. Jen estas ekzemploj de ĝia uziĝo kiel adverbo.

① Kial do vi ne laboras? (*Mi tute ne komprenas, kial vi ne laboras.*)

② Sed iru do! (*Se vi tiel deziras, iru. Mi ne retenos vin.*)

La junkcio, 'tamen' estas uzata ofte kun aliaj junkcioj 'kaj' aŭ 'sed'. La junkcio de komparo, 'kia' deklinacias laŭ la kazo kaj nombro de la substantivo, kiun ĝi determinas. Kaj kiam la demandvorto kondukas demandan subpropozicion, ĝi funkcias kiel junkcio. Kaj ankoraŭ ekzistas vortoj, kiuj estas uzataj momente kiel junkcioj, kvankam ili origine ne estas junkcioj, ekzemple prepozicioj aŭ adverboj au junkcioj plus tiaj vortoj.
Jen estas kvazaŭ-junkcioj.

anstataŭ:	Mi sendis lin, anstataŭ ŝin.
antaŭ ol:	Mi finos la laboron, antaŭ ol vi revenos.
apenaŭ:	Apenaŭ li vidis ŝin, li ekploris pro ĝojo.
ĉu:	Mi ne scias, ĉu li venos aŭ ne.
dum:	Li purigis la ĉambron, dum mi dormis en ĝi.
(eĉ) se:	Mi amas lin, (eĉ) se li estas malriĉa.
ĝis:	Li daŭre laboris, ĝis ŝi revenis.
kaj ajn:	Kia ajn li estas, li ŝajnas bela al la patrino.
kiam:	Kiam mi atingis Seulon, estis jam vespero.
kiam ajn:	Kiam ajn vi vizitos min, mi varme akceptos vin.
kie:	Kie pompas floroj, amasiĝas multaj abeloj.
kie ajn:	Kie ajn vi estas, mi iros al vi.
kiel ajn:	Kiel ajn li klopodos, li nepre malsukcesos.
kies ajn:	Kies ajn libro ĝi estas, mi prenos ĝin.
kio ajn:	Kio ajn ĝi estas, mi nepre akiros ĝin.
kiom:	Kiom mi scias lin, li ne faros tian aferon.
kiom ajn:	Kiom ajn ili eltrinkos, la puto ne elĉerpiĝos.
kiu ajn:	Kiu ajn venos, mi bonvenigos lin.
kvazaŭ:	Li agas, kvazaŭ li estus heroo.
malgraŭ, ke:	Li eliris malgraŭ, ke lia patro malpermesis.
por, ke:	Mi petis lin por, ke li sendu al mi la teleron.
post (kiam):	Ili kune ekiris, post (kiam) li venis al ili.

Post 'kvazaŭ' oni devas uzi ĉiam kondicionalon, ĉar ĝi donas sencon de supozo mala al la realo.

II.2.2.9. Interjekcioj

Esperanto havas jenajn interjekciojn. Ili ne havas finaĵon, kaj estas uzataj kiel memstaranto en frazo.

bis: uzata kiam oni petas ripeton de la plenumita kantado aŭ aktorado

fi: uzata kiam oni esprimas malestimon kaj abomenon

ha: uzata kiam oni vokas iun, aŭ kiam oni estas surprizita

ho: uzata kiam oni esprimas vivecan senton

lo: uzata kiam oni vokas iun ĉe telefonado; ofte uzata kun 'ha', do en la formo 'ha-lo'

nu: uzata kiam oni atentigas iun alian al sia parolo

ruk (ho ruk): uzata kiam oni laboras kune, aŭ kiam oni koncentras fortojn

ve: uzata kiam oni esprimas malfeliĉon, kordoloron, malbenon, malĝojon, ktp

Kaj krom ili ankoraŭ uziĝas kelkaj adverboj kiel interjekcioj. Jen estas kvazaŭ-interjekcioj.

bedaŭrinde: uzata kiam oni esprimas bedaŭron

bone: uzata kiam oni esprimas sian kontenton aŭ taŭgecon de la cirkonstanco

certe: uzata kiam oni esprimas certecon

domaĝe: uzata kiam oni esprimas domaĝan senton

eble: uzata kiam oni esprimas pli malpli da ebleco

kredeble: uzata kiam oni esprimas iagradan kredeblecon

mirinde:	uzata kiam oni esprimas grandan miron
trafe:	uzata kiam oni trafis ion
verŝajne:	uzata kiam io ŝajnas vera

Kaj ni povas esprimi la senton de admiro per admiraj frazoj, kiel jene.

① Kiel bela ĝi estas!
② Kiel bela floro ĝi estas!
③ Kia idioto (li estas)!

Ĉe la admira frazo ni uzas la demandvortojn 'kiel' aŭ 'kia'. Kiel ni vidas supre, kiam ni admiras la adjektivon aŭ adverbon (en la okazoj ① kaj ②), ni uzas la vorton 'kiel', kaj kiam ni admiras substantivon (en la okazo ③), ni uzas 'kia'. En tiu ĉi lasta okazo la substantivo devas havi karakteron de adjektivo. Se ne, kaj se uziĝas ordinara substantivo, ni ne povas bone senti, kian admiron la parolanto volas esprimi. (ekz: *Kia homo! Kia domo! Kia rezulto!*)

Ĉe la okazo de ② iuj diras: "Kia bela floro ĝi estas!". Tio estas studinda problemo.

Se ni tiam admiras la substantivon 'floro' same kiel en la kazo de ③, ni povas uzi 'kia'. Sed mi opinias, ke en la okazo de ②, tio, kion ni admiras, ne estas la substantivo 'floro', sed la adjektivo 'bela'. Ni vidu jenajn frazojn.

④ Ĝi estas tre bela.
⑤ Ĝi estas tre bela floro.
⑥ Kiel bela ĝi estas!
⑦ Kiel bela floro ĝi estas (= estas ĝi)!

La frazo ⑥ estas la admira frazo de ④, kaj la frazo ⑦ estas la admira frazo de ⑤. En ambaŭ okazoj la vorto 'kiel' estas uzata anstataŭ la adverbo 'tre'. Se estas tiel, mi ne povas kompreni la opinion, ke oni devas uzi 'kia' en la frazo ⑦.

II.2.3. Studindaj problemoj

1) Ĉu ni povas atribui parolelementon al la vorto-radiko?

Inter diversaj lingvoj en la mondo ekzistas lingvoj, al kies radikoj oni povas atribui unu specon el la parolelementoj, kiel ekzemple la korea kaj la angla, dum en la aliaj la radikoj devas preni finaĵon por decidiĝi al unu el la parolelementoj, kiel ekzemple la latina kaj Esperanto.

En Esperanto iuj vortoj devas preni parolelementan finaĵon por decidiĝi al unu el la parolelementoj (substantivoj, verboj, adjektivoj, derivitaj adverboj), kaj la aliaj povas stari mem sen tiuj parolelementaj finaĵoj (pronomoj, numeraloj, radikaj adverboj, prepozicioj, junkcioj, interjekcioj).

Parolelemento estas tio, kion oni dividas laŭ fundamenta karaktero de la vorto. Kaj tial ni devas distingi ĝin disde la frazelemento, kiun oni dividas laŭ la momenta uziĝo en la frazo. Ekzemple la substantivo estas ĉiam substantivo en la klasifiko de parolelementoj, sed ĝi povas esti uzata jen kiel subjekto, jen kiel objekto aŭ predikativo. Kaj en Esperanto la adverboj kaj prepozicioj povas esti uzataj kiel ligantoj en la frazo. Tiam ni ne nomas ilin junkcioj, kvankam ili estas uzataj kiel ligantoj.

Ĉar la radiko de Esperanto ne estas kompleta vorto kun decidita speco de parolelemento, ni ne povas scii ekzemple al kiu parolelemento apartenas 'dom-'. Sed la signifon ni povas kompreni, t.e. <domo>. Kiel ni povas scii per komuna saĝo, <domo> estas konkretaĵo. Jen ni surpriziĝas, rimarkante, ke tiu konkretaĵo povas esti uzata kiel adverbo, t.e. 'dome'. Des pli, ke en Esperanto tia parolmaniero estas tre progresinta, kaj ni povas tre bone esprimi eĉ tion, kion oni preskaŭ ne povas esprimi en aliaj etnaj lingvoj. Jen estas kelkaj ekzemploj.

- ĉevale kuri (kuri kiel ĉevalo)
- genue sidi (sidi sur genuoj)
- grue stari (stari kiel gruo per unu piedo)
- korpe viziti (mem viziti)
- mane preni (preni per mano)
- okule paroli (paroli per okulo)

2) Ĉu starigi tabelvorton kiel unu el la parolelementoj?

En Esperanto ekzistas 45 tabelaj vortoj, kiuj estas formitaj sen observo pri la sistemo de la fundamentaj finaĵoj de Esperanto. Ekzemple la '-u' en la sistemo de fundamentaj finaĵoj estas la finaĵo de volitivo, sed ĝi estas uzata ĉi tie kiel finaĵo (verdire ĝi ne povas esti nomata finaĵo) por pronomo aŭ adjektivo de individuo (de homo aŭ objekto).

Kaj tial ni ne povas klasifiki ilin en parolelementojn laŭ iliaj formoj. Laŭ nia klasifiko de parolelementoj ĉiuj vortoj en la kategorio de adjektivo havas la finaĵon '-a'. Se enviciĝus en tiun kategorion iuj vortoj kun la finaĵo '-u', la sistemo fariĝos konfuza.

Ni do unue rezignu la metodon envicigi la 45 tabelajn vortojn en la sistemon de parolelementoj, kaj prenu la metodon aparte starigi tabelvorton kiel unu el la parolelementoj. En tiu okazo nia sistemo de parolelementoj havas 10 membrojn. Sed tio naskas jenajn problemojn.

1-e, vortoj kun tro malsamaj sintaksaj funkcioj ligiĝas kune en unu parolelemento, kaj tial la klasifiko ne kontentigas la funkcian vidpunkton.

2-e, en realo ni nomas ilin ekzemple 'montra pronomo' aŭ 'demanda pronomo' aŭ 'loka adverbo'. Kaj tial tiu klasifiko ne konformas al la realo.

3-e, laŭ la principo, ke pli simpla estas pli bona ĉe la starigo de gramatiko, 10-membra sistemo estas malpli bona ol la 9-membra.

Pro tiuj problemoj mi do trovas pli bona, ke ni envicigu la 45 tabelajn vortojn divide en la 9 specojn de la parolelementoj. En tiu okazo vortoj kun '-o, -u' apartenas al pronomo kaj tiuj kun '-u, -a, -es' al adjektivo kaj la aliaj al adverbo. (Vidu II.1. Analizo de Morfemoj)

3) Ĉu starigi artikolon kiel unu el la parolelementoj?

En la angla gramatiko artikolo estas traktata kiel aparta parolelemento. Sed en Esperanto tiu sinteno havas jenajn problemojn.

1-e, malsame ol en aliaj hindeŭropaj lingvoj en Esperanto ekzistas nur unu artikolo, t.e. 'la'. Kaj tiu 'la' neniam ŝanĝas sian formon (nur en speciala okazo oni povas uzi ties mallongigon <l'>). Kaj tial starigi unu kategorion de parolelemento nur por unu vorto ne estas ekonomia sinteno.

2-e, la signifo kaj sintaksa funkcio de 'la' estas sama kiel montra adjektivo, kaj ankaŭ la formo estas sama kiel ordinaraj adjektivoj (sed la <a> en <la> ne estas la finaĵo por adjektivo).

Kaj tial mi ne starigas artikolon kiel unu el la parolelementoj, sed rigardas <la> kiel unu el la montraj adjektivoj.

Sed ankaŭ en tiu okazo ni ne povas eviti jenajn problemojn.

1-e, <la>, malsame ol ordinaraj adjektivoj, ne havas la adjektivan finaĵon.

2-e, <la> ne povas havi post si la finaĵojn {-j} kaj {-n}, malsame ol ordinaraj adjektivoj.

Kaj ĉi tie ni studu la uzadon de la artikolo. Ĝiaj uzoj estas jenaj.

A) Ĝi donas ne novan, sed malnovan informon. Ĝi montras:

① tion jam parolitan dum la interparolo;

(ekz: *Hieraŭ mi legis iun libron. La libro estis tre interesa.*)

② tion ekzistantan en la sceno de la interparolo, kaj tial konfirmeblan per okuloj;

(ekz: *Bonvolu transdoni al mi la botelon.*)

③ tion, kion oni ne konfuzas laŭ la situacio.

(ekz: *Kial la knabo ne venas hodiaŭ?*) <La knabo ĉiun tagon venas.>

B) Ĝi reprezentas la specon en la okazo de singularo, kaj ĝi montras la tuton de la speco en la okazo de pluralo.

(ekz: *La papero estas tre blanka, sed la neĝo estas pli blanka.; Oni elhakis la arbojn apud la vojo.*)

C) Ĝi montras unusolan objekton en la mondo.
(ekz: *La suno brilas.; La tero estas ronda.; La ĉielo estas blua.; La filo (= unusola filo) de sinjoro Kim estas tre saĝa.*)

Ĉ) Ĝi estas uzata antaŭ la substantivo, havanta la karakteron de verbo, se la substantivo estas determinita de de-sintagmo. Sed se rilata propozicio venas post la substantivo, oni povas aŭ uzi aŭ ne uzi la artikolon.
(ekz: *La hirundo anoncas la alvenon de printempo.; Vi ricevos de li la (= tiun) instruon, kiun vi bezonas.*)
(komparu: Vi ricevos de li instruon, kiu estos valora.)

D) Ĝi estas uzata antaŭ la propra substantivo, antaŭ aŭ post kiu troviĝas ordinara adjektivo.
(ekz: *la Ruĝa Maro; la Monto Blanka*)

E) Ĝi estas uzata, se propra substantivo estas kvalifikita de epiteto.
(ekz: *Seĝong la granda; la tuta Koreujo*)

F) Se antaŭ propra substantivo venas iu klariga substantivo, oni uzas artikolon antaŭ la klariga substantivo.
(ekz: *la rivero Hangang; la reĝo Seĝong*)

G) Ĝi estas uzata nur gramatike en jenaj okazoj.
① antaŭ adjektivo, kiu estas uzata kiel substantivo
(ekz: *la Ĉiopova; la granda*)
② kiam citaĵo estas rigardata kiel substantivo

(ekz: La 'multe' de lia parolo estas vere la 'malmulte'.)

③ kiam propra substantivo estas uzata kiel ordinara substantivo

(ekz: Li estas la Zamenhof de la vilaĝo.)

④ antaŭ la vorto 'plej' de la superlativo

(ekz: Li estas la plej diligenta el ili.)

⑤ antaŭ la vorto 'pli' de la komparativo, se ekzistas nur du komparaĵoj.

(ekz: La pli forta el liaj manoj estas la dekstra.)

⑥ kiam poseda adjektivo estas uzata kiel pronomo.

(ekz: Ĝi estas la mia.)

<Rimarko>

Tiu esprimo estas sama kiel 'Ĝi estas mia.' Ni esploru la diferencon de tiuj du esprimoj.

(a) Tiu libro estas via, kaj ĉi tiu libro estas mia.

(b) Via pano estas granda, sed la mia estas malgranda.

En la frazo (a) la du vortoj <via> kaj <mia> estas uzataj kiel posedaj pronomoj, sed <la mia> en la frazo (b) estas uzata anstataŭ <mia pano>.

4) Ĉu starigi numeralon kiel unu el la parolelementoj?

En la angla gramatiko numeralo estas klasifikita kiel adjektivo. Sed en Esperanto ni devas starigi ĝin kiel unu memstaran kategorion de parolelementoj pro jenaj kialoj.

1-e, numeralo estas forme malsama ol adjektivo. Ĝi ne havas adjektivan finaĵon.

2-e, numeralo ne povas havi post si la finaĵojn {-n} kaj {-j}, dum adjektivo povas havi ilin post si.

II.3. Vortofarado

Oni povas pluformi novajn vortojn uzante jam ekzistantajn morfemojn. En Esperanto, same kiel en aliaj lingvoj, ni povas pluformi vortojn per derivado kaj kunmetado.

II.3.1. Derivado

Kiam oni pluformas novan vorton per aldono de afiksoj al radiko, ni nomas tion derivado. En Esperanto ekzistas prefiksa derivado kaj sufiksa derivado.

II.3.1.1. Prefiksa Derivado

Prefiksoj aldonas novan plian sencon al la radiko. En Esperanto ekzistas jenaj prefiksoj.

1) {bo-} homa rilato post geedziĝo

bopatro	patro de la edzo, patro de la edzino
bopatrino	patrino de la edzo, patrino de la edzino
bogepatroj	gepatroj de la edzo, gepatroj de la edzino
bofilo	edzo de la filino
bofilino	edzino de la filo
bofrato	(bo)frato de la edz(in)o, edzo de la (bo)fratino
bofratino	(bo)fratino de la edz(in)o, edzino de la (bo)frato
boparenciĝi	fariĝi rilato inter du familioj per geedziĝo

2) {dis-} malcentriĝo; dividiĝo en multajn direktojn

disdoni	doni al multaj homoj
disvastigi	vaste konigi ion
disigi	apartigi; dividi; pecigi

3) {ek-} komenco
ekiri   komenci iradon
ekscii   subite rimarki; subite scii; subite kompreni
ekridi   komenci ridon
eksidi   sidigi sin

4) {eks-} antaŭa, ne plu posedata ofico aŭ pozicio
eksprezidanto la prezidanto, kiu finis sian oficon kaj ne plu
               oficas
eksedz(in)iĝi ĉesi esti la edz(in)o
eksigi   fari iun ĉesigi sian oficon

5) {ge-} ambaŭ seksoj
gefratoj   frato(j) kaj fratino(j)
gepatroj   patro kaj patrino
geedziĝi   pariĝi per edziĝo kaj edziniĝo
geknaboj   knabo(j) kaj knabino(j)
gesinjoroj   geedzoj de iu familio; sinjoro(j) kaj sinjorino(j)

6) {mal-} kontraŭeco; neo
malbona   kontraŭa al bono
malkompreni   miskompreni
malami   abomeni; deziri al iu malbonon
maldekstra   kontraŭa al dekstro
male   kontraŭe

7) {mis-} eraro
miskoni   erare koni
misi/miso   erari/eraro
miskompreni   erare kompreni

8) {pra-} antaŭlongeco; familia rilato antaŭ aŭ post unu
generacio

prapatro	unua patro de familio aŭ gento; mal-ido
pratempo	antaŭlonga tempo
praarbaro	arbaro ekzistanta de pratempo
prahomo	antaŭlonga homo; primitiva homo
praavo	patro de la avo
pranepo	filo de la nepo

9) {re-} retroveno al la deira loko aŭ stato; ripeto

rebati	defende bati kontraŭ ies bato; ripete bati
reiri	retroiri; iri unu fojon pli
reveni	retroveni al la deira loko; veni unu fojon pli
revidi	vidi unu fojon pli
reviziti	viziti unu fojon pli

Supre vi vidas 9 oficialajn prefiksojn, kaj krom ili ankoraŭ
ekzistas jenaj kvazaŭprefiksoj kaj neoficialaj prefiksoj.

{vic-}	anstataŭanto por alia; dua-rango
{for-}	longa distanco
{tele-}	longa distanco (teknika vorto)
{retro-}	kontraŭa al normala direkto

II.3.1.2. Sufiksa Derivado

Sufiksoj ankaŭ aldonas novan plian sencon al la radiko kaj
krom tio ili foje povas ŝanĝi la kategorion de parolelemento. En
Esperanto ekzistas jenaj sufiksoj.

{-aĉ-}	malboneco (hundaĉo; ĉevalaĉo; virinaĉo; viraĉo)
{-ad-}	daŭreco de ago (parolado)
{-aĵ-}	konkreta objekto; manĝebla objekto (vendaĵo;

	porkaĵo)
{-an-}	membro; adepto (familiano; kristano)
{-ant-}	daŭra aspekto aktivo (leganta)
{-ar-}	kolekto (vortaro; arbaro)
{-at-}	daŭra aspekto pasivo (legata)
{-ĉj-}	vira karesnomo (Tomĉjo; paĉjo)
{-ebl-}	pasiva povo (videbla)
{-ec-}	abstrakto (juneco; amikeco)
{-eg-}	granda; forta (belega; pordego)
{-ej-}	loko (lernejo; manĝejo)
{-em-}	inklino (hontema; parolema)
{-end-}	pasiva devo (lernenda)
{-er-}	konsistiganto (akvero; monero)
{-estr-}	ĉefo; kapulo (ŝipestro; lernejestro)
{-et-}	karesa; malgranda; malforta (iomete; knabeto)
{-id-}	naskito; filo; posteulo (bovido; reĝido; Izraelido)
{-ig-}	transitivigo; faktitivigo (beligi; turnigi)
{-iĝ-}	netransitivigo; medialigo (beliĝi; turniĝi)
{-il-}	instrumento (skribilo; kombilo)
{-in-}	virina sekso (patrino; virino)
{-ind-}	pasiva valoro (leginda; manĝinda)
{-ing-}	parta kovro (kandelingo; glavingo; cigaringo)
{-int-}	intaspekto aktivo (leginta)
{-ism-}	doktrino; religio; kutima parolmaniero (demokratismo; kristanismo; esperantismo; anglismo)
{-ist-}	okupo-havanto; adepto (dentisto; esperantisto)
{-it-}	intaspekto pasivo (legita)
{-nj-}	virina karesnomo (Elinjo; panjo)
{-obl-}	multipliko (trioble)

{-on-}	frakcio (triono)
{-ont-}	ontaspekto·aktivo (legonta)
{-op-}	kolektivecon (triope)
{-ot-}	ontaspekto·pasivo (legota)
{-uj-}	tuta kovro (lando, arbo, vazo) (Koreujo;
	pomujo; sukerujo)
{-ul-}	homo (junulo)
{-um-}	sen difinita senco (kolumo; akvumi; butonumi)

Supre montritaj sufiksoj estas oficialaj, kaj krom ili ekzistas ankaŭ neoficialaj kiel jenaj.

{-i-}	lando (Koreio; Francio)
{-iv-}	pozitiva ebleco (produktiva)
{-iz-}	apliki; igi (ŝtalizi; pasteŭrizi; organizi)
{-oz-}	malsano (horzonozo)

Kiam sufikso ligiĝas al radiko, principe nenio enŝoviĝas inter ili. Sed en speciala okazo por eviti konfuzon kun aliaj vortoj aŭ evidentigi la signifon, ni povas enŝovi diversajn finaĵojn, ekzemple: post-e-ulo (por eviti konfuzon kun la vorto 'postulo'), unu-a-eco (por distingi disde 'unueco'), varm-o-igi (por distingi disde 'varmigi').

La aserto, ke sufikso povas ŝanĝi parolelementon de la vorto, estas repensinda problemo. En Esperanto la parolelemento de vorto estas decidata nur, post kiam la parolelementa finaĵo estas aldonata al la radiko. Ekzemple ĉe 'manĝad-' la parolelemento estas ankoraŭ ne decidita. Se ĝi prenas finaĵon {-o}, tiam ĝi do fariĝas substantivo, kaj se {-i}, verbo. Se estas tiel, sufikso havas nenian rilaton al parolelemento.

Sed reale ni povas dividi sufiksojn en la kategoriojn de 'substantiviga' (ekzemple -aĵ-, -an-, -ar-, -ec-, -id-, -in-, ktp.), 'verbiga' (ekzemple -ig-, -iĝ- ktp.), kaj 'adjektiviga' (ekzemple -ebl-, -em-, -end-, -ind-, ktp.). Tio signifas, ke ni jam konscias, kiu sufikso faras kiun parolelementon. Sed inter ili ekzistas kelkaj dubaj (ekzemple -aĉ-, -ad-, -eg-, -et-, -obl-, -on-, -op-, -um- ktp.). Por ili ni devas kolekti multajn ekzemplojn kaj statistiki ilin.

En derivado la plej grava afero estas tio, ke ni devas kompreni la fakton, ke vortoj derivitaj per derivado estas novaj memstaraj vortoj. Ekzemple la vortoj 'arboj' kaj 'arbaro', kaj 'parol-' kaj 'parolad-' havas tute apartajn nesamajn nociojn. Tial ni devas esti atentaj pri tiu punkto, kiam ni uzas derivitajn vortojn.

En naciaj lingvoj derivitaj vortoj aperas en vortaroj kiel kapvortoj, sed en Esperanto ne estas tiel. Tio ne estas teknika afero de kompilado de vortaro, sed aludas pli fundamentan aferon, nome, ke en Esperanto oni ne devas nepre rigardi derivitajn vortojn kiel novajn memstarajn vortojn. Supre mi diris, ke derivitaj vortoj estas novaj memstaraj vortoj, sed ekzistas multaj okazoj, kie ni ne povas rigardi tiel. Ekzemple mi dubas, ĉu mi devas memori la vortojn 'bela' kaj 'beleta' kiel apartaj du vortoj. Povas esti, ke iu nacio ne konceptas la du vortojn 'parol-' kaj 'parolad-' aparte. Ankaŭ tion ni devas atenti ĉe derivado.

Kaj la vortoj 'ir-i' kaj 'ir-o' estas respektive verbo kaj substantivo. En tiu okazo PAG rigardas la {-o} ne kiel finaĵon, sed kiel sufikson. Kaj en la sama okazo en korea lingvo ĝi (la finaĵo {-o}, nome en la korea {-ㅁ} kaj {-기} en '감'/kam/ kaj '가기'/kaki/) estas traktata kiel substantiviga finaĵo, kaj en la angla kiel substantiviga sufikso (ekz: la {-ing} en 'going' kaj '*studying*'). La vidpunkto de PAG rigardi ĝin kiel sufikson elbe estas influita de tio, ke sufikso havas funkcion ŝanĝi parolelementon. Sed tia vidpunkto havas jenajn problemojn.

1-e, por rigardi {-o} de 'ir-o' kiel sufikson ni bezonas antaŭkondiĉon, ke 'ir-' estas verbo. Tio estas kontraŭ la principo de Esperanto. Kiel ni jam scias, la parolelementoj de substantivoj, verboj, adjektivoj kaj adverboj de Esperanto ne estas decidataj ĉe la stato de radiko, sed ili estas decidataj nur post kiam aldoniĝas parolelementaj finaĵoj (Vd: II.4. Konjugacio). Kaj tial ni ne povas diri, ke 'ir-' estas verbo.

2-e, se ni rigardas {-o} kiel sufikson, ni povas rigardi ankaŭ {-i} kiel sufikson. Kaj en tia okazo ĉiuj parolelementaj, tensaj kaj modaj finaĵoj de Esperanto fariĝas sufiksoj, kaj rezultas, ke ne ekzistas konjugaciaj finaĵoj. Tio do estas tro fremda kompare kun ĝenerala gramatiko.

3-e, se ni promesus, ke ni atribuu bazan parolelementon al radiko, kaj ke ni ŝanĝu la parolelementon per aldono de parolelementaj finaĵoj malsamaj ol la atribuita baza parolelemento, kaj ke nur en tiu okazo ni rigardu la finaĵon kiel sufikson, tio unuavide ŝajnus logika. Sed ankaŭ tio havas problemojn. Ni ne havas ian normon por atribui bazan parolelementon al radiko. Ekzemple ni ne havas definitivan normon, kiun parolelementon ni devas atribui al la radiko 'ĝoj-'. Iuj pensas, ke ĝi estas adjektivo, kaj aliaj pensas, ke ĝi estas verbo. Tial ni ne povas facile decidi, ĉu {-a} de 'ĝoj-a' estas sufikso aŭ ne. Pro tiuj kialoj mi rigardas {-o} de la vorto 'ir-o' ne kiel sufikson, sed kiel parolelementan finaĵon.

Sed ekzistas okazoj, kie ni ne povas ne rigardi ĝin kiel sufikson, ekzemple la {-i} kaj {-o} en 'per-i', 'anstataŭ-i' kaj 'kial-o'. La vortoj 'per', 'anstataŭ' kaj 'kial', ili ĉiuj estas jam deciditaj kiel unu el la parolelementoj ĉe stato de radiko (respektive prepozicio, prepozicio, adverbo), tial la {-i} kaj {-o} en tiuj okazoj evidente havas funkcion de parolelemento-ŝanĝo.

Kaj la lasta, kion ni devas atenti en derivado, estas la strukturoj <afikso + parolelementa finaĵo> kaj <afikso + afikso + parolelementa finaĵo>. La strukturoj apartenas nek al derivado nek al kunmetado. Ekzemple en la vortoj 'ebl-e', 'mal-a', 'eks-ig-i', ktp ne ekzistas radikoj. Ordinare en naturaj lingvoj apenaŭ troviĝas vortoj, kiuj ne havas radikon. Sed en Esperanto ĉiaj lingvaj formoj mem povas fariĝi radiko. Pro tio ĉiuj finaĵoj kaj afiksoj povas ludi la rolon de radiko. Principe do en Esperanto la supraj strukturoj estas permesataj.

Se estas tiel, ni devas klarigi la strukturojn. Tio eblas pere de du manieroj. Unue, konsiderante ilin kiel unu el gramatikaj kategorioj, ni donas al ili propran nomon (ekz: afikso-kunmetado). Due, en tiu okazo ni traktas la antaŭan afikson kiel radikon. Mi preferas la duan, ĉar tiam estas evidente, ke la antaŭa afikso, en nia konscio, ludas la rolon de radiko.

Kiam ni elektas la duan, la strukturon <afikso + parolelementa finaĵo> ni devas klarigi en la kategorio de parolelemento kaj la strukturon <afikso + afikso + parolelementa finaĵo> en tiu de derivado.

II.3.1.3. Aspekto

Aspekto ni nomas la realiĝantan figuron de la ago aŭ stato esprimita de la predikato. Strikte dirite, per ĝi oni esprimas, kiel la parolanto komprenas la agon (aŭ la staton) esprimitan de la predikato.

Laŭ la 'plena analiza gramatiko de esperanto' (1980, UEA,

§105-§109), Esperanto havas jenajn 5 aspektojn

inkoativo (komenca)	ek-, -iĝ-
momentaneo (momenta)	ek-
durativo (daŭra)	-ad-
iterativo (ripeta)	re-
perfektivo (fina)	-int-, -it- (el-, tra-, sat-, fin-, tut-)

Mi ne scias, kiun forman bazon havas la sistemo. Sur kiu bazo oni dividis la 5 aspektojn? Kaj krom la 5 aspektoj, ĉu Esperanto ne havas aliajn?

Ni esploru la bazon de formo. Kiel ni vidas supre, oni esprimas la 5 aspektojn ĉefe per afiksoj. Tion ni povas konsideri kiel unu el formaj bazoj.

Sed la nombro 5 estas hazardo. Logike povas ekzisti pli multaj aspektoj krom ili, ekzemple 'stato estanta', 'stato estonta' aŭ 'ago kutima' ktp. Tamen oni dividis nur 5 aspektojn. Kial?

Ni devas ree pripensi la sistemon.

Se ni konsideras ĉi tie ankaŭ la sistemojn de tenso kaj voĉo, kiujn ni studos poste, ni devus diri, ke Esperanto havas 3 aspektojn, nome 'antaspekto, intaspekto, ontaspekto', kaj ankaŭ ke la aspekto ĉiam esprimiĝas forme samtempe kun la voĉo. Se ni faras tiel, ni povas doni certan forman bazon al la sistemo de aspekto, kaj ankaŭ certigi la nombron de aspektoj. La voĉaj afiksoj de Esperanto estas <-ant-, -at-, -int-, -it-, -ont-, -ot->. Jen estas la sistemo de la aspektoj.

antaspekto	-ant-, -at-
intaspekto	-int-, -it-
ontaspekto	-ont-, -ot-

La signifojn oni povus scii per la nomoj. Mi do preterlasos la klarigon.

II.3.1.4. Voĉo

Voĉo estas la rilato inter la ago de predikato kaj la subjekto de la frazo. Ilin esprimas aspektaj afiksoj. Laŭ PAG, ekzistas 4 voĉoj en Esperanto.

aktivo	-ant-, -int-, -ont-
pasivo	-at-, -it-, -ot-
faktitivo	-ig-
medialo	-iĝ-

II.3.1.4.1. Aktivo

Aktivo signifas, ke la subjekto de la frazo mem faras la agon de predikato. Jen vidu la ekzemplojn.

① Mi legas la libron.
② Mi estas leganta la libron.
③ Li sidas en la ĉambro.
④ Li estas sidanta en la ĉambro.
⑤ La knabo, leganta la libron, estas mia amiko.

Ĉe la verboj 'legas' kaj 'sidas' de la ekzemploj ① kaj ③, ne troviĝas aparta metodo de voĉo. Tamen laŭ la signifoj de la verboj evidentas, ke ili estas aktivo. Kaj por klare evidentigi voĉon, oni povas paroli kiel la ekzemploj ② kaj ④ per la strukturo <esti + aktiva participo>. Sed tio ne estas necesa. Kiam oni parolas same kiel la frazoj ② kaj ④, la esprimoj montras ne nur voĉon, sed ankaŭ aspekton. Kaj en ⑤, per la participo 'leganta' oni povas scii, ke la subjekto (ĉi tie ĝi estas eliminita) mem faras la agon.

II.3.1.4.2. Pasivo

Pasivo signifas, ke la ago de predikato influas la subjekton (t.e. la subjekto ricevas la influon de la verbo), kaj samtempe la ago estas kaŭzita ne fare de la subjekto, sed de iu alia aganto. Ni vidu jenajn ekzemplojn.

① Li estis invitita de ŝi.
② La libro estis eldonita en la jaro 1988.
③ La sinjoro, invitita de ŝi, estas mia amiko.

Kiel ni vidas supre, pasivo havas la strukturon <esti + pasiva participo>. Kaj por esprimi la aganton oni uzas prepozicion 'de'. Sed foje oni ne bezonas esprimi la aganton, kiel ni vidas supre en ②.

II.3.1.4.3. Faktitivo

Faktitivo signifas, ke la subjekto faras la objekton plenumi la agon esprimitan de la predikato.

① Ĝi beligis ŝin.
② Li sidigis la infanon sur la seĝon.
③ Li sciigis tion al li. (= Li sciigis lin pri tio.)
④ Li manĝigis ĝin al ŝi. (= Li manĝigis ŝin per ĝi.)

En la ekzemplo ①, algluiĝis al adjektivo la sufikso {-ig-}.

La ekspliko de la frazo estas 'Ĝi igis ŝin bela'. Tiu-forma faktitivo eblas ĉe ĉiuj parolelementoj, ne nur ĉe adjektivo, sed ankaŭ ĉe substantivo (akvigi), adverbo (troigi), prepozicio (eligi), verbo (kiel en la ekzemploj ②, ③, ④) ktp. En la ekzemplo ②, la faktitivo formiĝis el netransitiva verbo, kaj tiam uziĝas nur unu objekto. Kompare kun ③ kaj ④, la ekzemplo ② diferencas je la nombro de objekto. Ĝi povas havi nur unu objekton, ĉar la faktitivo formiĝis el netransitiva verbo. Sed en ③ kaj ④ la faktitivo formiĝis el transitiva verbo, kaj nature laŭ la senco ili havas du objektojn. Ni do povas esprimi ilin ankaŭ kiel la frazoj en la krampoj supre, kie ŝanĝiĝis la objektoj.

II.3.1.4.4. Medialo

Medialo signifas, ke la subjekto ricevas la influon de la ago esprimita de la predikato, kaj la subjekto mem estas la aganto. Medialo kaj pasivo samas je tio, ke la subjekto estas influita de la ago de predikato, sed diferencas je tio, ke ĉe medialo la subjekto mem estas la aganto de la ago. Vidu jenajn ekzemplojn.

① Ŝi beliĝis.
② Li sidiĝis.
③ La pordo fermiĝis.

En ekzemplo ①, oni formas medialon per almeto de {-iĝ-} al adjektivo. Tiu-forma medialo, same kiel mi menciis ĉe faktitivo, eblas ĉe ĉiuj parolelementoj. La sufikso {-iĝ-} povas algluiĝi ne nur al adjektivo, sed ankaŭ al substantivo (glaciiĝi), adverbo (foriĝi), prepozicio (aliĝi), verbo (kiel en ②, ③) ktp.

La ekspliko estas: Ŝi iĝis bela.

En ② la medialo formiĝis el netransitiva stato-verbo, kaj tiam la medialo havas la sencon de ago-verbo.

Kaj en ③ la medialo estas formita el transitiva verbo. Tiam ŝajnas, ke la medialo iugrade havas la sencon de pasivo, ĉar por fermiĝi la pordo nepre bezonas forton de ekstero. Sed kompare kun la pasiva esprimo 'La pordo estis fermita' ĝi diferencas je tio, ke en la pasivo evidentas la forto de ekstero (oni scias, kiu fermis la pordon, kaj povas esprimi la aganton per la prepozicio 'de'), dum en medialo la forto de ekstero estas apenaŭ sentebla. Oni do devas uzi ne medialon, sed pasivon, kiam la forto de ekstero estas evidenta. Estas pli bone esprimi en pasivo jenajn medialojn.

① La letero skribiĝis per krajono. → La letero estis skribita per krajono.

② Li invitiĝis al la konferenco. → Li estis invitita al la konferenco.

II.3.1.5. Participo

Ni nomas 'participo' la lingvoformon kun la aspektaj kaj voĉaj sufiksoj <-ant-, -at-, -int-, -it-, -ont-, -ot->. Krom verba finaĵo ĉiuj parolelementaj finaĵoj povas algluiĝi post participo (en speciala okazo ankaŭ verba finaĵo algluiĝi post ĝi: manĝintus). Kaj ili ludas diversajn rolojn en la frazo.

II.3.1.5.1. Substantiva uzo

Se post participo algluiĝas substantiva finaĵo {-o}, principe ĝi montras 'homon'. Ekzemple 'dorm-ant-o' (homo, kiu dormas), 'ĉeest-ant-o' (homo, kiu ĉeestas), 'parol-ant-o' (homo, kiu parolas), 'am-at-o' (homo, kiu estas amata), 'arest-it-o' (homo, kiu estas arestita).

Ĉi tie ni devas atenti, ke, laŭ la karaktero de verbo (ĉu momenta, ĉu daŭra), la participo povas alguliĝi, aŭ ne.

Ekzemple, de la verbo 'bati', kiu estas momenta verbo, povas deveni la vorto 'batinto', sed la vorto 'sidinto', elfarita el la daŭra verbo 'sidi', estas iom stranga. Kaj ankaŭ la vorto 'partopreninto' estas ne bona pro la sama kialo. Kiam iu raportas iun kunvenon, kaj tiam se li diras "Ĉiuj partoprenintoj aklamis laŭte", tio estas malnatura. La verbo 'aklamis' estas preterito. La frazo do montras pasintecon. Sekve en tiu frazo la participo <-into> devas signi pasintan perfekton. Kaj logike la voto 'partopreninto' signifas, ke la homo, kiu partoprenis, nun ne plu estas en la loko, sed jam forlasis la lokon. Kaj tial tiu forlasinto ne povas fari la agon 'aklami' en la loko. Sed en la frazo "Ĉiuj batintoj aklamis laŭte", 'bati' estas momenta verbo, kaj tial ĝi estas senproblema. Estas tute nature aklami por tiuj, kiuj jam finis la agon 'bati'. Kiuj jam finis bati, tiuj nun povas aklami restante en sama loko.

II.3.1.5.2. Adjektiva uzo

Participo povas roli kiel adjektivo kun aldonita adjektiva finaĵo {-a}. Same kiel aliaj adjektivoj, ĝi povas rekte kvalifiki aŭ determini substantivon, metite antaŭ aŭ malantaŭ ĝi, kaj ankaŭ povas malrekte rilati al substantivo kiel predikativo. Ni vidu jenajn ekzemplojn.

① Ĝi estas dormanta leono.
② Ĝi estas mia amata kanto.

③ Li estis dormanta en la ĉambro.
④ Li estis amata de ŝi.

En la ekzemploj ① kaj ② la participa adjektivo rekte kvalifikas substantivon. En tiu okazo ni povas diri, ke ĝi havas du funkciojn de predikato kaj adjektiva epiteto, same kiel en la okazo de infinitivo en konjugacio. En ① la participo 'dormanta', estante epiteto de 'leono', funkcias kiel predikato en la subkomprenata frazo 'la leono dormas'.

Kaj en la frazoj ③ kaj ④ la participoj estas predikativoj. Kiam participo malrekte rilatas subjekton kiel adjektiva predikativo, ĝi esprimas nur aspekton kaj voĉon. Ĝi ne havas du funkciojn.

II.3.1.5.3. Adverba uzo

Participo kun la adverba finaĵo {-e}, estas uzata kiel adverbo. Jen estas la ekzemploj.

① Li plorante sekvis sian patron.
② Li sekvis ŝin, tirite de ŝia ĉarmo.
③ Parolante kun ŝi, li trovis, ke ŝi estas tre ĝentila.

Ĝi ankaŭ havas du funkciojn, same kiel en la adjektiva uzo. En supraj ekzemploj la participoj estas ne nur adjektoj, sed ankaŭ predikatoj de la subkomprenataj frazoj, 'li ploris', 'li estis tirita de ŝia ĉarmo' kaj 'li parolas kun ŝi'.

Kaj ĉi tie ni devas atenti, ke la laŭsenca subjekto de la participa adverbo devas esti sama kiel tiu de la frazo. Nome en supraj ekzemploj ①, ② kaj ③ laŭsenca subjekto de ĉiu participa adverbo estas 'li', kiu estas ankaŭ la subjekto de la frazo. Se la subjekto de la participa adverbo ne estas sama kiel tiu de la frazo, ne eblas fari la participan adverbon kiel en la supraj ekzemploj, kaj tiam oni devas esprimi en alia maniero.

II.3.2. Kunmetado

Kunmetante radikojn, oni formas novan vorton. Tian vortofaradon oni nomas kunmetado. Logike la nombro de la kunmetataj radikoj estas senlima. Sed ordinare du aŭ tri radikoj kunmetiĝas. Ĉe kunmetado troviĝas gravaj principoj.

Unue, la ĉefa elemento staras en la lasta loko.
Due, inter radikoj metiĝas nenia elemento.

La unua el tiuj du principoj estas sama kiel la principo de korealingva kunmetado. La ordo kunligi radikojn por kunmetado estas sama kiel tiu en korea lingvo. En korea lingvo, {son-dŭng}, {ĉim-sil} estas esperante 'man-dors-o', 'dorm-ĉambr-o', kaj iliaj vicoj estas tute samaj.

Kaj ĉe la dua principo ekzistas escepto. Foje oni enŝovas ian elementon inter la radikojn. Inter radikoj foje staras la finaĵoj <-o, -a, -i, -e, -en, ktp>. Jen estas la kaŭzoj.

① Kiam la kunligo de radikoj malfaciligas la elparolon.
② Kiam oni ne povas facile rimarki la kunmetitecon de la vorto.
③ Kiam la vorto povas fariĝi iu alia vorto.
④ Kiam necesas evidentigi la signifon de la kunmetita vorto.
⑤ Kiam jam kutime oni uzas la finaĵon.

En ①, ② kaj ③ ordinare oni uzas finaĵon {-o}, sed laŭ okazoj, oni povas uzi alian finaĵon. En ④ oni elekte uzas taŭgan finaĵon laŭ signifoj. Kaj en ⑤ la finaĵo estas fiksita, ĉar ĝi estas kutimiĝinta esprimo. Jen ni vidu la ekzemplojn laŭ la okazoj.

① gast-o-ĉambro, rab-o-birdo, kurb-a-krura, minut-e-bakita
② di-o-simila, lu-o-dormo
③ fe-o-kanto, konk-o-ludo
④ unu-a-foje, unu-a-vide, supr-en-iri, flank-en-iri
⑤ mult-e-nombro, kelk-a-foje, viv-i-pova, pag-i-deva

Ni povas analizi kaj ekspliki kunmetitajn vortojn en du vojoj, unu estas simpla kaj la alia estas komplika. La simpla vojo estas sekvi la principojn supre prezentitajn, kaj la komplika estas la analizoj kaj eksplikoj proponitaj en la libro 'plena analiza gramatiko de esperanto' (1980, UEA: LA VORTFARADO).

Por pli detalaj analizoj kaj eksplikoj, konsultu la libron. Ĉi tie mi mencias nur kelkajn aferojn, kiujn oni devas atenti.

II.3.2.1. Adjektivo + substantivo

Adjektivo kvalifikas aŭ determinas substantivon antaŭ ĝi, kio estas tute natura sintaksa funkcio de adjektivo. Tia strukturo estas natura sintaksa strukturo, kaj oni ne bezonas aliformigi ĝin. Sed ekzistas homoj, kiuj kunmetas ilin, kaj elfaras unu morfologian strukturon. Tio estas eraro.

Ekzemple 'bela koloro' estas natura strukturo, sed 'belkoloro' ne estas ĝusta kunmeto. Se oni permesas tian kunmeton, oni povas ligi ĉiujn adjektivojn kaj la substantivojn, kaj formi kunmetojn. Se estas tiel, oni ne bezonas adjektivajn epitetojn. Tio do estas tro eksterordinara for de ĝeneralaj lingvo-fenomenoj. Se tiamaniere kunmetiĝus ĉiuj adjektivoj, oni ne povus distingi inter 'bela reĝino' (reĝino, kiu estas bela) kaj 'belreĝino' (reĝino de beleco). Ni do devas ne formi kunmeton el la strukturo <adjektivo + substantivo>.

Sed foje oni faras tian kunmeton, nur se la tuta kunmetita vorto ne funkcias kiel substantivo, sed kiel alia parolelemento. Por ekzemplo, 'belrakonta' estas permesebla, kvankam 'belrakonto' ne. Ĉar ĝia strukturo estas '(bela rakonto)-a'. Nome la tuta sintaksa strukturo jen funkcias kiel unu radiko, kaj post ĝi gluiĝas vorto-finaĵo. El tio ni povas lerni, ke 'dek-tria' estas ĝusta, sed 'dek tria' ne.

II.3.2.2. Transitiva verbo + objekto

Estas tute fundamenta funkcio kaj natura sintaksa strukturo por transitiva verbo, ke ĝi prenas objekton. Ni ne bezonas ŝanĝi la strukturon al kunmetita vorto. Ekzemple oni ne devas ŝanĝi 'skribi leteron' al 'leterskribi'. Se oni tiel kunmetas ĉiujn transitivajn verbojn, tio devias tro multe de la ĝenerala lingvo-fenomeno, same kiel en la okazo de la strukturo <adjektivo + substantivo>, kiun ni supre tuŝis.

Sed ni foje renkontas tian kunmeton, kiam la signifo de la kunmetita vorto ne estas sama kiel tiu de la sintaksa strukturo. En la frazoj "Mi skribis leteron al li" kaj "Mi leterskribis dum la tuta posttagmezo", diferencas la signifoj de 'skribi leteron' kaj 'leterskribi'. La unua esprimas 'konkrete skribi leteron al iu. La dua 'faras la laboron de leter-skribado'. Fakte ekzistas diferenco inter ili. Ni do devas ne formi kunmetitan vorton el la strukturo <transitiva verbo + objekto>, por ke ni povu konservi la eblecon distingi inter tiuj delikataj diferencoj.

II.4. Konjugacio

Konjugacio estas gramatikaj kategorioj, kiujn oni esprimas per la ŝanĝoj de verbo-finaĵoj. Ĝi havas du kategoriojn: 1) finitivo, esprimata per ŝanĝo de verbo-finaĵoj; 2) infinitivo, esprimata ne per ŝanĝo de verbo-finaĵoj, sed per la baza formo de la verbo.

II.4.1. Finitivo

Finitivo estas la gramatika kategorio, esprimata per la ŝanĝo de verbaj finaĵoj. En finitivo ekzistas modo. Modo estas la korstato aŭ sinteno de parolanto, kiun li tenas pri la enhavo de la parolo aŭ pri la alparolato. Ekzistas tri modoj: indikativo, kondicionalo kaj volitivo.

II.4.1.1. Indikativo

Indikativo ni nomas la parolmanieron, en kiu la parolanto nur priskribas la fakton. La parolanto ne ordonas, nek volas ion al la alparolato, nek supozas la enhavon de la parolo.

En indikativo esprimiĝas tenso. En Esperanto ekzistas dek du tensoj: tri bazaj (prezenco, preterito, futuro) kaj naŭ kompleksaj, kaj tiuj lastaj esprimiĝas per kunmeto de la bazaj tensoj kaj aspektoj (daŭranteco, fininteco, faronteco). Jen estas ĉiuj tensoj kaj iliaj verbofinaĵoj aŭ esprimmanieroj.

bazaj tensoj	prezenco	-as
	preterito	-is

	futuro	-os
	prezenca daŭranteco	estas -anta/-ata
	preterita daŭranteco	estis -anta/-ata
	futura daŭranteco	estos -anta/-ata
	prezenca fininteco	estas -inta/-ita
kompleksaj tensoj	preterita fininteco	estis -inta/-ita
	futura fininteco	estos -inta/-ita
	prezenca faronteco	estas -onta/-ota
	preterita faronteco	estis -onta/-ota
	futura faronteco	estos -onta/-ota

II.4.1.2. Kondicionalo

En Esperanto kondicionalo havas jenajn signifojn.

① supozo mala al la fakto
(ekz: *Se mi estus birdo, mi flugus al vi.*)
② konjekto pri futuro preskaŭ ne realigebla
(ekz: *Se morgaŭ venus la fino de la mondo, mi donus al vi ĉion mian.*)
③ forta deziro
(ekz: *Se li venus nun!*)
④ ĝentila peto
(ekz: *Ĉu mi povus ricevi iom da pano?*)

Ni devas atenti, ke kondicionalo kaj kondicionala frazo nepre devas havi la finaĵon {-us}, kaj la subjunkcio 'se' ne estas nepre necesa elemento por ĝi. Sen la verba finaĵo {-us}, eĉ se la frazo havas la vorton 'se', ĝi ne estas kondicionalo, sed indikativo. Kaj tiam la vorto 'se' havas nur la sencon 'en

- 244 -

la okazo, kiam'.

Multaj gramatikaj libroj de Esperanto ne konas la supre donitan duan signifon de la kondicionalo. Ni devas konsideri ĝin rilate al la tenso de kondicionalo. En la kondicionalo de Esperanto ne eblas esprimi tenson. Ne eblas kunmeti tensan finaĵon kaj kondicionalan finaĵon kune. Tial, se ni volas esprimi tenson en kondicionalo, ni devas uzi jenajn diversajn vortojn rilatajn al tenso.

① Se vi venus hieraŭ, mi povus prezenti vin al li.
② Se vi venus morgaŭ, mi povus prezenti vin al li.

Se ni esprimas tenson tiamaniere, la ekzemplo ① estas evidente preterito, kaj la ② devas esti futuro. Kaj kiam la kondicionalo estas en preterito (aŭ prezenco), ĝi certe havas la unuan signifon el la kvar signifoj de la kondicionalo. Sed en la okazo de futura kondicionalo ĝi ne povas havi la unuan signifon, ĉar 'supozo mala al la fakto' signifas mem, ke jam ekzistas la fakto, kaj tio signifas preteriton. Mi do pensas, ke futura kondicionalo havas la duan signifon el la kvar signifoj de la kondicionalo.

Kaj ni devas atente distingi inter la signifoj de futura kondicionalo kaj la strukturo <se + {-os}>. Ni vidu.

③ Se vi venos morgaŭ, mi donos ĝin al vi.
④ Se vi venus morgaŭ, mi donus ĝin al vi.

La frazo ③ signifas nur 'se vi venos morgaŭ, en tiu okazo mi donos ĝin al vi', kaj per tio ni ne povas konjekti, ĉu 'vi' morgaŭ venos aŭ ne. Sed la ④ signifas 'vi certe ne venos morgaŭ, sed tamen se vi venus, en tiu okazo...'. En la okazo de ④ la parolanto bone scias, ke 'vi' ne venos. Iuj dubas pri la valoro de la dua signifo, demandante ĉu vere necesas esprimi tiel delikatan diferencon de la nuanco. Sed se ni renkontas jenajn frazojn, ni ne povas ne agnoski la neceson de futura kondicionalo.

⑤ Se li revivus, mi pli afable kondutus al li.
⑥ Se mi fariĝus reĝo, mi donus al vi grandan bienon.

Ni ne povas diri, ke la frazoj ⑤ kaj ⑥ estas preteritaj. Ili devas esti futuraj. Kaj per la esprimoj ni povas scii, ke la parolanto bone scias la neeblecon de la realiĝo.

II.4.1.3. Volitivo

Ni ordinare tradukas korealingve la volitivon de Esperanto 'imperativo' (ordona parolmaniero). Kaj tio kaŭzis malfacilajn problemojn. Ni vidu.

① Mi iru.
② Li iru.
③ Ni iru.
④ Dio helpu min.
⑤ Ĉio finiĝu ĝis li venos.

Ĉiuj ekzemploj ne estas la tipa ordona modo de dua persono. Ni ilin klarigis en diversaj manieroj, kiel jene: ĉe la singularo de unua persono la volitivo signifas 'la decidon de la subjekto mem', kaj ĉe la pluralo de unua persono ĝi signifas 'persvadon', kaj ĉe la tria persono ĝi signifas 'faktitivan ordonon'. Mi ne scias, de kie venis tia maniero de klarigo. Ne bone estas klarigi unu gramatikan kategorion tiel divers-voje.

Kaj eĉ se ni akceptas tian manieron ankoraŭ restas malfacile klarigi la frazojn ④ kaj ⑤, kiujn ni ne povas klarigi per 'faktitiva ordono'. Ni ne povas diri, ke ili signifas, 'Vi ordonu al Dio, ke Li helpu min.' kaj 'Vi ordonu al ĉio, ke ĉio rapide finiĝu.' La frazon ⑤ ni devus esprimi per la ordono de dua persono: 'Finu ĉion ĝis li venos.'

Por facile kaj kontente solvi la problemojn, ni devas traduki korealingve la volitivon de Esperanto 'vola parolmaniero'. Ni evitu miskomprenon de enhavo kaŭzitan de malbona termino. Kiam ni nomas ĝin 'vola parolmaniero', la supraj ekzemploj povas esti eksplikitaj ke, ili montras la volon de la parolanto. Alivorte per volitivo la parolanto esprimas sian volon al la subjekto de la frazo.

Ĉe la singularo de unua persono la parolanto mem estas la subjekto de la frazo, kaj tial la volitivo esprimas nur sian volon, sed ne ian decidon. Ĉe la pluralo de unua persono la parolanto esprimas sian volon al la subjekto, t.e. pluralo de unua persono. Kaj ankaŭ ĉe la tria persono la parolanto esprimas sian volon al la subjekto de la frazo, t.e. tria persono, fari ion, esprimitan de la predikato.

Kaj ni ofte esprimas volitivon en demanda frazo, kiel jene.

⑥ Ĉu mi vizitu vin?
⑦ Ĉu li vizitu vin?
⑧ Ĉu ni vizitu lin?

Ni ordinare klarigas ilin per diversaj manieroj. En la okazo de ⑥, ni diras, ke la volitivo signifas 'la dubon de la subjekto' aŭ 'sondon de la intenco de la alparolato'. Kaj en la okazoj de ⑦ kaj ⑧ ni diras, ke la volitivo signifas respektive 'peton de permeso de la alparolato' kaj 'ĝentilan persvadon'.

Sed ankaŭ tiujn malfacilojn ni povas solvi per la termino 'vola parolmaniero'. Ni povas ekspliki ilin ĉiujn per la klarigo 'demandi la volon de la alparolato'. Per demanda frazo ni demandas ion al la alparolato, kaj tial demandi la volon al la alparolato en tiu okazo estas tute natura afero. Kaj ĉe ⑧ la alparolato estas iu(j) el ni, la pluralo de unua persono, inkluzivanta vin kaj min. Kaj ĝi estas plej ofte 'vi' el inter vi kaj mi.

Tiel tute simple kaj facile ni povas klarigi la volitivon, kiun ĝis nun ni eksplikis en diversaj manieroj. Sekve mi volas traduki korealingve la volitivon de Esperanto 'vola parolmaniero', sed ne 'imperativo'.

II.4.2. Infinitivo

Kiam la baza formo de verbo, t.e. kun la finaĵo {-i}, havas diversajn gramatikajn funkciojn, tiun uzon de verbo ni nomas 'infinitivo'. Malsame ol ĉe finitivo, ĉe infinitivo verbo ne ŝanĝas sian finaĵon. Tiam la verbo funkcias kiel diversaj frazelementoj, ekzemple subjekto, objekto, predikativo, epiteto kaj adjekto. En speciala okazo ĝi funkcias kiel predikato.

Se ni komparas la infinitivon kun finitivo, ni vidas, ke infinitiva verbo havas ne nur la funkcion de prediakto sed ankaŭ aliajn funkciojn, dum la finitiva havas unu solan funkcion de predikato, kiu estas la fundamenta funkcio de verbo. Mi do nomas finitivon 'unu-funkcia modalo', kaj infinitivon 'du-funkcia modalo'. Sed kiam la infinitiva verbo funkcias kiel predikato, ĝi ne estas du-funkcia, sed nur unu-funkcia. (Pri du-funkcia modalo vidu ankaŭ II.3.1.5. Participo)

II.4.2.1. Subjekta uzo

Infinitiva verbo jen funkcias kiel subjekto, konservante la verban karakteron kaj la predikatan funkcion. Ni vidu jenajn ekzemplojn.

① Ami iun estas ne nur feliĉo, sed ankaŭ doloro.
② Mensogi estas malbone.

La supraj infinitivoj ludas la rolon de subjekto en la frazo, konservante verban karakteron, kaj funkciante kiel predikato en la subkomprenta frazo. Ĉe la ekzempla frazo ① la subjekto 'ami' estas verbo, ĉar ĝi prenas objekton (iun). Kaj ĝi funkcias kiel predikato en la subkomprenata frazo 'oni amas iun'. Ĉe ② la subjekto 'mensogi' estas predikato de la subkomprenata frazo 'oni mensogas'. Esperanto havas specialan gramatikan regulon rilate al infinitiva subjekto. Kiam subjekto estas infinitivo, la predikativo devas esti adverbo, kiel ni vidas ĉe ②, sed ne adjektivo. Krom tio en kelkaj aliaj okazoj la predikativo aperas en adverba formo, sed ne en adjektiva formo. Pri tio ni studos poste. (Vd: III.2.2. Adverbo kiel subjekta predikativo; III.3.4. Sensubjekta frazo)

II.4.2.2. Objekta uzo

Jen la infinitivo funkcias kiel objekto.

① Mi deziras vidi vin.
② Li intencas kaŝi ĝin.
③ Mi volas (devas, povas) diri tion al li.

La infinitivoj en ĉi supraj ekzemploj estas uzataj kiel objekto. Kaj ni povas scii, ke ili konservas la karakteron de verbo, ĉar ili prenas objekton post si. Kaj ili funkcias ankaŭ kiel predikato ĉe la subkomprenataj frazoj 'mi vidas vin', 'li kaŝas ĝin' kaj 'mi diras tion al li'.

Pri la ekzemplo ③ mi devas aparte mencii iom pli. Iuj esperantologoj traktas la strukturon <volas (devas, povas) + infinitivo> kiel verban sintagmon. Sed jen mi ne konsentas pri tiu opinio pro jenaj kialoj.

Unue, la verboj 'voli, devi, povi' estas tute samaj kiel ordinaraj transitivaj verboj, prenante post si objektojn de ordinara substantivo aŭ infinitivo.

Due, 'verba sintagmo' oni nomas vortopon uzatan kiel unu predikato. Sed en tiu ĉi okazo en Esperanto ĉu vere la vortopo 'volas diri' esprimas nur unu predikatan nocion? Tio estas dubinda. En angla lingvo ekzistas tiel nomata help-verboj, kaj ili ne funkcias kiel kompleta transitiva verbo. Nome ili ne havas perfektan predikatan nocion. Kaj tial en la angla gramatiko oni povas starigi verban sintagmon. Sed en Esperanto, kiel mi diris, la verboj, 'voli, devi, povi' estas kompletaj transitivaj kaj ĉiu el ili esprimas unu perfektan predikatan nocion. Kaj tial ni ne bezonas starigi verban sintagmon.

Trie, se ni traktas tiun strukturon kiel verban sintagmon, ĉiujn similajn strukturojn de verboj ni devus nomi 'verba sintagmo'. La verboj 'deziri, intenci, ordoni, proponi, ktp' povas havi post si infinitivon, ĉu ni do devus nomi ilin ĉiujn 'verba sintagmo'? Se estas tiel, ĉiuj objektaj uzoj de infinitivo fariĝas verba sintagmo. Kaj tio malfaciligas la klarigon de gramatiko, ĉar en tiu okazo verba sintagmo havas du tri predikatajn nociojn samtempe. (Vd: III.4. Specoj de sintagmoj)

II.4.2.3. Predikativa uzo

Jen infinitivo estas uzata kiel predikativo.

① Mia hobio estas kolekti monerojn.
② La problemo ŝajnas rilati al li.
③ Mi vidis lin fali sub la podion.
④ Ŝi invitis lin kanti en la kunveno.

Ĉi supraj infinitivoj funkcias kiel subjektaj predikativoj (①, ②) kaj objektaj predikativoj (③, ④). Sed ni vidas, ke ili konservas la karakteron de verbo, ĉar ili prenas post si aŭ objekton aŭ adjekton. Kaj samtempe ili estas predikatoj de la subkomprenataj frazoj 'mi kolektas monerojn', 'la problemo rilatas al li', 'li falas sub la podion' kaj 'li kantas en la kunveno'.

Jen ni devas atenti la eksplikon de la infinitivo de la ekzemplo ④. Laŭ PAG (1980, UEA), la infinitivo de ③ estas objekta predikativo, kaj tiu de ④ estas adjekta predikativo. Sed mi ne samopinias kiel PAG. Mi rigardas ilin ambaŭ kiel objektajn predikativojn. Mi povas trovi nenian kialon por tia divido, nek gramatike, nek sence. La infinitivoj 'fali' en ③ kaj 'kanti' en ④, ambaŭ priskribas kompletige la agon (aŭ staton) de la objekto 'lin'.

Kaj PAG diras, ke ankaŭ 'nuda' en la frazo 'Ŝi dancas nuda' estas adjekta predikativo. Se ni komparas ĝin kun la subjekta predikativo 'nuda' en la frazo 'Ŝi estas nuda', la diferenco konsistas nur en la verbo. Ni do povas konkludi, ke ĉe la verbo 'esti' ĝi funkcias kiel subjekta predikativo, sed ĉe 'danci' kiel adjekta predikativo. Mi demandas, ĉu ni vere povas dividi la verbojn de Esperanto tiel klare en du klasojn? Vere unu el la plej seriozaj disputaĵoj inter esperantologoj estas la subklasifiko de verboj. Ekzemple divido inter transitivaj kaj netransitivaj verboj, aŭ kompletaj kaj nekompletaj verboj. Tio estas malfacila afero, kaj tia estas la realo. Mi do pensas, ke ankoraŭ ne maturiĝis la situacio por starigi laŭ verboj plian adjektan predikativon.

II.4.2.4. Epiteta uzo

Jen infinitivo estas uzata kiel epiteto, konservante verban karakteron kaj predikatan funkcion.

① Deziro vivi sen kulpoj estas nobla.
② Mi ricevis la anoncon tuj veni al la policejo.
③ Nun estas tempo iri al lito.

Ĉi supraj infinitivoj ĉiuj rilatas al la antaŭaj substantivoj, kaj ni vidas, ke ili prenas adjektojn post si. Ili do certe konservas la verban karakteron. Krome ili estas ankaŭ predikatoj de la subkomprenataj frazoj 'oni vivas sen kulpoj', 'mi venas al la policejo' kaj 'oni iras al lito'. Ni devas atenti, ke ne ĉiuj infinitivaj verboj povas esti uzataj kiel epiteto. Tio dependas de la sencaj karakteroj de la verbo kaj de la substantivo. (Vd: pli detalan klarigon en PAG, §141)

II.4.2.5. Adjekta uzo

En du okazoj infinitivo estas uzata kiel adjekto. Jen infinitivo sola funkcias kiel adjekto (kiel en ① kaj ② ĉi-sube), kaj jen kune kun prepozicio, staranta antaŭ ĝi, ĝi funkcias kiel adjekto (kiel en ③ kaj ④).

① Mi ĝojas vidi vin.

② Li iras renkonti ŝin.

③ Mi multe parolis por konvinki lin.

④ Li nur ridis al mi anstataŭ respondi.

La infinitivoj en ① kaj ② funkcias kiel adjektoj respektive de kaŭzo kaj celo de la agoj esprimitaj de la predikatoj de la frazoj. Kaj ili devas esti verboj, ĉar ili prenas post si objektojn. Kaj samtempe ili estas predikatoj de la subkomprenataj frazoj 'mi vidas vin' kaj 'li renkontas ŝin'.

Same kiel en la okazo de epiteta uzo, ankaŭ ĉi tie ne ĉiuj infinitivaj verboj povas esti uzataj kiel adjektoj. Laŭ la karaktero de la predikato de la frazo (ĉi supre 'ĝojas' kaj 'iras') eblas aŭ ne eblas la adjekta uzo de la infinitivo. Ŝajnas, ke tia uzado de la infinitiva adjekto, kiel en la ekzemplo ①, estas ebla nur por la predikatoj kun la senco de emocio, ekzemple 'ĝoj-', 'malĝoj-', 'mir-', 'trankviliĝ-, 'scivol-', 'pacienc-', kaj tia uzado kiel en la ekzemplo ② estas ebla nur por tiel nomataj ir-venaj verboj, ekzemple 'iri', 'veni' kaj 'kuri'.

Ĉe la ekzemploj ③ kaj ④ la infinitivoj kune kun la prepozicioj 'por' kaj 'anstataŭ' funkcias kiel adjektoj. Kaj krom tiuj prepozicioj ankoraŭ kelkaj pliaj prepozicioj estas uzataj tiel, nome 'sen', 'krom' kaj 'inter'. (Vd: III.4. Specoj de sintagmoj: Adjekta sintagmo).

Kaj ne nur post prepozicio, sed ankaŭ post liganto, kiel 'antaŭ ol', kies strukturo estas <prepozicio + junkcio>, la infinitivo estas uzata kiel adjekto. (Post la liganto 'antaŭ ol' povas veni frazo aŭ infinitivo. Ekz: *Antaŭ ol ekiri, ŝi denove demandis min pri li.*)

II.4.2.6. Predikata uzo

Foje infinitivo mem funkcias kiel predikato. Tio ne estas tiel ofta afero. Kaj ordinare tia infinitivo estas uzata anstataŭ volitivo aŭ kondicionalo, kaj foje anstataŭ indikativa prezenco aŭ indikativa futuro en la esprimoj de admiro, demando kaj hezito.

① Ne ĉesi!
② Malesperi kaj tamen ne morti!
③ Ĉu piki lin per mia halebardo?
④ Se kompari lin kun ŝi, li estas multe pli saĝa ol ŝi.
⑤ Mi scios, kion diri.

En du manieroj ni povas klarigi tiun uzon de infinitivo. Unue ni povas klarigi, ke tio estas la predikata uzo de infinitivo, kaj due ke tio estas unu speco de elipso. Kiel ni vidas supre, la infinitivoj estas uzataj sen subjektoj. Kaj tial ni povas diri, ke en tiuj okazoj la subjekto kaj la predikato (povi, devi, voli, ktp) estas eliminitaj. Se ni akceptas tion, ni povas diri, ke la supraj ekzemploj devenis de jenaj frazoj, parte eltranĉite.

① Vi devas ne ĉesi!
② Mi povas(?) malesperi, kaj tamen mi devas ne morti!
③ Ĉu mi devas piki lin per mia halebardo?
④ Se mi povas kompari lin kun ŝi, li estas multe pli saĝa ol ŝi.
⑤ Mi scios, kion mi devos diri.

Mi pensas, ke ambaŭ klarigoj estas eblaj kaj bonaj. Mi devus plu studi por scii, kiu el ili estas pli bona klarigo.

II.5. Deklinacio

'Deklinacio' mi nomas la finaĵo-ŝanĝojn de substantivo kaj adjektivo. En ĝi troviĝas la gramtikaj kategorioj de nombro kaj kazo. Ĉe konjugacio la finaĵoj algluiĝas al radikoj, sed ĉe deklinacio la finaĵoj algluiĝas post parolelementa finaĵo {-o} aŭ {-a}, kiuj signas respektive substantivon kaj adjektivon. Kaj kiam la finaĵoj de nombro kaj kazo algluiĝas samtempe, la nombra finaĵo {-j} antaŭas la kazan finaĵon {-n}.

II.5.1. Nombro

En Eperanto ekzistas du specoj de nombro: singularo kaj pluralo. Ĉe pluralo la vorto portas la finaĵon {-j}, sed ĉe singularo ne (t.e. la finaĵo estas nulo). La plurala finaĵo algluiĝas kaj al substantivo kaj al adjektivo. Tial la adjektivo, kiu rilatas al plurala substantivo, portas pluralan finaĵon (senkonsidere ĉu ĝi estas epiteto aŭ adjekto). Ni vidu jenajn.

① Jen estas bela floro.
② Jen estas belaj floroj.
③ La floro estas bela.
④ La floroj estas belaj.
⑤ Mi trovis la florojn belaj.

Ĉe la ekzemploj ① kaj ② la adjektivo kvalifikas substantivon kiel epiteto, kaj ĉe la ③ kaj ④ ĝi estas uzata kiel subjekta predikativo, kaj ĉe la ⑤ ĝi estas uzata kiel objekta predikativo. Ĉiukaze adjektivo same signas nombron akorde al la substantivo, al kiu ĝi rilatas.

II.5.2. Kazo

II.5.2.1. Specoj de kazo

'Kazo' ni nomas la funkcion de substantivo, kiun ĝi havas en la frazo. PAG diras, ke Esperanto havas tri kazojn jenajn.

- nominativo
- akuzativo
- prepozitivo

Jen mi demandas, ĉu ni vere bezonas starigi prepozitivon. Oni dividas kazojn laŭ la ekzisto de ĝia gramatika formo — la formo estas ordinare fleksia finaĵo. En Esperanto nominativo kaj akuzativo havas klare distingeblajn formojn, t.e. {-n} kaj ø(= nulo). Sed ĉe tiel nomata prepozitivo, malsame ol ĉe la nominativo kaj akuzativo, la substantivo mem forme ne fleksias, sed ĝi havas prepozicion antaŭ si, kiu estas aparta vorto. Tial ni ne povas trovi ian forman bazon por agnoski prepozitivon.

Ni nomas iun vorton nominativo, ĉar ĝi funkcias kiel subjekto (aŭ subjekta predikativo), kaj iun vorton akuzativo, ĉar ĝi funkcias kiel objekto. Tio estas la bazo de la dividado kaj nomado de kazoj. Se ni do uzas la nomon 'prepozitivo', tio signifas, ke ni agnoskas la frazelementon 'prepoziciaĵo'. Sed ĉu vere indus la ekzisto de la 'prepozicia frazelemento'? Ekzistas multaj vortoj, kiuj venas post prepozicio, kaj en la frazo ili funkcias kiel diversaj frazelementoj kun diversaj signifoj. Se ni traktas tiujn ĉiujn kaŭzojn same kaj starigos unu frazelementon por ili ĉiuj, tio ne estas logika. Kaj tial mi ne starigas tiel nomatan prepozitivon.

Kaj ĉe pronomoj ni starigas 'genitivon' malsame ol ĉe substantivoj, kaj ni konas tri-kazan sistemon por pronomoj, kiel jene.

pronomo \ kazo	nominativo	akuzativo	genitivo
persona pronomo	mi	min	mia
montra pronomo	tiu	tiun	ties
rilata pronomo	kiu	kiun	kies
demanda pronomo	kiu	kiun	kies
nedifinita pronomo	iu	iun	ies
totala pronomo	ĉiu	ĉiun	ĉies
nea pronomo	neniu	neniun	nenies

Kiam substantivo prenas akuzativon, ankaŭ la adjektivo, kiu kvalifikas (aŭ determinas) la substantivon, prenas akuzativon. Ni vidu jenajn ekzemplojn.

① Mi havas belan floron.
② Mi havas belajn florojn.

La adjektivoj ŝanĝas siajn finaĵojn laŭ la nombro kaj kazo de la substantivo, kiun ili kvalifikas (aŭ determinas). Tio estas unu el la apartaj trajtoj de Esperanto.

II.5.2.2. Nominativo

Nominativa finaĵo de Esperanto estas ø(nulo). Tio estas, ke neniun alian finaĵon prenas substantivoj, adjektivoj kaj pronomoj post sia parolelementa finaĵo. La esenca funkcio de nominativo estas fari iun vorton subjekto. Sed ankaŭ predikativo aperas en la formo de nominativo, ĉar en Esperanto ne ekzistas 'predikativa kazo'. Ni vidu jenon.

① La libro estas interesa.

② La interesa libro kuŝas sur la tablo.

③ Mi invitis la knabon.

④ Ĝi estas libro.

⑤ Li estas diligenta.

⑥ Mi trovis ĝin utila.

Ĉe la ekzemplo ① la substantivo prenas neniun alian finaĵon post sia parolelementa finaĵo, kaj tial ĝi estas nominativo, kaj funkcias kiel subjekto. La adjektivo en ② ne prenas alian finaĵon post la parolelementa finaĵo, kaj tial ĝi estas nominativo, kaj kvalifikas nominativan substantivon. Kaj ankaŭ la pronomo en ③ prenas neniun finaĵon, kaj tial ĝi estas nominativo kaj estas uzata kiel subjekto.

La predikativoj en la ekzemploj ④, ⑤, ⑥ (libro, diligenta, utila) aperas en la formo de nominativo, t.e. ke ili prenas neniun alian finaĵon post la parolelementa finaĵo. Ĉi tie ni devas atenti, ke ankaŭ la objekta predikativo 'utila' en ⑥ aperas en la formo de nominativo. Predikativoj ĉiam aperas en la formo de nominativo senkonsidere ĉu ĝi estas subjekta predikativo aŭ la objekta.

II.5.2.3. Akuzativo

La akuzativa finaĵo de Esperanto estas {-n}. Se la finaĵo {-n} aldoniĝas al la substantivo, pronomo aŭ adjektivo, tiuj fariĝas akuzativo kaj funkcias kiel objekto.

La akuzativon de Esperanto oni tradukas kiel 'objekta kazo' per korea lingvo. Sed la termino 'objekta kazo' ne estas tiel taŭga, ĉar efektive krom ĝia ĉefa funkcio, kiu estas montri objekton, la 'akuzativo' havas kelkajn aliajn funkciojn. Sed tamen ne estas facile trovi en la korea taŭgan terminon por tiuj ĉiuj funkcioj. Pro tio laŭ ĝia esenca funkcio, mi nomas ĝin 'objekta kazo'. Kaj la akuzativo havas diversajn funkciojn kiel jene.

① montro de la objekto de la predikato
   Mi legis interesan libron.
② montro de la direkto
   - akuzativo de propra nomo de loko
     Li iris Seulon.
   - akuzativo de la substantivo post prepozicio de loko
     Mi iris en la ĉambron.
   - kiam akuzativa finaĵo aldoniĝas rekte al derivita
     adverbo de loko
   Kien vi iras? ― Mi iras hejmen.
③ montro de mezuro
   - daŭro: Mi dormis 10 horojn.
   - tempopunkto: La 9-an horon matene mi vekiĝis.
   - pezo: Mi pezas 60 kilogramojn.
   - alto: La monto estas 100 metrojn alta.
   - longo: La rivero estas 4 kilometrojn longa.
   - distanco: Li estas 3 paŝojn de la ŝtuparo.
   - profundo: La puto estas 10 metrojn profunda.
   - larĝo: La strato estas 100 metrojn larĝa.
   - kosto: La libro kostas tri mil spesojn.
④ montro de rimedo
   Li metis la glason supron malsupren.
   Oni pendigis la krimulon kapon malsupren.
⑤ uziĝo anstataŭ la prepozicio 'je'
   Anstataŭ la prepozicio 'je' oni faras la substantivon akuzativo.

Tiu ĉi uzo de akuzativo estas nur alia klarigmaniero de ③, ĉar la uzo de ③ estas sama kiel la uzo de prepozicio 'je'. Sed unu sola diferenco estas, ke la prepozicio 'je' povas anstataŭi ĉiujn prepoziciojn teorie. Kaj tial oni povas uzi la prepozicion 'je' ankaŭ en aliaj okazoj krom en la okazo de ③. Sekve ankaŭ en aliaj okazoj ni povas fari la substantivon akuzativo anstataŭ uzi la prepozicion 'je'. Sed tio ne estas tiel bona uzo kaj efektive oni ne tiel ofte uzas tian akuzativon.

<Ekzpemplo> Li parolas Esperanton.

(anstataŭ "Li parolas en Esperanto.")

Kiel ni vidas supre, la uzo de Esperanta 'akuzativo' tre similas al tiu de korea postpozicio {-eul/-leul} ({-을/-를}). Ankaŭ en korea lingvo la ĉefa funkcio de la postpozicio {-eul/-leul} (nomata 'objektkaza postpozicio') estas montri objekton. Sed krom tio ĝi estas uzata ankaŭ por montri direkton kaj mezuri daŭron aŭ distancon.

Ĉi tie ni devas pripensi, kiun ni devas uzi inter nominativo kaj akuzativo post la prepozicio 'po' (Vd: II.2.2.7. Prepozicioj). Ni povas uzi ambaŭ. Ni vidu jenajn.

① La patrino disdonis al la infanoj po 3 pomoj.
② La patrino disdonis al la infanoj pomojn po 3
③ La patrino disdonis pomojn al la infanoj po 3.

Gramatike ĉiuj ekzemploj estas bonaj. En ① substantivo <pomoj> aperas en nominativo post <po>. Tio estas ebla, ĉar principe prepozicio postulas post si nominativon. Sed en ② kaj ③ <pomojn> aperas en akuzativo. Tio ankaŭ estas tute natura, ĉar certe ĝi estas la objekto de predikato <disdonis>. En tiu ĉi okazo la prepozicio <po> influas nur la numeralon post si.

Per tio ni povas scii, ke ankaŭ en la frazo ① la prepozicio <po> regas nur la numeralon, sed ne la substantivon <pomoj>. La substantivo <pomoj> do devas aperi en akuzativo, ĉar ĝi, kvankam staras post prepozicio, havas nenian rilaton kun la prepozicio. Sed tamen Zamenhof ne diris, ke tio estas erara, eĉ se oni uzas nominativon ankaŭ en tiu kaŭzo. Tial mi pensas, ke ambaŭ esprimoj estas eblaj.

II.5.2.4. Genitivo

Ĉe ordinaraj substantivoj ne ekzistas genitivo, kaj nur en pronomoj ĝi ekzistas. Por esprimi genitivon ĉe ordinaraj substantivoj oni uzas la prepozicion 'de'. (ekz: *la domo de mia amiko*)

La genitivo de personaj pronomoj estas esprimita per adjektiva finaĵo {-a}, kaj tiu de tabelaj pronomoj estas esprimita per {-es}.

La genitiva finaĵo de personaj pronomoj estas sama kiel tiu de adjektivoj, kaj tial ĝi deklinacias (ŝanĝas la finaĵojn) same kiel ordinaraj adjektivoj. Ĝi prenas la finaĵojn de akuzativo kaj pluralo. Sed la genitivoj de tabelaj pronomoj ne prenas tiujn finaĵojn.

III. Sintakso

III.1. Frazelementoj kaj parolelementoj

Kiel mi menciis antaŭe, parolelementoj estas dividitaj laŭ formo, funkcio kaj senco. Mi dividis vortojn de Esperanto en naŭ parolelementojn. Kaj la frazelementoj, pri kiuj ni nun studos, estas dividitaj laŭ la rolo en la frazo, kaj tiel ili estas nomataj. La 8 frazelementoj de Esperanto estas jenaj:

- subjekto
- predikato
- predikativo
- objekto
- adjekto
- epiteto
- liganto
- memstaranto

III.1.1. Subjekto

Subjekto ni nomas la vorton, funkciantan kiel la aganto de la ago (aŭ stato) de la predikato de la frazo. Kaj ĝi ne estas sama kiel la parolanto de la frazo. Ni devas ne konfuzi ilin. En ĉiuj ekzemplaj frazoj ĉi-subaj la parolantoj estas 'mi'. Sed la subjektoj estas malsamaj. Ili estas respektive 'mi mem' ĉe ①, 'alparolato' ĉe ② kaj 'priparolato' ĉe ③.

① Mi lernas Esperanton.
② Vi lernas Esperanton.
③ Li lernas Esperanton.

Ni atente devas distingi inter la subjekto kaj la parolanto de la frazo, ĉar ni devas bone konscii, ke en volitiva frazo la volo, esprimita per la predikato, estas tiu de la parolanto, ne tiu de la subjekto. Ĉe ĉi-subaj volitivaj frazoj la volo estas de la parolanto, ne de la subjekto (nur ĉe ① la parolanto kaj la subjekto estas samaj).

① Mi lernu Esperanton. (Mi volas, ke mi lernu Esperanton.)
② (Vi) lernu Esperanton. (Mi volas, ke vi lernu Esperanton.)
③ Li lernu Esperanton. (Mi volas, ke li lernu Esperanton.)

Kiel subjekto povas esti uzataj substantivo (inkluzive de substantiva propozicio), pronomo, infinitivo kaj citaĵo. Inter ili la okazoj de infinitivo kaj substantiva propozicio estas aparte atentindaj. En Esperanto, ĉe ambaŭ okazoj la predikativo ne aperas en la formo de adjektivo, sed en la formo de adverbo. Ni vidu.

① Mensogi estas malbone.
② Estas interese, ke li revenis.
③ Estas ne antaŭvideble, ĉu li revenos aŭ ne.

Ĉe la ekzemplo ① la subjekto estas infinitivo, kaj ĉe ② kaj ③ ĝi estas substantiva propozicio. En tiuj okazoj la predikativo estas ne adjektivo, sed adverbo. Kompreneble kiam substantivo aŭ infinitivo estas uzata kiel predikativo, tiam ili ne aperas en la formo de adverbo, kiel jene.

① Vidi estas kredi.

② Estas fakto, ke li revenis.

③ Estas malfacila demando, ĉu li revenos aŭ ne.

III.1.2. Predikato

Predikato esprimas la 'agon' aŭ 'staton' de la subjekto de la frazo, aŭ ĝi esprimas 'al kio egalas' la subjekto. Ĝi estas esprimata ĉefe per verbo. Ni vidu jenon.

① Li manĝas panon.

② Li sidas silente.

③ Li estas bona.

④ Li estas studento.

En la supra frazo ① la verbo esprimas la agon (de manĝo) kaj en la frazoj ② kaj ③ la verboj esprimas la staton (de sido kaj de bono) de subjekto, kaj en ④ ĝi esprimas la egalecon inter subjekto kaj predikativo.

La verboj en la frazoj ① kaj ② komplete priskribas per si mem la agon. Sed en ③ kaj ④ la verbo 'esti' ne povas per si mem kompletigi la priskribon. Se ne sekvas predikativo post la verbo, la frazoj ne kompletiĝas. Ni do bezonas predikativon.

III.1.3. Predikativo

Predikativo ni nomas la vorton, kiu perfektigas la predikaton, en la okazo, kiam tio ne kompletigas la priskribon. Ekzistas du specoj de predikativo, t.e. la subjekta predikativo, kiu kompletigas la priskribon pri subjekto, kaj la objekta predikativo, kiu kompletigas la priskribon pri objekto. Ni vidu.

① La arbaro ŝajnas ploranta pri la printempo.

② Ŝi restas ankoraŭ kolera.

③ Mi trovis ĝin bona.

④ Mi vidis lin kanti en la ĉambro.

En la frazo ① inter ĉi-supraj ekzemploj, la verbo 'ŝajni' estas nekompleta netransitiva verbo, kiu ĉiam bezonas predikativon. Al tiu kategorio apartenas 'esti', 'fariĝi' ktp. Kaj la verbo 'resti' en la frazo ② aŭ bezonas predikativon aŭ ne. Ekzemple en la frazo "li restis en Seulo dum 3 tagoj" ĝi ne bezonas predikativon, funkciante kiel kompleta netransitiva verbo, malsame ol en la frazo ②.

En ③ kaj ④ la predikativoj 'bona' kaj 'kanti' estas objektaj predikativoj, kiuj kompletigas la priskribojn de stato aŭ ago de la objektoj 'ĝin' kaj 'lin'. Kaj cetere kiam venas verbo, kiu ne nepre bezonas predikativon, laŭbezone ni povas pli multe kompletigi la agon aŭ staton de subjekto aŭ objekto. Ankaŭ tiuj frazelementoj devas esti konsiderataj kiel predikativoj.

① Ŝi dancas nuda.

② Li mortis mizerulo.

③ Oni invitis lin kanti en la malfermo.

La verboj en ĉi-supraj ekzemplaj frazoj tute ne havas problemon, eĉ se ili ne havas predikativojn. Laŭ sia speciala intenco la parolanto volas esprimi la priskribojn pli detale per kompletigaj vortoj, kaj li aldonas la vortojn 'nuda', 'mizerulo' kaj 'kanti en la malfermo'. Ĉe ① kaj ② la vortoj kompletige priskribas la staton de la subjekto, kaj ĉe ③ ĝi kompletige priskribas la agon de la objekto (fakte la farotan aferon de la objekto). (Vd: II.4.2. Infinitivo)

Ĉi tie ni devas konscii, ke gramatiko ekzistas por klarigi realan fenomenon de lingvo, sed neniam por ebligi iun lingvaĵon. Kaj tial ni neniam devas aserti, ke ĉiuj verboj povas esti uzataj same kiel supraj ekzemploj, dirante ke ekzistas tia kaj ĉi tia gramatiko. Eĉ se ekzistas tia gramatikaĵo, ne eblas diri ekzemple '⁷li parolas kolera', '⁷li mortis studento', '⁷mi batis lin kanti en la malfermo' ktp. Laŭ la karaktero de verbo jen eblas, jen ne eblas. Pri tio mi devas studi plu.

Rilate al predikativo, ni devas pripensi ankaŭ jenan aferon. Kiu esprimo esatas pli bona inter jenaj ① kaj ②.

① Mi estas malvarma.
② Mi sentas min malvarma.
③ La akvo estas malvarma.

Unuavide ambaŭ esprimoj ŝajnas bonaj, sed la esprimo ② estas pli bona. Ĉar kiel ni vidas en ③, la frazo ① signifas, ke la subjekto mem estas malvarma. Tial ni devas esprimi kiel ②, ne kiel ①, kiam ni sentas malvarmecon.

Sed jenaj esprimoj ambaŭ ŝajnas bonaj.

④ Mi estas malsata.
⑤ Mi sentas min malsata.

Per tio ni scias, ke laŭ la karaktero de la adjektivo uzata kiel predikativo, ni povas aŭ ne esprimi kiel ④.

III.1.4. Objekto

Objekto ni nomas la vorton, kiu estas la objekto de la ago esprimita de la predikato (ĉi tie la predikato estas transitiva verbo) de la frazo. Nome, en la esprimo 'li lernas Esperanton', la objekto de la frazo estas 'Esperanto', kiu estas la objekto de la ago 'lerni'.

Iuj esperantologoj dividas objekton en du specojn, nome rekta objekto kaj malrekta objekto. Sed mi ne faras tiel. Se ni dividas ĝin en rektan kaj malrektan objektojn, tio signifas, ke ni havas premison, ke iuj verboj bezonas malrektan objekton. Sed en Esperanto ne ekzistas ia certa bazo klare distingi, kiu verbo postulas malrektan objekton, kaj kiu vorto estas malrekta objekto. Ni vidu.

① Li donis al mi la libron.
② Li revas pri feliĉo.
③ Li parolas pri Esperanto.
④ Li ridas pri ŝia naiveco.

Iuj esperantologoj diras, ke la prepoziciaj sintagmoj en la frazoj ① kaj ② estas malrektaj objektoj. Sed tio havas problemon. La verbo 'donis' en la frazo ① estas transitiva verbo, kaj ĝi estas ordinare uzata en la formo 'doni ion al iu'. Kaj foje la parto 'ion' aŭ 'al iu' estas neesprimita. Sed principe ĝi estas verbo, kiu postulas 'donatan objekton' kaj 'la homon', al kiu la objekto estas donata. Mi pensas, ke ĝuste tio estas la kialo de la starigo de malrekta objekto.

Sed la verbo 'revas' en ② estas netransitiva verbo, kaj ĝi esence ne bezonas objekton. En tiu okazo mi ne scias, kio estas la bazo rigardi la sintagmon 'pri feliĉo' kiel malrektan objekton. Se ni ĝin traktas kiel malrektan objekton, ankaŭ la prepoziciaj sintagmoj de ③ kaj ④ povas esti traktataj kiel malrektaj objektoj. Se estas tiel, estus malfacile distingi inter transitiva verbo kaj netransitiva verbo, kaj ankaŭ malfacile estus distingi objekton de la frazo.

Mi do opinias, ke ĉiuj prepoziciaj sintagmoj en tiu okazo estas adjektoj.

III.1.5. Adjekto

Adjekto estas vortoj, kiuj montras, en kia cirkonstanco (stato, maniero, kaŭzo, celo, rezulto, kondiĉo, direkto, ktp) okazas la ago (aŭ la stato) de la subjekto de la frazo. Ĝi aperas ordinare en la formo de adverbo aŭ adverba sintagmo. Ni vidu.

① Li kuras rapide.
② Li dormis dek horojn.
③ Li venis renkonti ŝin.
④ Li sidas sur la seĝo.
⑤ Mi donis ĝin al li.
⑥ Li sekvis ŝin, tirite de ŝia ĉarmo.

La adverbo 'rapide' en ① esprimas la manieron de la predikato 'kuras'. Kaj en ② la sintagmo 'dek horojn' esprimas tempodaŭron de la predikato, kaj en ③ la infinitivo esprimas la celon de la predikato. En ④ kaj ⑤ la prepoziciaj sintagmoj esprimas respektive la lokon kaj la direkton de la predikato, kaj en ⑥ la participo esprimas ĝian kaŭzon.

III.1.6. Epiteto

Epiteto estas la vorto, kiu rilatas al aliaj frazelementoj krom predikato. Kiel epitetoj estas uzataj adjektivoj, kiuj kvalifikas (aŭ determinas) substantivojn, kaj adverboj, kiuj kvalifikas (aŭ determinas) adjektivojn aŭ aliajn adverbojn, kaj substantivoj, kiuj eksplikas aliajn substantivojn. Ni devas bone distingi inter unuj adverboj uzataj kiel adjektoj, kaj aliaj adverboj uzataj kiel epitetoj. La adverbo, uzata kiel adjekto, montras en kiu cirkonstanco okazas la ago de la subjekto. Alivorte ĝi kvalifikas predikaton. Kaj la adverbo, uzata kiel epiteto, kvalifikas (aŭ determinas) aliajn frazelementojn krom predikato. Ni vidu.

① Ĝi estas bela floro.
② Mi ricevis anoncon veni al la kunveno.
③ Ŝi estas la filino de mia amiko.
④ Ĝi estas tre bela.
⑤ Li kantas tre bele.
⑥ La rivero estas tri mil metrojn longa.
⑦ Ĝi eatas Esperanto, la internacia lingvo.

En la frazo ① la vorto 'bela' funkcias kiel epiteto, kiu kvalifikas substantivan predikativon. Kaj ankaŭ en ② la infinitivo funkcias kiel epiteto, kiu determinas substantivan objekton. En ③ la prepozicia sintagmo estas epiteto, determinanta substantivan predikativon, kaj en ④ la adverbo 'tre' estas epiteto, kvalifikanta adjektivan predikativon 'bela'. Kaj en ⑤ la adverbo 'tre' funkcias kiel epiteto, kiu kvalifikas la adjekton 'bone', kaj en ⑥ la akuzativa substantiva sintagmo 'tri mil metrojn' determinas adjektivan predikativon 'longa'. Kaj interne de la epiteto 'tri mil metrojn', la numeralo 'tri mil' funkcias kiel epiteto, kiu determinas la substantivon 'metrojn'.

Kaj la substantiva sintagmo 'la internacia lingvo' en ⑦ estas la vorto, kiun la parolanto uzas por alinomi la antaŭan substantivon 'Esperanto'. Ĝi estas vere tute sama vorto kiel la antaŭa. Ni povas ekspliki tion jene: Esperanto = la internacia lingvo. En tiu okazo mi opinias, ke la posta vorto estas la epiteto, kiu eksplikas la antaŭan.

III.1.7. Liganto

Liganto estas la frazelemento, kiu ligas vorton kun vorto, sitagmon kun sintagmo, aŭ propozicion kun propozicio. Ĝi aperas ĉefe en la formo de junkcio. Sed ofte prepozicioj, adverboj, aŭ rilativoj estas uzataj kiel ligantoj. Ni vidu.

① Li kaj lia amiko vizitis min.
② Vi povas trovi ĝin sur la tablo, aŭ sur la lito.
③ Mi vizitis lin, kaj mi konfesis ĉion al li.
④ Mi ne scias, ke li amas ŝin.
⑤ Ĝi estas la libro, kiun mi aĉetis en lasta jaro.
⑥ Mi ne scias, ĉu li venos aŭ ne.
⑦ Kiam li vizitis ŝin, li eksciis la veron.
⑧ Apenaŭ mi vidis lin, li forkuris.
⑨ Tion finu, ĝis mi revenos.
⑩ Li estas tiel diligenta, kiel mi.
⑪ Li agas, kvazaŭ li estus heroo.

La junkcio en ① estas uzata kiel liganto, kiu ligas vorton kun vorto, kaj tiu en ② ligas sintagmojn. Kaj depost la frazo ③ la junkcioj estas uzataj kiel ligantoj, kiuj ligas propoziciojn. De ① ĝis ③ la junkcioj estas uzataj kiel kunligantoj, kaj depost ④ ili estas uzataj kiel subligantoj.

La junkcio 'ke' de ④ estas liganto, kiu kondukas eksplikan subpropozicion, kaj la rilativa pronomo de ⑤ funkcias kiel liganto, kiu kondukas rilatan propozicion. Kaj la demanda adverbo 'ĉu' de la frazo ⑥ kaj la rilativa adverbo 'kiam' de

⑦ estas uzataj kiel subligantoj, kiuj kondukas respektive demandan subpropozicion kaj la tempan.

Kaj la subliganto 'apenaŭ' de ⑧, kiu havas la signifon 'tuj, post kiam' aŭ 'preskaŭ samtempe, kiam', estas origina adverbo, kaj la subliganto 'ĝis' de ⑨, kiu havas la signifon 'ĝis la tempo, kiam', estas origine prepozicio. Kaj 'kiel' de ⑩ kaj 'kvazaŭ de ⑪ estas uzataj kiel ligantoj, kondukantaj komparan subpropozicion.

Kiel ni vidas supre, la ligantoj estas ĉefe junkcioj, sed ankaŭ adverboj, prepozicioj kaj rilativoj estas ofte uzataj kiel ligantoj.

III.1.8. Memstaranto

Memstaranto havas rilaton kun neniu frazelemento, kaj staras tute sendepende. Al ĝi apartenas vokaj vortoj, emociesprimaj vortoj, priparolataĵoj kaj epitetoj rilatantaj la tutan frazon.

① Karlo, kie vi estas? (= Kie vi estas, Karlo?)
② Ho, mi forgesis tion.
③ Internacia lingvo, ĝi estis delonga deziro de la tuta homaro.
④ Feliĉe, li revenis viva.

La propra nomo en ① kaj la interjekcio en ② estas memstarantoj uzataj respektive kiel voka vorto kaj emociesprima vorto. Kaj la 'Internacia lingvo' en ③ estas memstare uzata kiel priparolataĵo. Kaj la adverbo 'feliĉe' en ④ estas memstaranto, kiu rilatas la tutan frazon.

En la okazo kiel ④ foje estas malfacile distingi ĝin

(memstaranto) disde adjektoj kaj epitetoj. Sed se ni bone scias la fakton, ke memstaranto rilatas al neniu frazelemento en la frazo (t.e. ĝi ne kvalifikas alian frazelementon, nek klarigas iun cirkonstancon de la ago esprimita de la predikato), ni povas distingi ilin.

III.2. Studindaj problemoj

III.2.1. Ĉu numeralo povas funkcii kiel subjekto, objekto aŭ predikativo?

En korea lingvo numeralo povas fariĝi subjekto. Sed ni ne povas facile diri, ke ankaŭ en Esperanto numeralo fariĝas subjekto. Ĉu ja eblas jenaj esprimoj? Ekzemple, "Kvin venis.", "Du restas.", "Mi manĝis tri.", "Ili estas dek." Se tiuj esprimoj, kvankam iom strangaj, estas permesataj, tio ŝajne eblas pro la interkonsento, ke ili estas la mallongigoj de jenaj esprimoj: "Kvin homoj venis.", "Du homoj/objektoj restas.", "Mi manĝis tri -ojn.", "Ili estas dekopo/dekope." La esprimo "du restas" povas esti uzata ĉe kalkulado ĉi tiel: "20÷3=6...2" (dudek dividite per tri faras ses kaj restas du).

Tial ni devas pensi, ke la numeralo de Esperanto sola ne povas esti uzata kiel subjekto, objekto aŭ predikativo.

III.2.2. Adverbo kiel subjekta predikativo

Ĝi estas unu el la specialaj gramatikaĵoj de Esperanto. Por subjekta predikativo estas uzata ordinare substantivo, adjektivo aŭ infinitivo. Sed ĉe jenaj okazoj adverbo estas uzata kiel predikativo.

Unue, kiel la predikativo de sensubjekta frazo.

(ekz: *Hodiaŭ estas varme.*)

Due, kiam la subjekto estas ne vorto, sed propozicio.

(ekz: *Estas interese, ke li aperis en la kunsido.*)

Trie, kiam la subjekto estas infinitivo.

(ekz: *Mensogi estas malbone.*)

Mi volas iom esplori la okazojn duan kaj trian. La propozicioj kaj la infinitivoj uzitaj kiel subjekto en tiuj okazoj, kompreneble ne estas predikato de la frazo, sed momente funkcias kiel substantivo. Pro tio ni nomas tiun propozicion substantiva propozicio, kaj ni diras, ke tiu infinitivo estas uzita kiel substantivo. Se estas tiel, ankaŭ en tiuj okazoj ni devus uzi adjektivon por la predikativo, same kiel ĉe la okazoj de ordinaraj substantivaj subjektoj.

Krom tio jen estas ankaŭ alia kialo. Kiam la objekto de la frazo estas infinitivo aŭ propozicio, oni ordinare uzas adjektivon kiel predikativon (ekz: *Mi trovas bona iri kun li.; Mi trovas bona, ke li estas kun ŝi.*). Tio teorie ne akordiĝas kun la okazo de la subjekta predikativo. Mi ne komprenas, kial oni uzas adverbon nur ĉe la okazo de subjekta predikativo, dum oni uzas adjektivon ĉe la okazo de objekta predikativo. Sed tamen preskaŭ ne eblas tion ŝanĝi (aŭ korekti), ĉar jam pli ol 100 jarojn oni uzadas tiel.

III.3. Specoj de frazo

Oni povas dividi frazojn en diversaj manieroj. Ĉi tie mi dividas jene.

laŭ la rilato inter	simpla frazo

	obla frazo	
		subjekta subpropozicio
subjekto kaj predikato	kompleksa frazo	objekta subpropozicio
		predikativa subpropozicio
		epiteta subpropozicio
		adjekta subpropozicio
laŭ ekzisto de subjekto	subjekta frazo	
	sensubjekta frazo	
laŭ modo	indikativa frazo	
	volitiva frazo	
	kondicionala frazo	
laŭ ekzisto de demanda vorto	deklara frazo	
	demanda frazo	
laŭ ekzisto de nea vorto	pozitiva frazo	
	negativa frazo	

III.3.1. Simplaj frazoj

'Simpla frazo' ni nomas la frazon, kiu havas la rilaton de 'subjekto-predikato' nur unu fojon. Ni vidu.

① Li kuras rapide.
② Li ne kuras rapide.
③ Ĉu li kuras rapide?
④ (Vi) kuru rapide.
⑤ Estas varme.

En supraj ekzemploj ekzistas nur unufoja rilato de 'subjekto-predikato'. Ili estas simplaj frazoj (Fakte ne ekzistas subjekto en ⑤). Kaj ni detale studos pli pri la frazoj poste, sed jen ni povas diri, ke la ekzemplo

① estas frazo subjekta- indikativa-priskriba-pozitiva,
kaj ② estas frazo subjekta-indikativa-priskriba-negativa,
kaj ③ estas frazo subjekta-indikativa-demamda-pozitiva,
kaj ④ estas frazo subjekta-volitiva-priskriba-pozitiva,
kaj ⑤ estas frazo sensubjekta-indikativa-priskriba-pozitiva.

Ni povas ilin ŝanĝi al aliaj formoj. Ekzemple ni povas ŝanĝi la frazon ④ al la frazo subjekta-volitiva-priskriba-negativa: "(Vi) ne kuru rapide." Kaj la frazo ⑤ povas esti ŝanĝita al la frazo sensubjekta-indikativa-demanda-negativa: "Ĉu ne estas varme?"

III.3.2. Oblaj frazoj

Se du simplaj frazoj estas kunligitaj al unu frazo pere de konjunkcio (kaj, sed, aŭ, ktp), ĝi fariĝas obla frazo. Tiukaze la ligitajn simplajn frazojn ni nomas 'kunordigitaj propozicioj'. Jen vidu.

① Li marŝis, sed ŝi kuris.
② Ĉu li ploris, kaj ŝi ridis?
③ Venu frue morgaŭ matene, aŭ vi ne povos vidi lin.

En ĉiu frazo de supraj ekzemploj la rilato de 'subjekto-predikato' aperas du fojojn, kaj ili estas kunligitaj pere de konjunkcioj. La du kunligitaj simplaj frazoj havas egalan gramatikan funkcion (alivorte neniu el ili rolas kiel frazelemento de la alia), kaj tial la kunligita frazo estas obla frazo.

La frazo ① estas duoblo de
la frazo subjekta-indikativa-priskriba-pozitiva,
kaj la frazo ② estas duoblo de
la frazo subjekta-indikativa-demanda-pozitiva.

Kaj la frazo ③ estas kunligita

per la frazo subjekta-volitiva-priskriba-pozitiva kaj la frazo subjekta-indikativa-priskriba-negativa. La kunligataj simplaj frazoj povas esti diversaj frazoj. Ili povas esti ali-specaj.

Ni tamen devas atenti, ĉu jenajn frazojn ni povas rigardi kiel oblajn frazojn aŭ ne.

① Li kaj lia amiko vizitis min.

② Li senĉese ploris kaj ridis,

③ Ŝi vidis lin kaj lian amikon.

④ Diru tion aŭ al la patro, aŭ al la patrino.

Ni ne povas facile diri, ke la supraj frazoj havas unu-fojan rilaton de 'subjekto-predikato', nek ke ili havas du-fojajn rilatojn.

Ni povas diri, ke la frazo ① estas kunligita per jenaj du frazoj: 'Li vizitis min.' kaj 'Lia amiko vizitis min.' Sed efektive ĝi havas nur la kunligitan subjekton el du substantivoj. Forme ĝi havas la rilaton de 'du subjektoj plus unu predikato'. Sed male la frazo ② havas la rilaton de 'unu subjekto plus du predikatoj', kaj la frazoj ③ kaj ④ havas respektive la rilaton de 'unu subjekto plus du objektoj', kaj 'unu subjekto plus du adjektoj'.

Iusence ni povas diri, ke ili estas kunligitaj per du simplaj frazoj, do oblaj frazoj. Sed ni rigardas ilin nur kiel simplajn frazojn, ĉar nia kriterio de la frazo-specoj estas la nombro de la rilato de 'subjekto-predikato'.

III.3.3. Kompleksaj frazoj

Kompleksa frazo ni nomas la frazon ligitan per subjunkcioj (ke, ĉar, se, kvankam, rilativoj, demandaj vortoj, ktp). La ĉefa frazo el la ligitaj frazoj estas nomata 'ĉefpropozicio', kaj la vica estas nomata 'subpropozicio'. La subpropozicio rolas kiel unu el la frazelementoj de la ĉefpropozicio, kaj ĝi nomiĝas laŭ la rolo. Subpropozicioj estas dividitaj kiel jene laŭ ilia frazelementa rolo en la ĉefpropozicio.

- subjekta subpropozicio
- objekta subpropozicio
- predikativa subpropozicio
- epiteta subpropozicio
- adjekta subpropozicio

La klasifiko estas laŭ la funkcioj de la subpropozicioj, kiujn ili ludas en la ĉefpropozicio. Kaj krom tio oni povas klasifiki ilin laŭ iliaj propraj karakteroj kiel jene.

- eksplika subpropozicio: 'ke' estas uzata kiel subjunkcio
- supoza subpropozicio: 'se' estas uzata kiel subjunkcio
- kompara subpropozicio: 'kiel, kia, ol, ktp' estas uzataj kiel subjunkcioj
- konceda subpropozicio: 'kvankam, ktp' estas uzataj kiel subjunkcioj
- kaŭza subpropozicio: 'ĉar' estas uzata kiel subjunkcio
- rilata subpropozicio: rilativoj estas uzataj kiel subjunkcioj
- demanda subpropozicio: demandaj vortoj estas uzataj kiel subjunkcioj
- implikita subpropozicio: 'ke' estas uzata kiel subjunkcio

Fakte ĝi estas klasifiko laŭ sencoj, kaj tial ni povas dividi ilin alimaniere laŭ aliaj vidpunktoj. Mi ne klarigas ilin ĉi tie, ĉar ilin mi klarigos ĉe la loko, kie mi klarigos pri la laŭ-funkcia klasifiko de subpropozicioj. Sed ĉi tie nur la implikitan subpropozicion mi klarigas.

III.3.3.1. Implikita subpropozicio

Se eksplika substantiva subpropozicio estas interplektita kun demanda ĉefpropozicio aŭ alia demanda subpropozicio, tion ni nomas implikita subpropozicio. Tio signifas, ke la demanda vorto de demanda frazo rolas ankaŭ kiel unu frazelemento de la subpropozicio. Ni vidu.

① Kiel vi deziras, ke mi agu?
② Mi ne scias kion vi volas, ke mi faru
③ Kiun vi deziras, ke mi liberigu al vi?

En la ekzemplo ① la 'kiel', estante demanda vorto de demanda ĉefpropozicio, rolas ankaŭ kiel adjekto de eksplika subpropozicio. En ② la 'kion' estas demanda vorto, uzata kiel liganto (ĝi ligas la propozicion 'kion vi volas' al la antaŭa ĉefpropozicio), kaj samtempe ĝi estas uzata ankaŭ kiel la objekto de la eksplika subpropozicio. Ankaŭ la 'kiun' en ③ funkcias ne nur kiel demanda vorto de la ĉefpropozicio, sed ankaŭ kiel la objekto de la subpropozicio. Tiujn subpropozicojn ni nomas implikita subpropozicio. (Pri detala klarigo de la implikita subpropozico vidu PAG(1980, UEA: §230.4.)

III.3.3.2. Subjekta subpropozicio

Subjekta subpropozicio estas la subpropozicio, kiu funkcias kiel subjekto de la ĉefpropozicio. Ni vidu.

① Ĉu tio estas vera, ke li amas ŝin?
② Estas nekredeble, ke li konfesis tion.
③ Estas dube, ĉu li sciis tion.

④ Ne estas certe, por kio li donis ĝin al vi.

En la ekzempla frazo ① la ke-subpropozicio estas sama kiel la subjekto de la ĉefpropozicio 'tio' (ĝin ni nomas 'formala subjekto'), kaj ĝi eksplikas 'tion'. Tial ni nomas ĝin 'subjekta subpropozicio'. Kaj en tiu okazo formale la subjekto estas 'tio', sed ne la ke-subpropozicio, kaj tial ĝi prenas adjektivon 'vera' kiel predikativon.

Kaj kiel ni vidas en la ekzempla frazo ②, kiam la ĉefpropozicio ne estas demanda propozicio, tiam la formala subjekto 'tio' estas subkomprenata, kaj uziĝas adverbo kiel la predikativo.

Kaj jen ni devas atenti, ke ni ne konfuzu la ekemplan frazon ② kun la 'sensubjekta frazo' kiun ni vidos poste. En la ekzempla frazo ② evidente ekzistas subjekta subpropozicio, kaj la kialo, ke ĝi prenas adverbon kiel predikativon estas nur tio, ke la subjekto aperas ne en la formo de substantivo, sed en la formo de propozicio. (Konsultu : III.3.4. Subjekta frazo kaj sensubjekta frazo)

En ③ kaj ④ la subjekta subpropozicio estas demanda propozicio, kaj tiam ĝi ofte aperas en la formo <esti + predikativo>. Kaj en tiu okazo oni uzas adverbon kiel predikativon.

III.3.3.3. Objekta subpropozicio

Objekta subpropozicio estas la subpropozicio, kiu funkcias kiel objekto de la ĉefpropozicio. Ni vidu.

① Mi trovis (tion), ke li amas ŝin.
② Mi deziras (tion), ke vi fartu bone.

③ Mi kredas (tion), ke ĝi plaĉus al vi.

④ Oni esploras, ĉu la rivero estas sufiĉe profunda.

⑤ Mi ne scias, kion li diris.

⑥ Li demandis min (al mi), kiam li revenu.

⑦ Mi ne komprenas, kial li kolerus.

En la ekzempoj ①, ② kaj ③ la ke-subpropozicioj funkcias kiel objektoj de la predikatoj (trovis, deziras, kredas) de la ĉefpropozicioj. Ili do estas objektaj subpropozicioj. Kaj en tiu okazo ni povas uzi la formalan objekton 'tion' post la predikato de la ĉefpropozicio.

Kaj kiel ni vidas ĉe la subpropozicioj de ①, ② kaj ③, la predikatoj povas esti indikativo, volitivo aŭ kondicionalo. En ③ la subpropozicio estas kondicionalo, kaj en tiu okazo ni komprenas, ke post la subpropozicio estas kaŝita la kondicionala propozicio 'se vi vidus ĝin'.

La frazoj ④, ⑤, ⑥ kaj ⑦ estas la ekzemploj, kie la subpropozicio aperas en demanda propozicio. Kaj tiam la demanda propozicio povas esti ĉu-demando aŭ ki-demando, kaj ĝi povas aperi en indikativo, volitivo, aŭ kondicionalo. La volitiva subpropozicio de la frazo ⑥ estas la mallongigita esprimo de 'kiam mi volas, ke li revenu', kaj la kondicionala subpropozicio de la frazo ⑦ havas la kaŝitan subpropozicion 'se li kolerus'.

Kaj ni povas interpreti la indikativan subpropozicion de ⑤ alimaniere, ke en tiu okazo la 'kion' ni rigardas kiel rilatan pronomon. Se ni vidas tiel, la subpropozicio fariĝas rilata subpropozicio, kaj do epiteta subpropozicio. Kaj la senco de la frazo estas "Mi ne scias tion, kion li diris."

La elekto inter tiuj du manieroj dependas de la kunteksto.

Kaj ni traktas malrektajn parolojn en tiu ĉi ĉapitro de objekta subpropozicio.

Rektaj paroloj	Malrektaj paroloj
Li diris: "Mi estas laca."	Li diris, ke li estas laca.
Li riproĉis ilin: "Se vi estus homoj, vi donus al mi akvon."	Li riproĉis ilin, ke, se ili estus homoj, ili donus al li akvon.
Mi demandis lin: "Kien vi iris?"	Mi demandis lin, kien li iris.
Mi demandis lin: "Ĉu vi estas laca?"	Mi demandis lin, ĉu li estas laca.

Ni ne nepre bezonas trakti tiujn en la nomo de 'malrektaj paroloj', ĉar ni povas kompreni ilin kiel objektajn subpropoziciojn aŭ adjektajn subpropoziciojn (vidu sube III.3.3.6. 'Adjekta subpropozicio'). En angla gramatiko malrektaj paroloj estas speciale traktataj ĝuste pro tenso-ŝanĝiĝo. Sed en Esperanto, kiel ni vidas supre, troviĝas neniu speciala traktado pri tenso (oni ĝenerale esprimas tenson laŭ la natura tempo), kaj tial ni ne bezonas trakti ilin aparte.

III.3.3.4. Predikativa subpropozicio

Predikativa subpropozicio funkcias kiel predikativo de la ĉefpropozicio. Ni vidu.

① La vero estas (tio), ke li amas ŝin.
② La ordono estis (tio), ke ni ekiru frumatene.
③ La demando estas, ĉu li vizitis ŝin aŭ ne.
④ La problemo estas, kiam ni ekiru.

⑤ La afero ŝajnis (tia), kvazaŭ li mortigus ŝin.

La subpropozicioj de ① kaj ② en supraj ekzemploj funkcias kiel la predikativoj de la ĉefpropozicioj, kaj tial ni nomas ilin predikativaj subpropozicioj. Kaj tiam ni povas plu uzi la formalan predikativon 'tio' en la ĉefpropozicio.

Kaj tiuj predikativaj subpropozicioj povas aperi en indikativo kiel en ①, aŭ en volitivo kiel en ②.

La demandaj subpropozicioj de ③ kaj ④ ankaŭ estas predikativaj subpropozicioj, funkciantaj kiel la predikativoj de la ĉefpropozicioj. Kaj tiam la subjektoj de la ĉefpropozicioj estas ordinare 'demando' kaj 'problemo', kaj la demandaj subpropozicioj povas aperi en indikativo aŭ volitivo.

En la ekzempla frazo ⑤, kie 'kavazaŭ' estas uzata kiel la subjunkcio, la subpropozicio funkcias kiel la predikativo de la ĉefpropozicio, kaj do ĝi estas nomata predikativa subpropozicio. Tiu subpropozicio povas esti traktata kiel unu el la eksplikaj subpropozicioj laŭ ĝia senco. Sed ĝi estas malsama ol la eksplikaj subpropozicioj de ① kaj ②, kiel ni vidas jene:

Unue, la subjunkcio ne estas 'ke', sed 'kvazaŭ'.

Due, la subpropozicio aperas en kondicionalo, kiu esprimas supozon malan al la realo.

Ĉi tie ni devas atenti, ke la 'kvazaŭ', uzata kiel subjunkcio, povas konduki du specojn de subpropozicioj: predikativa subpropozicio kaj adjekta subpropozicio. La adjektan subpropozicion ni pristudos poste. Kaj en ambaŭ okazoj la subpropozicio devas aperi en kondicionalo. Ni do povas diri, ke la subpropozicio kondukata de 'kvazaŭ' estas ĉiam supozo mala al la realo.

Kaj ĉiuj subjektaj kaj objektaj subpropozicioj kaj plejparto de la predikativaj subpropozicioj estas uzataj kiel substantivo, kaj ni nomas ilin substantivaj subpropozicioj.

III.3.3.5. Epiteta subpropozicio

Epiteta subpropozicio funkcias kiel epiteto de la ĉefpropozicio, kaj ĝi modifas (nome kvalifikas, determinas aŭ eksplikas) frazelementojn de la ĉefpropozicio krom la predikato. Ni vidu.

① Ĝi estas la libro, kiun mi aĉetis hieraŭ.

② Ĝi estas la libro, kies aŭtoro estas fama profesoro.

③ Mi vidis virinon, kian mi longe serĉis.

④ Ĉu ekzistas saĝa homo, kiu komprenus tion? (Neniu komprenas tion.)

⑤ La fakto, ke li amas ŝin, surprizis min.

⑥ Mi ricevis telegramon, ke mi tuj venu al la kunsido.

⑦ Mi aŭdis onidiron, ke li helpus ŝin (, se ŝi petus lin).

⑧ Li skribis la leteron tre fuŝe, ke neniu povis legi ĝin.

⑨ Li skribis la leteron tiel, ke neniu povis legi ĝin.

⑩ La problemo, ĉu li vere aperos aŭ ne, ankoraŭ turmentas ŝin.

⑪ Mi ne ricevis ordonon, kiam mi revenu.

⑫ Mi ne aŭdis lian respondon, kiam li komencus la laboron (, se ni interkonsentus, ke li ĝin faru).

⑬ Hodiaŭ matene, kiam li vizitis min, mi estis for.

⑭ La kato kuras en la ĝardenon, kie estas multaj belaj floroj.

⑮ Tiu, kiu donis ĝin al vi, estas mia amiko.

⑯ Ĉiuj, kiuj sciis la aferon, tre multe koleriĝis.

⑰ Tio, kion vi scias, ne estas fakto.

⑱ Mi ne scias tion, kion vi diras.

⑲ (Tiu) Bone ridas, kiu laste ridas.

La subpropozicioj de la ekzemploj ①~④, kondukataj de rilataj pronomoj, funkcias kiel epitetoj, modifantaj la rilatatojn, kaj tial ili estas epitetaj subpropozicioj. Tiam la rilataj subpropozicioj aperas ordinare en indikativo, sed foje ankaŭ en kondicionalo. Tre malofte ĝi povas aperi en volitivo, sed tio estas nur escepta okazo. (ekz: La aŭtoro, kies granda fervoro estu laŭdata, amasigis en sia libro multegan materialon.)

Ankaŭ la ke-subpropozicioj de ⑤~⑨ modifas (t.e. eksplikas) la subjekton aŭ la objekton de la ĉefpropozicioj, kaj tial ili estas traktataj kiel epitetaj subpropozicioj. Ankaŭ en tiu okazo ili povas aperi en indikativo, volitivo aŭ kondicionalo.

En ⑩~⑫ la ĉu-demandaj kaj ki-demandaj subpropozicioj estas epitetaj subpropozicioj, ĉar ili modifas (t.e. eksplikas) la subjekton aŭ la objekton de la ĉefpropozicioj. Ankaŭ en tiu okazo ili povas aperi en indikativo, volitivo aŭ kondicionalo.

Kaj en ⑬ la subpropozicio, kondukata de rilativa adverbo 'kiam', kiu montras tempon, determinas la adjekton de la ĉefpropozicio 'hodiaŭ matene'. En ⑭ ankaŭ la subpropozicio, kondukata de la rilativa adverbo 'kie', kiu montras lokon, determinas la adjekton de la ĉefpropozicio 'en la ĝardenon'. Ili do funkcias kiel epitetoj, kaj estas traktataj kiel epitetaj subpropozicioj.

La epitetaj subpropozicioj (rilataj subpropozicioj) de ⑮~⑲ havas paran rilaton de tabelaj vortoj, nome 'tiu-kiu, ĉiu-kiu, tio-kio'. Kaj en tiu okazo ni traktas la rilatajn subpropoziciojn kiel epitetajn subpropoziciojn, kiuj determinas la rilatatojn. Ni povas elimini la rilatatojn, se tio ne malhelpas komprenon. (ekz:

- 284 -

Kion vi scias, ne estas fakto. Mi ne scias, kion vi diras.)

Kaj la ekzempla frazo ⑲ estas esprimo de proverbo, kaj en tiu okazo ni povas elimini la subjekton por mallongigi la esprimon.

III.3.3.6. Adjekta subpropozicio

Adjekta subpropozicio funkcias kiel adjekto de la ĉefpropozicio.

Same kiel adjekto mem, la adjekta subpropozicio povas dividiĝi al diversaj specoj. PAG (plena ilustrita vortaro de esperanto; 1980, UEA) dividas ĝin al tre multaj specoj laŭ ĝiaj sencoj, kaj prezentas ilin tre detale en sufiĉe multaj paĝoj.

Sed jen ni klasifikas ĝin nur laŭ la morfologia vidpunkto. La nura kriterio estas 'formo'.

1) Adjekta subpropozicio kun la subjunkcio 'ke'

① Mi ĝojas/dankas, ke vi venis tiel frue.

② Mi estas furioza, ke mi staras kiel malpravulo, dum mi estas prava.

③ Trapiku lin, (por) ke li momente falu.

④ Li kaŝis ĉion, (por) ke neniu malkovru ĝin.

⑤ La problemo estis (tiel) malfacila, ke neniu povis solvi ĝin.

⑥ Subite regis (tia) silento, ke ne blovis eĉ vento.

La ke-subpropozicioj de la supraj ekzemploj ĉiuj funkcias kiel la adjektoj de la ĉefpropozicioj, kiuj esprimas la cirkonstancojn de la predikatoj. En ① kaj ② ĝi esprimas la kaŭzon aŭ kialon, kaj en ③ kaj ④, la celon, kaj en ⑤ kaj ⑥, la rezulton.

Kiam uziĝas la 'ke', esprimanta kaŭzon aŭ kialon, oni povas plu uzi 'tial, pro tio, ktp' en la ĉefpropozicio. Kaj ĉe la okazo de rezulto oni povas plu uzi 'tiel, tiamaniere, tia, ktp' en la ĉefpropozicio. Ĉe la okazo de celo oni uzas volitivon en la subpropozicio kaj povas plu uzi la prepozicion 'por' antaŭ 'ke'.

2) Adjekta subpropozicio kun la subjunkcio 'ĉu... ĉu...'

Kiam 'ĉu' estas uzata ne kiel demanda adverbo, sed kiel subjunkcio en la formo de 'ĉu... ĉu...', kaj kondukas propozicion, ĝi estas traktata kiel adjekta subpropozicio, kaj la senco estas 'duba, necerta elekto' aŭ 'alternativo'.

① Ĉu li estas al ni amiko, ĉu malamiko, ni akceptos lin kiel gaston.
② Ĉu li faris tiel pro timo, ĉu pro fiereco, la rezulto detruis lin.
③ Ĉu ni iru kun li, ĉu sen li, ni decidu per voĉdono.

3) Adjekta subpropozicio kun rilativoj

Iuj rilataj subpropozicioj, kondukataj de rilativoj, estas uzataj kiel adjektoj. Ili dividiĝas al 'lokaj, tempaj, manieraj kaj kvantaj' adjekto-subpropozicioj.

3-1) lokaj adjekto-subpropozicioj

Ili estas adjektaj subpropozicioj kun lokaj rilativoj, kaj estas uzataj en la respondoj de la demandoj, kiuj havas la demandajn adverbojn 'kie, kien, de kie, ĝis kie, ktp'.

Kaj kiam aperas paro de tabelaj vortoj (montraj tabelvortoj kaj rilativoj), kiel 'tie-kie, tien-kien, de tie-kie, ĝis tie-kie', la subpropozicioj estas traktataj kiel epitetaj subpropozicioj, modifantaj la antaŭajn montrajn tabelvortojn (tie, tien, ktp)

Sed se la montra tabelvorto estas eliminita, la subpropozicio fariĝas adjekta subpropozicio.

En ambaŭ okazoj ili estas adjektaj subpropozicioj laŭ la senco.

① La rato kuris tien, kie ludas la kato. [epiteta subpropozicio]

② La rato kuris (tien), kien kuris ankaŭ la kato. [adjekta subpropozicio]

Kaj kiel en la frazoj ③ kaj ④, la rilataj subpropozicioj, modifantaj la loko- rilatatojn (ĝardenon, supren), estas ne adjektaj subpropozicioj, sed epitetaj subpropozicioj. (Konsultu la parton de 'epiteta subpropozicio')

③ La rato kuris en la ĝardenon, kien kuris ankaŭ la kato.
④ La rato kuris supren, kien kuris ankaŭ la kato.

La rilata adverbo 'kien' de ③ povas anstataŭiĝi per 'en kiun'.

3-2) tempaj adjekto-subpropozicioj

Ili estas adjektaj subpropozicioj kun tempaj rilativoj, kaj estas uzataj en la respondoj de la demandoj, kiuj havas la demandajn adverbojn 'kiam, de kiam, ĝis kiam, kiel longe, ktp'. Ĝiaj subjunkcioj estas 'kiam, se (en la senco de tempo), kiomfoje, post kiam, antaŭ ol, apenaŭ, de kiam, ĝis, dum, ktp'.

① Kiam mi vidis lin, li estis tute malseka.
② Ĉu vi min ĉiam helpos, se mi vin petos?
③ Kiomfoje li ŝin rememoris, liaj okuloj pleniĝis de larmoj.
④ Li ekiris, post kiam ŝi forlasis la domon.
⑤ Li forlasis la domon, antaŭ ol ŝi vizitis lin.
⑥ Li restas muta, de kiam li spertis la akcidenton.
⑦ Legu la libron, ĝis mi revenos.
⑧ Ŝi senĉese ridegis, dum li parolis al ŝi.

Same kiel en la lokaj adjekto-subpropozicioj, se la subpropozicio estas kondukata de 'tiam-kiam', kiel en ⑨~⑪ ĉi sube (t.e. se uziĝas paro de tabelaj vortoj (montraj tabelvortoj kaj rilativoj)), kaj se la subpropozicio aperas en la formo de rilata subpropozicio, modifanta la antaŭan adjekton, ni traktas ĝin kiel epitetan subpropozicion, ne kiel adjektan subpropozicion.

⑨ Mi estis en la lito tiam, kiam mia amiko venis al mi.
⑩ Li vizitis min en la momento, kiam mi estis ekironta.
⑪ Li vizitis min hieraŭ vespere, kiam mi estis ekironta.

Kaj la rilatan adverbon 'kiam' de ⑩ ni povas anstataŭi per 'en kiu'.

3-3) manieraj kaj kvantaj adjekto-subpropozicioj

En subaj ekzemploj la subpropozicio estas adjekta subpropozicio uzata kiel adjekto de la ĉefpropozicio, kaj tie la subjunkcioj estas ordinare 'kiel, kiom, ktp'. La sencoj de tiuj subpropozicioj estas ĝenerale maniero kaj kvanto.

① Li baraktis kiel fiŝo ekster la akvo.
② Ŝi estas bela kiel anĝelo.
③ Li fariĝis kiel ŝtono.
④ Donu al mi la eblon morti kiel kristano.
⑤ Kiel (Kiom) ajn malmulte vi pagos, mi estos kontenta.
⑥ Li prenis fruktojn, kiom li povas preni.
⑦ Oni akceptis lin kiel reĝon. (Fakte li estas reĝo.)

Kaj same kiel en la lokaj kaj tempaj adjekto-subpropozicioj, se la subpropozicio estas kondukata de 'tiel-kiel, tiom-kiom', kiel en ⑧~⑪ ĉi sube (t.e. se uziĝas paro de tabelaj vortoj (montraj tabelvortoj kaj rilativoj)), kaj se la subpropozicio aperas en la formo de rilata subpropozicio, modifanta la antaŭan adjekton, ni traktas ĝin kiel epitetan subpropozicion, ne kiel adjektan subpropozicion.

⑧ Li agas tiel, kiel plaĉas al li.
⑨ Ŝi estas tiel bela, kiel la patrino.
⑩ Manĝu tiom, kiom vi povas.
⑪ Li amis ŝin vere elkore, kiel neniu povas fari tiel.

4) Adjektaj subpropozicioj kun ceteraj subjunkcioj

Plejparto de la subjunkcioj apartenas al tiu ĉi kategorio.
(Konsultu II.2.2.8. Junkcioj)

① Ĉar vi venis tro malfrue, vi ne povas ricevi vian porcion.
[kondiĉo]

② Kiam vi mensogis, oni rajte vin punis. [kondiĉo]

③ Mi donus al vi multan monon, se mi fariĝus riĉulo.
[supozo]

④ Se vi ne semos, vi ne rikoltos. [kondiĉo]

⑤ Mi scias nenion, kvankam mi multe lernis. [koncedo]

⑥ Li eliris, malgraŭ (spite) ke lia patro malpermesis.
[koncedo]

⑦ Ni ekskursos, eĉ se la vetero estos malbona. [koncedo]

⑧ Oni akceptis lin kvazaŭ reĝon. [supozo]

⑨ Vi devas konduti, kiel se vi estus malriĉulo. [supozo]

5) Adjektaj subpropozicioj de komparativo kaj superlativo

Laŭ PAG(1980, UEA: §262-§263) ekzistas tre diversaj komparaj subpropozicioj. Ĝi dividas ilin en du grandajn kategoriojn, nome 'indika komparo' kaj 'supoza komparo'. Indika komparo estas kompari ion kun io reala, kaj supoza komparo estas kompari ion kun io supozata.

Kaj ĝi ankaŭ dividas ilin alimaniere, nome en la kategoriojn de 'samgradiga komparo' kaj 'disgradiga komparo'. Semantike ili povas plu dividiĝi en diversajn kategoriojn, ekzemple 'agokomparoj', 'kvalitkomparoj', 'manierkomparoj', 'aĵo-komparoj', 'kvantokomparoj', 'komparoj paraleligaj' kaj 'identigo'.

Sed mi dubas, ĉu vere necesus tiel komplika kaj tro

semantika klasifiko. Ĉi tie mi volas studi la komparajn subpropoziciojn laŭ sintaksa vidpunkto, ne laŭ semantika vidpunkto, kaj tial la klasifiko de PAG ne taŭgas por nia studo.

Krom tio, laŭ mia penso, povus ekzisti pliaj metodoj dividi la komparajn subpropoziciojn, se ni volus pli detale dividi ilin laŭ la semantika vidpunkto. Ili povus dividiĝi preskaŭ senlime, kaj tio farus gramatikon nehelpeble komplika.

Ĉi tie mi eksplikas ilin nur sintakse. Sed por montri, kia estas la klasifiko de PAG, mi prezentas post mia ekspliko po unu ekzemplon de PAG.

Mi faris jenan tabelon por sintakse klasifiki komparajn subpropoziciojn. Fakte la superlativo havas nenian rilaton kun kompara subpropozicio, ĉar ĝi ne esprimiĝas per komplika frazo, sed per simpla frazo. Ĝi esprimiĝas nur per la adverbo 'plej'.

specoj	esprimaj formoj
komparo supergrada	pli + adjektivo, advero + 'ol' + komparata objekto
komparo subgrada	malpli + adjektivo, advero + 'ol' + komparata objekto
komparo samgrada	'tiel' 'same' 'egale' 'samgrade' +adjektivo, advero+'kiel'+komparata objekto
	'tia' (epiteto, predikativo) ~ + 'kia' + komparata objekto
superlativo supera	'plej' + adjektivo, advero + 'el' + amaso 'plej' + adjektivo, advero + 'en, sur, ...' + loko
superlativo malsupera	'malplej' + adjektivo, advero + 'el' + amaso 'malplej' + adjektivo, advero + 'en, sur, ...' + loko

[ekzemploj]

① Li estas pli sana, ol mi.

② Li kantas malpli bele, ol mi.

③ Li estas tiel alta, kiel mi.

④ Ŝi havas tian floron, kian mi havas.

⑤ Mi estas la plej diligenta el ni.

⑥ Mi estas la malplej diligenta en mia klaso.

La komparata objekto povas esti unu vorto (ordinare substantivo) aŭ unu propozicio. Jen estas ekzemplaj frazoj, kie la komparataj objektoj estas propozicioj.

① Li estas nun pli diligenta, ol li estis antaŭe.

② La rato kuris tiel rapide, kiel kuris la kato.

③ Ŝi estas tia, kia estis ŝia patrino. (predikativa subpropozicio de komparo)

[**Klasifiko de PAG**]

(1) indikaj komparoj

● Li naĝas kiel fiŝo. [samgrada agokomparo de subjekto, per sama verbo]

● Li amas lin kiel filon. [samgrada agokomparo de objekto, per sama verbo]

● Li pensas eĉ nun, kiel (li pensis) en la infaneco. [samgrada agokomparo de adjekto, per verbo malsam-tensa]

● Li hezitas kiel tiam, kiam li alparolas virinon. [komparo de la karaktero de la subjekto kun iu reala situacio]

● Vi parolas, kiel se vi konfesas ian gravan sekreton. [same kiel supre]

● Li malaperis en mallumon, kiel nebulo malaperas sub la suno. [samgrada agokomparo, per malsama verbo]

● Ĉio okazis, kiel mi deziris. [samgrada agokomparo, en la

koro]

- Ŝi havas manojn blankajn kiel neĝo. [samgrada kvalitkomparo, per adjektiva epiteto]

- Ŝiaj manoj estas blankaj kiel neĝo. [samgrada kvalitkomparo, per predikativo]

- Lia pugno estas kiel fero. [samgrada aĵo-komparo, per <'kiel'+predikativo>]

- Li estas tia sama homo, kiel mi. [samgrada aĵo-komparo, per <'kiel'+vorto>]

- Restu ĉiam tia, kia vi estas. [samgrada aĵo-komparo, per <'kia'+propozicio>]

- Li verkas poemon tiel turmente, kiel virino naskas infanon. [samgrada manierkomparo]

- Mi gajnis tiom, kiom mi perdis. [samgrada kvantokomparo]

- Mi estas tiel stulta, kiel li. [samgrada mezurkomparo, per alia persono]

- Li estas tiel stulta, kiel bela. [samgrada mezurkomparo, per siaj karakteroj]

- Kiel vi semas, tiel vi rikoltos. [samgrada paraleliga komparo]

- Ju pli multe oni havas, des pli multe oni avidas. [samgrada paraleliga komparo]

- Mi venis kiel delegito. [samgrada agoidentigo]

- Mi restas ĉe tiu sama opinio, kiun mi esprimis hieraŭ. [samgrada kvalitidentigo, per rilata propozicio]

- Li restas tiu sama infaneca homo, kiel antaŭe. [samgrada kvalitidentigo, per unu vorto post 'kiel']

- Mi amas vin pli ol lin. [malsamgrada agokomparo]

- Lia mieno estis pli luma ol la suno. [malsamgrada kvalitkomparo]

- Li trovis la juvelon pli facile, ol oni trovas akvon.

[malsamgrada manierkomparo]

- Vi ricevis pli multe ol mi. [malsamgrada kvantkomparo]
- Li estas pli sana, ol mi. [malsamgrada mezurkomparo, per alia persono]
- Li estas pli malica, ol saĝa. [malsamgrada mezurkomparo, per siaj karakteroj]
- Mi preferas resti silenta, ol paroli. [malsamgrada neparaleliga komparo]
- Ju pli oni avidas, des malpli oni perdas. [malsamgrada neparaleliga komparo]
- Venis alia homo, ol (tiu) kiun mi atendis. [malsamgrada neidentigo]

(2) supozaj komparoj

- Neniam oni estas tiel malfeliĉa, kiel se oni perdis sian infanon. [komparo per teoria okazo]
- Li veis, kiel se al iu oni eltiras la dentojn. [komparo per ebla okazo]
- Ili amis sin reciproke, kvazaŭ ili estus fratoj. [komparo per supoza okazo]

III.3.4. Subjekta frazo kaj Sensubjekta frazo

Ordinare ĉiuj frazoj havas subjekton. Sed en specialaj okazoj oni ne uzas subjekton. Ĝuste tio estas unu el la specialaj trajtoj de Esperanto. Ĉi tie mi traktas nur sensubjektajn frazojn.

Sensubjekta frazo estas la frazo, en kiu logike ne ekzistas subjekto. Ĝi estas malsama ol la frazo, en kiu subjekto estas eliminita. Se ni diras, ke io estas eliminita, tio signifas, ke ĝi origine ekzistis, sed nur momente ĝi estas eliminita. Sed se ni diras, ke io ne ekzistas, tio signifas, ke ĝi ne ekzistas de komence.

La sensubjekta frazo estas uzata en jenaj okazoj.

① meteologia fenomeno:
   Pluvas. Neĝas. Tondras.
② fizika impreso:
   Estas varme. Estas freŝe.
③ konveneco al sia volo aŭ al la situacio:
   Estas bone. Estas necese.
④ kutima uzo:
   Temas pri Esperanto-movado.
   Se plaĉas al vi, ...
   Kiel plaĉasas al vi?
   Ili, ŝajnas, devis fari tiel.

Inter supraj okazoj ni devas atenti ② kaj ③. En tiuj okazoj la predikativoj ne estas adjektivoj, sed adverboj. Ni devas ne konfuziĝi inter tiu okazo kaj la okazo, kiam ni devas uzi adverban predikativon. Jen mi prezentas la okazojn, kiam ni devas uzi adverban predikativon.

① ĉe la okazo de sensubjekta frazo
② ĉe la okazo, kiam la subjekto estas propozicio aŭ infinitivo

Tio diras, ke jenaj frazoj ne estas sensubjektaj frazoj.

① Estas bone, ke li lernas Esperanton.
② Mensogi estas malbone.

Ĉi-supra ekzemplo ① havas la esprimon 'Estas bone', sed ĝi ne estas sama kiel tiu de la sensubjekta frazo ③. En supra ekzemplo ① evidente ekzistas subjekto, kiu estas subpropozicio, kondukita de 'ke'. Kaj la signifo de la frazo estas: 'La afero, ke li lernas Esperanton, estas bona.' Sed en la sensubjekta frazo ③ ne ekzistas subjekto, kaj ĝia signifo estas: 'Mia humoro aŭ la situacio estas bona.'

Estas facile distingi ilin. Se la frazo finiĝas ĉe 'Estas bone', kaj ne plu havas iun alian vorton, ĝi estas sensubjekta frazo. Sed se post la frazo venas subpropozicio kondukita de 'ke', ĝi ne estas sensubjekta frazo, sed ĝi estas la okazo, kiam oni uzas adverban predikativon.

Rilate al sensubjekta frazo, ni havas unu problemon. Kiel ni devas trakti jenajn frazojn?

① Estas la sepa posttagmeze.
② Estas printempo.
③ Estas tempo iri al lito.

La verbo 'esti' en supraj ekzemplaj frazoj havas origine du uzojn. Unue, ĝi estas kompleta netransitiva verbo kun la signifo 'ekzisti'. Due, ĝi estas nekompleta netransitiva verbo, kopulo, kiu kunigas la predikativon kun la subjekto. Se etas tiel, kun kiuj signifoj estas uzitaj la 'estas' en supraj frazoj? Bedaŭrinde ili estas uzitaj kun neniu el ambaŭ signifoj de la verbo 'esti'.

Se ili estas uzataj kiel kompletaj netransitivaj verboj, la sekvantaj vortoj devas esti subjektoj. Kaj la signifoj de la frazoj respektive devas esti 'ekzistas la sepa posttagmeze', 'ekzistas printempo' kaj 'ekzistas tempo iri al lito'. Tio estas stranga klarigo.

Kaj se ili estas uzataj kiel nekompletaj netransitivaj verboj, la sekvantaj vortoj devas esti aŭ subjektoj aŭ predikativoj. Se ili estas subjektoj, tiam do mankas predikativoj, kaj inverse se ili estas predikativoj, tiam do mankas subjektoj. Ankaŭ tio ne povas esti ĝusta klarigo gramatika.

Se estas tiel, ni devus ilin konsideri kiel sensubjektan frazon aŭ gramatike eraran frazon. Sed ili ne apartenas al tiu kategorio de sensubjekta frazo, kiun ni pristudis ĝis nun. Tial ni ne traktas ilin kiel sensubjektan frazon. Ĉu ili do estas eraraj? Ne, ĉar ĝis nun multaj homoj uzadis tiujn esprimojn. Kaj tial ni devas kiel ajn klarigi ilin gramatike.

Por solvi la problemon, mi aldonas unu plian funkcion al la verbo 'esti', nome 'tenso-indiki'. Tio estas, ke la verbo 'esti' en tiu okazo havas nur gramatikan funkcion de 'tenso-indiki'. La vorto 'estas' havas nur la gramatikan signifon de prezenco, kaj 'estis' nur tiun de preterito, kaj 'estos' nur tiun de futuro. Alivorte mi pensas ĉi tiel: <estas = as, estis = is, estos = os>. (Kp: PAG (ĉapitro 193) vidas, ke la substantivoj en la ① kaj ② estas subjektoj.)

III.3.5. Indikativa frazo · Volitiva frazo · Kondicionala frazo

Pri la indikativa frazo, volitiva frazo kaj kondicionala frazo, kiuj estas klasifikitaj laŭ modoj, mi jam klarigis en la parto de finitivo (II.4.1.).

III.3.6. Deklara frazo kaj Demanda frazo

Laŭ ekzisto de demandaj vortoj dividiĝas deklara frazo kaj demanda frazo. Krom demanda frazo ĉiuj aliaj estas priskribaj frazoj, kaj pri ili ni jam bone scias. Ĉi tie mi traktas nur demandajn frazojn.

Oni dividas demandojn al ĉu-demandoj kaj ki-demandoj.

III.3.6.1. Ĉu-demanda frazo

Ĉu-demanda frazo eatas farita per la demanda adverbo 'ĉu'.
Ni uzas la demandan adverbon 'ĉu' ĉe la komenca loko de
deklara frazo. Kaj la demanda frazo demandas pri la vereco de
la frazo, kaj ĉe la respondo ni uzas 'jes' aŭ 'ne'. Ni vidu.

① Ĉu li laboras diligente?
   (←Li laboras diligente.)
② Ĉu li ne laboras diligente?
   (←Li ne laboras diligente.)
③ Jes, li laboras diliente.
④ Ne, li ne laboras diligente.

La demandaj frazoj ① kaj ② estas faritaj respektive el la
priskribaj frazoj en la krampoj kun la aldono de 'ĉu' ĉe la
komenco de la frazoj. La frazo ① estas pozitiva demanda frazo
kaj ② estas negativa demanda frazo. La respondo al la
demando estas unu el la frazoj ③ kaj ④. La maniero de
respondo al negativa demando diferencas en korea lingvo kaj
Esperanto.

En la korea se la respondanto konsentas pri la opinio de la
demandanto, tiam li respondas per 'jes'. Se ne, per 'ne'. Sed en
Esperanto, sendepende de la vortoj de la demandanto, se la
respondo estas pozitiva frazo, la respondanto uzas 'jes', kaj se
ĝi estas negativa frazo, li uzas 'ne'.

III.3.6.2. Ki-demanda frazo

Ki-demanda frazo estas farita per la demandaj vortoj 'kio,
kiu, kia, kie, kiam, kiel, kial, kiom, kies'. Ĝi ne demandas pri
la vereco de la frazo, sed postulas iun apartan informon. Kaj
tial ĉe la respondo al la demando oni ne uzas 'jes' aŭ 'ne', sed
oni devas doni la informon postulitan. Ni vidu.

① Kiu vi estas? — Mi estas Petro.

[demando pri individuo de homo aŭ objekto]

② Kio estas tablo? — Tablo estas meblo.

[demando pri ideo, objekto]

③ Kia estas Esperanto? — Ĝi estas facila.

[demando pri priskribo, kvalito]

④ Kie estas via patro? — Li estas en la ĉambro.

[demando pri loko]

⑤ Kiam li venos? — Li venos morgaŭ.

[demando pri tempo]

⑥ Kiel vi fartas? — Mi fartas bone.

[demando pri metodo, stato, grado]

⑦ Kial li ridas? — Li ridas, ĉar li estas feliĉa.

[demando pri kaŭzo, motivo]

⑧ Kiom vi manĝis? — Mi manĝis multe.

[demando pri kvanto]

⑨ Kies libro estas ĝi? — Ĝi estas lia libro.

[demando pri posedo]

Esperanto havas naŭ ki-demandajn vortojn. Ili estas inkluditaj en tiel nomataj 45 tabelaj vortoj. La sencojn de la demandaj vortoj mi montris supre. Kaj jen mi traktas kelkajn aferojn, kiujn ni devas atenti.

Unue, multaj miskomprenas, ke la pronomo 'kiu' estas uzata nur por homoj. Sed tio estas erara. La fundamenta senco de 'kiu' estas demando pri individueco de homo aŭ objekto. Kaj tial la frazo "Kiu estas tablo?" ne estas erara. Ĝi demandas, kiu el la objektoj (vidataj antaŭ la okuloj de la interparolantoj) estas tablo. Ĝi estas malsama ol la demando "Kio estas tablo?", per kiu oni postulas la klarigon de tablo mem.

Due, ĉar la vorto 'kiel' demandas ankaŭ pri stato, ĝi povas

esti uzata ankaŭ kun la verbo 'esti'. Kaj tial ni povas diri ne nur "Kiel li vivas? — Li vivas feliĉe." aŭ "Kiel li manĝas? — Li manĝas rapide.", sed ankaŭ "Kiel li estas? — Li estas sekure.".

Trie, la demanda vorto pri grado ne estas 'kiom', sed 'kiel'. La vorto 'kiom' demandas nur pri kvanto, kaj ĝi ne estas uzata por demandi pri grado. Kaj tial pli bone estas diri "Kiel bela ŝi estas?" ol "Kiom bela ŝi estas?".

Kvare, la demandaj vortoj "kiu kio kia kies kie kiam" estas uzataj ankaŭ kiel rilativoj.

III.3.6.3. Ceteraj demandaj frazoj

Krom la divido de ĉu-demando kaj ki-demando, oni ankoraŭ povas dividi la demandajn frazojn laŭ alia vidpunktoj. T.e. la divido de aldona demando kaj dependa demando.

Aldona demando estas la esprimo "ĉu ne?", kiu aldoniĝas post deklara frazo, kaj ĝi ŝanĝas la tutan frazon al demanda frazo. Ĝi havas la signifon de konfirmo. La formo de la aldona demando estas ĉiam "ĉu ne?", senkonsidere ĉu la antaŭa frazo estas pozitiva aŭ ne.

Dependa demando estas demanda subpropozicio en kompleksa frazo. Kaj ĝi ne povas ŝanĝi la tutan frazon al demando, malsame ol la aldona demando. Komprenebla se la ĉefpropozicio mem estas demando, tiam la tuta frazo estas demando.

① Mi ne scias, ĉu li vere venos aŭ ne.
② Ĉu vi scias, ĉu li vere venos aŭ ne?

La demanda propozicio ĉe la frazo ① funkcias kiel subpropozicio de deklara ĉefpropozicio. Kaj tiu ĉe ② funkcias kiel subpropozicio de demanda ĉefpropozicio. Tial la tuta frazo ① estas deklara frazo, kaj ② estas demanda frazo.

III.3.7. Pozitiva frazo kaj Negativa frazo

Laŭ la ekzisto de negativa vorto oni povas dividi pozitivan frazon kaj negativan frazon. Mi pensas, ke mi ne bezonas klarigi la pozitivan frazon. Jen mi klarigos nur la negativan.

Kiel negativaj vortoj ekzistas la negativa adverbo 'ne', kiu neas verbon, kaj la 9 neaj tabelvortoj neaj (neniu, nenio, nenia, nenie, neniam, neniel, nenial, neniom, nenies). Kaj krom ili la adverbo 'apenaŭ' uziĝas kun negativa senco. Ni vidu.

① Mi ne scias ĝin.
② Mi renkontis ne lin, sed lian patron.
③ Mi scias nenion.
④ Mi ne scias ĉion.
⑤ Mi apenaŭ aŭdas vin.

La supra ekzemplo ① estas tipa negativa frazo, en kiu la adverbo 'ne' estas uzita antaŭ la verbo, kaj tiel ĝi neas la tutan frazon. Sed en la frazo ② la adverbo 'ne' estas uzita ne antaŭ la verbo, sed antaŭ la substantiva objekto, kaj tiel ĝi neas nur la objekton.

Kaj en ③ la pronomo 'nenio' men estas negativa vorto. Tiaj pronomoj ne ekzistas en korea lingvo, kaj tial por koreoj kompreni la nocion de negativa pronomo estus iom malfacile. Ĉiukaze se uziĝas neaj tabelvortoj, ili faras la frazojn komplete negativaj. Kaj la frazo ④ estas en parta negativo, kaj tiam uziĝas la totalaj tabelvortoj 'ĉiu, ĉio, ĉia, ĉie, ĉiam, ĉiel, ĉial, ĉiom, ĉies'. Alivorte <'ne' + totalaj tabelvortoj> faras partan negativon, kaj <neaj tabelvortoj> faras kompletan negativon.

Kaj en ⑤ la vorto 'apenaŭ' estas origine advervo, kies signifo estas 'ne pli multe ol' aŭ 'ne tute tiom'. Sed ĝi havas la sencon de 'preskaŭ ne' antaŭ verboj. Kaj tial la senco de la frazo ⑤ estas "Mi preskaŭ ne aŭdas vin" aŭ "Mi ne povas bone aŭdi vin", kaj ĝi estas uzata ordinare je telefona interparolo. Jen estas kelkaj pliaj ekzemploj de 'apenaŭ': "Mi apenaŭ komprenas vin", "Ŝi apenaŭ povis marŝi".

III.4. Specoj de sintagmoj

Sintagmo staras meze inter propozicio kaj vorto. T.e. ĝi estas ĉeno de pluraj vortoj, sed ne kompletigas la rilaton de 'subjekto + predikato' kiel propozicio.

Inter diversaj lingvoj ekzistas lingvoj, ĉe kiuj la gramatika kategorio de sintagmo havas gravan signifon, sed samtempe ekzistas lingvoj, ĉe kiuj ĝi havas nenian signifon. En korea lingvo la kategorio de sintagmo ne estas tiel bezonata. Kaj ankaŭ en Esperanto sintagmo ne estas tiel grava gramatika kategorio.

La plej grava afero ĉe sintagmo, kiun ni studos de nun, estas la sintagmoj de infinitivo, participo kaj prepozicio. Sed eĉ se ni ne starigas apartan kategorion de sintagmo por ili, ni povas kontente trakti ilin ĉe aliaj partoj de la gramatiko. Ni povas trakti la infinitivan sintagmon ĉe la klarigo de infinitivo, kaj la participan sintagmon ĉe la klarigo de participo, kaj la prepozician sintagmon ĉe la klarigo de prepozicio.

Krome tiuj sintagmoj ne prezentas ian unikan gramatikan fenomenon en Esperanto. Ni do ne bezonas trakti ilin speciale. Kaj tial ĉi tie mi ne faros pli ol koncizan prezenton de sintagmo.

La specoj de sintagmoj povas esti diversaj laŭ gramatikistoj. Ĉi tie mi klasifikas ilin laŭ la formo kaj la funkcio.

III.4.1. Klasifiko laŭ formo

- adverba sintagmo
- junkcia sintagmo
- infinitiva sintagmo
- participa sintagmo
- prepozicia sintagmo

Adverban sintagmon kondukas adverbo, kaj junkcian sintagmon kondukas junkcio. Kaj ankaŭ la infinitivan, la participan kaj la prepozician sintagmojn kondukas respektive infinitivo, participo kaj prepozicio. Ni vidu.

① <u>Responde al lia demando</u>, mi nur ridis. [adverba sintagmo]
② Ŝi estas, <u>kvankam malriĉa</u>, tre feliĉa. [junkcia sintagmo]
③ <u>Viziti lin</u> estas unu el miaj taskoj. [infinitiva sintagmo]
④ <u>Legante la libron</u>, mi multe ploris. [participa sintagmo]
⑤ Ĝi estas la libro <u>de mia patro</u>. [prepozicia sintagmo]

III.4.2. Klasifiko laŭ funkcio

- subjekta sintagmo
- objekta sintagmo
- predikativa sintagmo
- epiteta sintagmo
- adjekta sintagmo

Jen ni studos la sintagmojn dividitajn laŭ la funkcio.

III.4.2.1. Subjekta sintagmo

Subjekta sintagmo estas uzata kiel subjekto en la frazo. Ni vidu.

① <u>Ami iun</u> estas agrabla afero.

En supra frazo la infinitiva sintagmo 'ami iun' funkcias kiel subjekto.

Sed kiam, ne la infinitiva sintagmo, sed la infinitivo mem sola estas uzata kiel subjekto, oni ne nomas ĝin subjekta sintagmo, sed nur subjekto. En la angla gramatiko oni traktas ankaŭ ĝin kiel subjektan sintagmon, ĉar la angla infinitivo ĉiam konsistas el du vortoj, <*to* + infinitivo>. Sed en Esperanto la infinitivo konsitas nur el unu vorto, kaj tial oni ne rigardas ĝin kiel sintagmon.

Sed lastatempe en *Transforma Genera Gramatiko* oni traktas la substantivon kaj la pronomon mem ankaŭ kiel unu el substantivaj sintagmoj. Laŭ tiu vidpunkto ni povas rigardi kiel unu sintagmo ne nur ĉiujn substantivojn kaj pronomojn, sed ankaŭ ĉiujn infinitivojn de Esperanto. Sed mi ne sekvas tiun vidpunkton.

Kaj la subjekta sintagmo nomiĝas ankaŭ substantiva sintagmo, ĉar ĝi funkcias kiel substantivo.

III.4.2.2. Objekta sintagmo

Objekta sintagmo estas uzata kiel objekto en la frazo. Ni vidu.

① Ŝi amas <u>aŭskulti popularan muzikon</u>.

En supra frazo la sintagmo 'aŭskulti popularan muzikon' estas uzata kiel objekto, kaj ĝi estas objekta sintagmo.

Ankaŭ ĝi funkcias kiel substantivo same kiel la subjekta sintagmo, kaj tial ĝi estas nomata ankaŭ substantiva sintagmo.

III.4.2.3. Predikativa sintagmo

Predikativa sintagmo estas uzata kiel predikativo en la frazo. Ni vidu.

① Ami iun estas <u>havi intereson pri li/ŝi</u>.

En supra frazo la infinitiva sintagmo 'havi intereson pri li/ŝi' estas uzata kiel predikativo.
Ankaŭ tiu ĉi funkcias kiel substantivo, kaj tial ĝi estas nomata substantiva sintagmo.

III.4.2.4. Epiteta sintagmo

Epiteta sintagmo estas uzata kiel epiteto en la frazo. Ni vidu.

① Realiĝis la deziro <u>renkonti lin persone</u>.
② Mi trovis la leonon <u>dormantan sub la arbo</u>.
③ Ĝi estas la libro <u>de mia patro</u>.

En la ekzempla frazo ① la vortopo 'renkonti lin persone' estas infinitiva sintagmo kaj estas uzata kiel epiteto, kaj en ② la vortopo 'dormantan sub la arbo' estas participa sintagmo kaj estas uzata ankaŭ kiel epiteto. Kaj ankaŭ la vortopo 'de mia patro' en ③ estas prepozicia sintagmo kaj estas uzata kiel epiteto.
Ili funkcias kiel adjektivo. Oni do nomas ilin ankaŭ adjektivaj sintagmoj.

III.4.2.5. Adjekta sintagmo

Adjekta sintagmo estas uzata kiel adjekto en la frazo. Ni vidu.

① Mi iris <u>renlonti ŝin</u>.
② <u>Legante la libron</u>, mi ploris pro malĝojo.
③ La leono dormas <u>sub la arbo</u>.
④ <u>Komence de pasinta monato</u> mi sendis al vi unu leteron.
⑤ Ĉiukaze li sekvis min, <u>kvankam ne volonte</u>.
⑥ <u>Ĉu pro mono, ĉu pro amo</u>, ŝi edziniĝis kun li.

En la frazo ① el supraj ekzemploj la infinitiva sintagmo 'renkonti ŝin' estas uzata kiel adjekto. Kaj en ② la participa sintagmo 'Legante la libron' estas uzata kiel adjekto. En ③ kaj ④ la prepozicia sintagmo 'sub la arbo' kaj la adverba sintagmo 'Komence de la pasinta monato' estas uzataj kiel adjektoj. Fine en ⑤ kaj ⑥ la junkciaj sintagmoj kondukataj de 'kvankam' kaj 'ĉu~ ĉu~' estas uzataj kiel adjektoj. ♣

〖 진달래 출판사 간행목록 〗

율리안 모데스트의 에스페란토 원작 소설
- 에한대역본
  『바다별』(단편 소설집, 오태영 옮김)
  『사랑과 증오』(추리 소설, 오태영 옮김)
  『꿈의 사냥꾼』(단편 소설집, 오태영 옮김)
  『내 목소리를 잊지 마세요』(애정 소설, 오태영 옮김)
  『살인경고』(추리소설, 오태영 옮김)
  『상어와 함께 춤을』(단편 소설집, 오태영 옮김)
  『수수께끼의 보물』(청소년 모험소설, 오태영 옮김)
  『고요한 아침』(추리소설, 오태영 옮김)
  『공원에서의 살인』(추리소설, 오태영 옮김)
  『철(鐵) 새』(단편 소설집, 오태영 옮김)
  『인생의 오솔길을 지나』(장편소설, 오태영 옮김)
  『5월 비』(장편소설, 오태영 옮김)
  『브라운 박사는 우리 안에 산다』(희곡집, 오태영 옮김)
  『신비로운 빛』(단편 소설집, 오태영 옮김)
  『살인자를 찾지 마라』(추리소설, 오태영 옮김)
  『황금의 포세이돈』(장편 소설집, 오태영 옮김)
  『세기의 발명』(희곡집, 오태영 옮김)
  『꿈속에서 헤매기』(단편 소설집, 오태영 옮김)
  『욤보르와 미키의 모험』(동화책, 장정렬 옮김)

클로드 피롱의 에스페란토 원작 소설
- 에한대역본
『게르다가 사라졌다』(추리소설, 오태영 옮김)
『백작 부인의 납치』(추리소설, 오태영 옮김)

장정렬 번역가의 에스페란토 번역서
- 에한대역본
『파드마, 갠지스 강가의 어린 무용수』(Tibor Sekelj 지음)
『테무친 대초원의 아들』(Tibor Sekelj 지음)
『대통령의 방문』(예지 자비에이스키 지음)
『국제어 에스페란토』(D-ro Esperanto 지음, 이영구. 장정렬 공역, 진달래 출판사, 2021년)
『황금 화살』(ELEK BENEDEK 지음)
『알기쉽도록 〈육조단경〉 에스페란토-한글풀이로 읽다』(혜능 지음, 왕숭방 에스페란토 옮김, 장정렬 에스페란토에서 옮김)
『침실에서 들려주는 이야기』(Antoaneta Klobuĉar 지음, Davor Klobuĉar 에스페란토 역)
『공포의 삼 남매』(Antoaneta Klobuĉar 지음, Davor Klobuĉar 에스페란토 역)
『우리 할머니의 동화』(Hasan Jakub Hasan 지음)
『얌부르그에는 총성이 울리지 않는다』(Mikaelo Brostejn)
『청년운동의 전설』(Mikaelo Brostejn 지음)
『푸른 가슴에 희망을』(Julio Baghy 지음)
『반려 고양이 플로로』(크리스티나 코즈로브스카 지음, 페트로 팔리보다 에스페란토 옮김)
『민영화도시 고블린스크』(Mikaelo Brostejn 지음)
『마술사』(크리스티나 코즈로브스카 지음, 페트로 팔리보다 에스페란토 옮김)

『세계인과 함께 읽는 님의 침묵』(한용운 지음)

『세계인과 함께 읽는 윤동주시집』(윤동주 지음)

『중단된 멜로디』(오제슈코바 지음)

『메아리가 된 아스마』(리스췬 지음)

『잊힌 사람들』(에췬젠 지음)

『시계추』(페트로 팔리보다 지음)

『고립』(칼만 칼로차이 지음)

『아보쪼』(오제슈코바 지음)

『선한 부인 & 전설』(오제슈코바 지음)

『비전 & 정장 조끼』(볼레스와프 프루스 지음)

이낙기 번역가의 에스페란토 번역서
- 에한대역본
『오가이 단편선집』(모리 오가이 지음, 데루오 미카미 외 3인 에스페란토 옮김)
『체르노빌1, 2』(유리 셰르바크 지음)

기타 에스페란토 관련 책
- 에한대역본
『에스페란토 직독직해 어린 왕자』(생 텍쥐페리 지음, 피에르 들레르 에스페란토 옮김, 오태영 옮김)
『에스페란토와 함께 읽는 이방인』(알베르 카뮈 지음, 미셸 뒤 고니나즈 에스페란토 옮김, 오태영 옮김)
『자멘호프 연설문집』(자멘호프 지음, 이현희 옮김)
『에스페란토와 함께 읽는 논어』(공자 지음, 왕숭방 에스페란토 옮김, 오태영 에스페란토에서 옮김)
『우리 주 예수의 삶』(찰스 디킨스 지음, 몬태규 버틀러 에스

페란토 옮김, 오태영 에스페란토에서 옮김)
『진실의 힘』(아디 지음, 오태영 옮김)
『자멘호프의 삶』(에드몽 쁘리바 지음, 정종휴 옮김)
『카를로가 태어나서 결혼할 때까지』(에드몽 쁘리바, 오태영)
『세계인과 함께 읽는 채근담』(왕숭방, 오태영 옮김)
『당신에게 꽃다발을』(팽지차이 외 지음, 오태영 옮김)

- 에스페란토본
『Pro kio』(Friedrich Wilhelm ELLERSIE 지음)
『Enteru sopirantan kanton al la koro』(오태영 지음)
『Kumeŭaŭa, la filo de la ĝangalo』(Tibor Sekelj 지음)
『Cai gen tan aŭ Maĉado de saĝoradikoj』(Wang chongfang 역)

- 박기완 박사가 번역하고 해설한 에스페란토의 고전
『처음 에스페란토』(루도비코 라자로 자멘호프 지음)
『에스페란토 규범』(루도비코 라자로 자멘호프 지음)
『에스페란토 문답집』(루도비코 라자로 자멘호프 지음)